Johann Schlez

Fliegende Volksblätter,

zur Verdrängung schädlicher, oder doch geschmackloser Volkslesereyen

Johann Schlez

Fliegende Volksblätter,
zur Verdrängung schädlicher, oder doch geschmackloser Volkslesereyen

ISBN/EAN: 9783743652354

Hergestellt in Europa, USA, Kanada, Australien, Japan

Cover: Foto ©ninafisch / pixelio.de

Weitere Bücher finden Sie auf **www.hansebooks.com**

Fliegende Volksblätter,

zur Verdrängung schädlicher, oder doch geschmackloser Volkslesereyen.

Angefangen

von

Johann Ferdinand Schlez,
Pf. zu Ippesheim

und

fortgesezt von mehreren Volks=Schriftstellern.

Zweites Bändchen,
nebst einen Anhang.

Mit Bildern.

Bayreuth,
in der Lübeckischen Hofbuchhandlung.
1800.

Innhalt
des zweiten Bändchens.

11) Martens oder, wie wohl man sich bey der Ehrlichkeit befindet, von Herrn Pfarrer Schlez.

12) Sechs Volkslieder vom Verf. des Pächter Martin, von Pfranger, Jung und Hölty.

13) Der zufriedene Hausierer oder Recept gegen die Unzufriedenheit, von Herrn Sup. Schmidt.

14) Liebe und Eifersucht, eine rührende Mordgeschichte aus den Lebensläufen in aufst. Linie von Herrn v. Hippel.

15) Das Nachtquartier, oder Phillipps Leiden und Freuden, a. d. Unterh. f. Kinderfreunde von Herrn Dir. Salzmann.

16) Die

16) Die Spinnen, die sichersten und nützlichsten Wetterpropheten, nach der Abhandl. des franz. Bürgers Quatremere d'Isjonval, von Herrn Sup. Schmidt.

17 u. 18) Die zwey ungleichen Schuhmacher, oder der Mensch ist seines Glückes Schmid, a. d. Engl. des Cheap Repository 2c. von ebendemselben.

Anhang:

Heda! oder das neue Lottobüchlein. Wagen gewinnt, wagen verliert, v. J. G. D. Schmiedtgen.

Martens;

oder:
wie wohl man sich bey der Ehrlichkeit befindet.

(Aus den fliegenden Volksblättern)

Bayreuth, 1797.
In der Lübeckischen Hofbuchhandlung,
und in den vorzüglichsten Buchhandlungen
in Augsburg, Berlin, Breslau, Cleve, Frankfurth a. M., Hamburg, Hannover, Leipzig, Nürnberg, Regensburg, Wien, Zürich ꝛc.
in Commission; wie auch in der Expedition des Reichsanzeigers
in Gotha.

(14.)

Martens;

oder wie wohl man sich bei der Ehrlichkeit befindet.

Martens war im niedersächsischen Kreise, unweit Braunschweig, geboren. Seine armen Aeltern starben, noch ehe er reden konnte, und hinterliessen ihm nichts. Er mußte also vom Almosen erzogen werden; und alles, was man ihn lernen ließ, bestand in Lesen und Schreiben.

Von seinem funfzehnten Jahre an diente er auf einem, vom Dorfe abgelegenen, einzelnen Bauernhofe, wo man ihm die Hütung einer kleinen Heerde anvertrauete.

Zu eben der Zeit hütete die junge Mieke in eben der Gegend die Schaafe ihres Vaters, der ein wohlhabender Bauersmann war. Martens und Mieke begegneten sich zuweilen mit ihren Heerden, unterhielten sich mit einander, lernten einander genauer kennen und gewannen sich von Herzen lieb.

Höre, Mieke, sagte Martens eines Tages, willst du mich zum Manne haben, so will ich bey deinem Vater um dich anhalten? Ja, antwortete das Mädchen, denn du gefällst mir, und meinst es gewiß ehrlich. Und so ward beschlossen, daß Martens am folgenden Tage, welcher ein Sonntag war, bei ihrem Vater anhalten sollte.

Ich werde, sagte das Mädchen, morgen in die Stadt gehen; gegen Abend komm mir entgegen und erzähle mir, wie's abgelaufen ist?

Am folgenden Sonntage gieng nun Martens wirklich hin zu ihrem Vater und sagte: Ich liebe Eure Tochter, und komme, Euch zu bitten, daß ihr mir sie zur Frau geben möchtet.

„Schon eine Frau? antwortete der Alte, und worauf willst du denn eine Frau nehmen? Hast du einen Bauernhof?„

Nein, sagte Martens; aber ich habe ein paar gesunde Arme, und Lust zur Arbeit, so viel als einer. Ich habe mir schon 20. Thaler erspart, und hoffe nach und nach so viel zu verdienen, daß ich einen Bauernhof kaufen kann.

„Nun, so thue das, sagte der Vater, und wenn du so viel verdient hast, so komm wieder, und dann sollst du meine Mieke haben.„

Martens gieng traurig von ihm hinweg, und gieng nun gegen Abend seiner Mieke entgegen. Kaum wurde sie ihn ansichtig, als seine mißvergnügte Miene ihr schon sagte, wie die Sache abgelaufen sey. Mein

„Mein Vater hat dir also seine Einwilligung noch nicht gegeben?," fragte sie ihn.

Ach! Mieke, antwortete Martens, ich bin ein unglücklicher Tropf! Warum mußte ich doch so arm geboren werden? — Aber laß uns gutes Muths seyn; mein Herz sagt es mir, daß du dennoch die Meinige werden wirst, und ich will von nun an aus allen Kräften arbeiten, und mich gut aufführen, um dich zu verdienen. Indem sie so miteinander redeten und aufs Dorf zugiengen, wurde es allmählig Nacht.

Martens stieß mit dem Fuß an etwas an, das im Wege lag, stolperte und fiel. Da er wissen wollte, worüber er gestolpert sey, und mit den Händen darnach suchte, faßte er ein Kästchen, welches für seine Größe ziemlich schwer war.

Er fühlte, daß der Schlüssel drinnen stekte, und da er auf dem Felde, wo man gegen Abend einige Haufen Quetten verbrannt hatte, noch ein kleines Feuer erblikte, so gieng er mit Mieken hin, um beim Scheine des Feuers zu sehen, was doch wohl darinnen wäre. „Was sehe ich!" rief er aus, da er das Kästchen eröfnete und entdekte, daß es mit Geldrollen angefüllt war. —

„Dem Himmel sey Dank! sagte Mieke; da bist du ja nun auf einmal reich geworden."

Juhe! rief Martens, warf seinen Hut in die Höhe, und tanzte vor Freude auf einem Beine. Juhe! Mieke, nun bist du meine Frau! Und so liefen sie voller Freude dem nahen Dorfe zu.

Auf einmal stand Martens still. Mieke, sagte er,

r, mir fällt was aufs Herz! Dies Geld soll unser
Glük machen; aber gehört es denn unser? Hats
nicht jemand verlohren, und müssen wir's dem nicht
wiedergeben?

Ja, bei Gott! das müssen wir. Es zu behalten, wäre eben so schlimm, als wenn wir's ge-
stohlen hätten. Der arme Mann, welcher es verlohren hat, wie mag sich der jezt grämen! Es war
vielleicht sein ganzes Vermögen. Nicht wahr,
Mieke, wir müssen's ihm wiedergeben?

„Das müssen wir,„ sagte Mieke, und that einen großen Seufzer.

Komm, komm, fuhr Martens fort, wir wollen's
dem Herrn Pfarrer erzählen, der wird am besten
Rath wissen, wie wir erfahren können, wer das
Kästchen verloren hat.

Sie giengen hin. Herr Pfarrer, sagte Martens, dieses Kästchen, worinn ein Haufe Geld ist,
habe ich gefunden. Ich liebe dieses Mädchen hier,
als meine Seele, und wenn ich nun das Geld be-
hielte, so würde sie die Meinige werden. Gebe
ich's zurück; so weiß Gott, ob ich sie je zur Frau
bekommen werde. Und doch, lieber Herr Pfarrer,
scheuen wir uns vor der Sünde, und wollens gerne zurückgeben. Rathen Sie uns, wie wirs anfangen
sollen, um den, der's verlohren hat, ausfindig zu
machen.

Der Pfarrer hörte ihn mit Freuden zu. Er
betrachtete ihn und das junge Mädchen, und war
gerührt über sein ehrliches Betragen. "Kin-

„Kinder, sagte er, bleibt immer so fromm und gut, so wird euch Gott segnen. Wir wollen den Eigenthümer dieses Geldes schon ausfindig machen, und der wird eure Redlichkeit belohnen. Ich selbst habe eine Kleinigkeit erspart; die will ich hinzu thun, und dann, Martens, sollst du deine Miete haben. Ich nehme es über mich, es bei ihrem Vater auszumachen.

Er zählte darauf das Geld, welches größtentheils in Goldstücken bestand, und fand, daß es sich auf 10000 Rthlr. belief. Martens ließ das Geld in des Herrn Pfarrers Verwahrung, und letzterer machte durch die Zeitungen bekannt, daß der Eigenthümer sich bei ihm melden möchte.

Zu eben der Zeit sollte ein hübscher Bauernhof im Dorfe verpachtet werden. Der gute Pfarrer wandte Geld und Kredit an, daß Martens der Pachter desselben würde. Dann brachte er es in kurzer Zeit bei Miekens Vater dahin, daß er sie dem Martens zur Frau gab. Wer war nun glücklicher, als diese beiden Leutchen! —

Sie liebten sich aufs innigste. Martens arbeitete auf dem Felde, und Mieke stand dem innern Hauswesen mit aller Sorgfalt vor. Das setzte sie in den Stand, das Pachtgeld zur bestimmten Zeit richtig abtragen, und von dem Uebrigen ein zufriedenes Leben führen zu können.

So verstrichen 2 Jahre, und der wiederholten

öffentlichen Anzeige ungeachtet, fand sich niemand, der das gefundene Geld zurück verlangte.

Da gieng der Pfarrer zu seinem jungen Ehepaar und sagte: Meine Kinder, genießt nun der Wohlthat, welche der Himmel euch bestimmt zu haben scheint. Die zehentausend Thaler sind euer; denn es hat sich niemand dazu gemeldet. Braucht sie nun, wozu es euch gefällt; hier sind sie! „Und so zog er das Kästchen unter seinem Rocke hervor, und setzte es vor sie hin. —

Herr Pfarrer, sagte Martens, es ist doch immer möglich, daß der, dem es gehört, über kurz oder lang doch noch ausgefunden wird. Ich denke also, das Geld so anzulegen, daß nichts davon verloren gehen kann.

„Und wie das? fragte der Pfarrer.

Der Bauernhof, antwortete Martens, den ich gepachtet habe, ist gegenwärtig zu verkaufen. Er ist groß und stark, und wird wohl bei zehentausend Thaler kosten. Dazu, denke ich, will ich dies Geld anwenden. Kömmt dann über kurz oder lang der Eigenthümer, so ist der Bauernhof sein, und ich bin dann sein Pachter.

Der Pfarrer billigte diesen Vorsaz von ganzem Herzen, und schon am folgenden Tag ward er ausgeführt.

Martens verbesserte als Eigenthümer sein Gut um vieles, und Mieke erfreuete ihren Mann nach und nach mit 2 Kindern, die sie ihm gebar. Wie freu-

freueten sie sich beide, sich in diesen theuern Pfän-
dern ihrer Zärtlichkeit wieder von neuem aufleben
zu sehen!

Wenn Martens des Abends vom Felde heimkam,
so brachte sein liebes Weib ihm die Kleinen entgegen; er küßte sie dann eins ums andere, und
drückte ihre gute Mutter an sein Herz. Eins von
seinen Kindern wischte ihm den Schweis ab, und
das andere nahm ihm die Haue, oder, was er sonst
eben nach Hause trug, um sie Statt seiner zu tragen.

Martens freuete sich über den guten Willen seiner Kinder, liebkosete sie von neuem, und dankte
Gott, daß er ihm ein so gutes Weib und solche
Kinder gegeben hatte, die ihr einst ähnlich werden
würden.

Nach einiger Zeit starb der brave Pfarrer, dem
sie ihr Glück zum Theil zu verdanken hatten. Dieser Vorfall erinnerte sie an ihren eigenen Tod.
Wir werden auch sterben, sagte Martens, und unser Gut bleibt unsern Kindern. Käme dann derjenige, dem es eigentlich gehört, zurück: so wäre er
auf immer darum, und wir hätten unsern Kindern
fremdes Gut hinterlassen. —

Dieser Gedanke bewog sie, eine schriftliche Erklärung aufzusetzen, und sie von den angesehensten Einwohnern des Dorfes unterschreiben zu lassen, und sie
bei dem neuen Pfarrer nieder zu legen. Und darauf
waren sie ruhig.

Nun

Nun hatten sie den Hof schon zehn Jahre in Besitz gehabt.

Eines Tages, da Martens nach einer sauern Arbeit zum Mittagsessen nach Hause gieng, sahe er, daß auf der Landstraße eine Kutsche umgeworfen wurde, in welcher zwey Männer saßen. Er lief hin, um ihnen zu helfen.

Glücklicher Weise hatten sie keinen Schaden gelitten. Er bat sie, bey ihm zu essen, und bot ihnen seine Pflugpferde an, um ihre Sachen nach seinem Hause zu bringen.

Aber einer der beiden Reisenden sagte: "Dieser Ort ist mir gefährlich. Jetzt bin ich hier umgeworfen worden, und vor 10 Jahren verlor ich in eben dieser Gegend ein ansehnliches Kapital."

Wie? frägte Martens, haben Sie denn keine Nachforschung deswegen anstellen lassen? — "Das war mir nicht möglich, antwortete der Fremde. Eine falsche Anklage nöthigte mich damals, in größter Geschwindigkeit das Land zu verlassen, wenn ich mich nicht wollte gefangen setzen lassen. Ich rafte daher alles baare Geld, was ich zu Hause hatte und welches sich ungefähr auf 10,000 Rthlr. belaufen mochte, zusammen, sezte das Geldkästchen in den Fußboden meines Wagens, und fuhr mit Extrapost Tag und Nacht, um den Nachstellungen zu entgehen."

"Unglücklicherweise war das unterste Bret in dem Fußboden meines Wagens vor Alter schadhaft ge-
wor-

worden. Es brach, da ich gegen Abend durch diese Gegend fuhr, ohne daß ich's merkte. Da ich meinen Verlust auf der nächsten Poststation gewahr ward, war es schon Nacht; und weil ich keine Zeit verlieren durfte, um meine Freiheit und vielleicht mein Leben selbst zu retten: so sahe ich mich gezwungen, mein Geld im Stiche zu lassen."

"Ich reisete also gerade nach Hamburg, setzte mich alda auf ein Schiff, welches eben im Begrif war abzusegeln, und fuhr nach Ostindien. Erst jetzt, da meine Unschuld ans Licht gebracht ist, komme ich von da zurück."

Martens Augen funkelten vor Freude bei dieser Erzählung, und er bestand nun schlechterdings darauf, daß die beiden Fremden mit ihm nach seinem Hause gehen möchten. Es geschah. Er selbst läuft voran, meldet seiner Frau die Ankunft der Gäste, läßt, bis das Mittagsessen fertig ist, einige Erfrischungen auftragen, und lenkt das Gespräch wieder auf das verlohrne Geld, um sich vollends zu überzeugen, daß es das nämliche sey, welches er gefunden hatte.

Er kann nun nicht mehr daran zweifeln, und läuft zum neuen Pfarrer, um ihm seine angenehme Entdeckung zu melden, und ihn zu bitten, mit ihm in Gesellschaft der Fremden zu speisen. Dieser willigte mit Vergnügen ein, und bewunderte die Rechtschaffenheit des guten Martens.

Man speisete; und die Gäste wurden immer mehr entzückt über das offene, freundschaftliche Betragen

ih-

ihres Wirths, über die liebenswürdige Guthherzigkeit und das geschäftige Wesen seiner Gattinn, und über die Ordnung und Reinlichkeit, welche in ihrer ganzen Haushaltung herrschte.

Nach dem Essen führte Martens seine Gäste umher; zeigte ihnen sein Haus, seinen Garten, seine Schäferey, sein Hornvieh, seine Felder und Wiesen, und erzählte ihnen, was er alles verbessert habe, und wie viel das Ganze nun jährlich einbringe.

„Und gehört Ihm alles dieses eigenthümlich, lieber Martens?" fragte der eine Fremde.

Nein, antwortete Martens, ich bin nur der Verwalter dieses Guts.

„Und wer ist denn der eigentliche Besitzer desselben?" fragte jener weiter.

Das sind Sie, mein Herr! war Martens unerwartete Antwort.

„Wie? Ich? Er spaßt, lieber Mann!"

Ich spaße nicht, fuhr Martens fort. Das Geld, welches Sie verlohren haben, fiel in meine Hände. Nachdem ich mich lange vergeblich bemühet hatte, den Eigenthümer desselben ausfindig zu machen, steckte ich es in dieses Gut, um immer im Stande zu bleiben, es wieder zurück zu geben. Auch in dem Fall meines Todes, blieb es Ihnen gesichert, wie der Herr Pfarrer hier bezeugen werden.

Der Pfarrer zog darauf die bei ihm niedergelegte schriftliche Erklärung aus der Tasche hervor, und ließ sie dem erstaunten Fremden lesen.

Dies

Dieser sahe darauf stillschweigend den Martens und seine Gattinn an, die beide so voll Freude vor ihm standen, als wenn sie das, was sie jetzt zurückgeben wollten, erst in diesem Augenblick gefunden hätten.

„Wo bin ich? rief endlich der Fremde aus, wobei ihm eine Freudenthräne ins Auge trat. Bin ich unter Menschen, oder unter Engeln? Welch ein Betragen! Welch eine Tugend!„

Er fiel darauf dem ehrlichen Martens, dann seiner Frau um den Hals, küßte sie beide herzlich, drückte ihnen die Hände und sagte. "Seyd meine Freunde, ihr Guten, so wie ihr mich auf immer zu den Eurigen gemacht habt. — „

„Eure Tugend und Rechtschaffenheit verdient belohnt zu werden. Wie danke ich jetzt Gott, daß er mich in einem andern Welttheile so viel hat erwerben lassen, daß ich das Werkzeug seiner Vorsehung seyn kann, um Eure Redlichkeit zu vergelten!"

Indem er dieses sagte, zerriß er die schriftliche Erklärung mit den Worten: dieses Gut gehört von nun an ganz Euer! Gehe jemand, den Notarius zu rufen!

Martens und Mieke standen in sprachloser Verwunderung; und der Pfarrer schickte unterdessen nach dem Amthause, um den Notarius herbeizurufen.

Dieser kam; und der Fremde diktirte ihm in die Feder: daß das von Martens gefundene

Geld

Geld ihm auf immer und ewig geschenkt seyn sollte.

Martens und Mieke wollten dem Fremden aus Dankbarkeit zu Füssen fallen; er aber hob sie eilends auf, schlang seine Arme um Beide, und alle drei nebst den Zuschauern, vergossen Thränen der Entzückung, mit Empfindungen, die sich nicht beschreiben lassen.

So schön belohnt Tugend und Ehrlichkeit ihre Freunde!

Bisher

Bisher sind von diesen fliegenden Volksblättern, zu welchen allezeit in der Michaelis- und Ostermesse ein Titelbogen und ein Verzeichniß der während des halben Jahrs erschienenen Stücke ausgegeben wird, folgende Blätter erschienen;

Im Julius 1797.

1. Kilian Buckel; oder die abgestellten Feyertage zu Dunkelhausen.
2. Die Schatzgräber; Eine getreue Anweisung zur Kunst, Schätze zu heben.
3. Der Spieler. Eine Warnungstafel für alle Seinesgleichen.
4. Sechs weltliche Lieder für lustige Landleute.

Im August:

5. Das Heckemännchen; oder die Kunst ohne Zauberey wohlhabend zu werden.
6. Der ehrliche Fallmeister; Oder: alle Geschäfte, die man ehrlich treibt, sind ehrlich.
7. Acht Volkslieder, nach bekannten Melodien.

Im September.

8. Bonifazius; oder die Ausbreitung des Christenthums in Deutschland.
9. Der Fündling. Eine wahre Geschichte.

Im October.

10. Geschichte des Dorfes Finsterthal.

(hiermit schließt sich das erste Bändchen.)

Im November.

11. Martens; oder, wie wohl man sich bey der Ehrlichkeit befindet.

Von

Von diesen fliegenden Volksblättern
haben Hauptlieferungen übernommen:

In Augspurg, die Wolfische Buchhandlung. In Berlin, der Herr Buchhändler Maurer. In Breslau, Herr Buchhändler Meyer. In Frankfurth am Main, die Andräische Buchhandlung. In Gotha, die Expedition des Reichsanzeigers. In Hamburg, Herr Buchhändler Friederich Perthes. In Hannover, die Herren Gebrüder Hahn. In Leipzig, Herr J. Fr. Fleischer, Papierhändler. In Nürnberg, die Herren Gebrüder Felßecker. In Regensburg, die Buchhandlung, der Herren Montag und Weiß. In Wien, Herr Schaumburg und Compagnie. In Zürich, die Buchhandlung der Herren Orell, Geßner, Fueßly und Compagnie. Auch sind sie in den meisten andern Buchhandlungen und bey vielen Buchbindern zu haben. Alle Leipziger Messen werden allgemeine Titel zu den halben Jahrgängen mit Registern ausgegeben.

Zur Verhütung des Nachdrucks, wird ein darüber erhaltenes K. Kaiserl. allergnädigstes Privilegium abgedruckt werden.

Sechs
Volkslieder.

(Aus den fliegenden Volksblättern)

Bayreuth, 1798.
In der Lübeckischen Hofbuchhandlung,
und in den vorzüglichsten Buchhandlungen
in Augspurg, Berlin, Breslau, Cleve, Frankfurth a. M., Hamburg, Hannover, Leipzig, Nürnberg, Regensburg, Wien, Zürich ꝛc.
in Commission; wie auch in der Expedition des Reichsanzeigers in Gotha.

(12.)

Ein schönes Bauernlied.
Mel. Ich schlief, da träumte mir.

Ich geh im Morgenroth
 Aufs Feld und such mein Brod :,:
Ich weyde Schaaf und Kühe,
Und singe spat und frühe,
 Ich fürchte keine Noth.
Das Vöglein singt, und ich
Sing auch und freue mich.

Es glänzet Berg und Thal
 Im güldnen Sonnenstrahl :,:
Das Bächlein rauscht vorüber,
Die Schwalben fliegen drüber.
 Die Blümgen ohne Zahl,
Sind jezt der Felder Zier.
O Gott, wie wohl ist mir!

Wer hat dich wohl gemacht,
 Den Feld- und Wiesenpracht:
Wer macht die Lämmer springen?
Wer läßt die Vöglein singen,
 Daß mir das Herze lacht?
Das thut der Herr der Welt,
Gott, der auch mich erhält.

Gott ist so lieb, so gut;
Er giebt mir Kraft und Muth;
Er giebt mir Speis und Freude,
Und meinen Kühen Weyde.
Wie ist doch Gott so gut!
Wie freu ich mich so sehr,
Gott ist rund um mich her!

Ist Gott rund um mich her,
So fürcht ich mich nicht mehr.
Ich darf mich kindlich freuen,
Doch muß ich mich auch scheuen,
Daß ich nicht sündge mehr.
Ich darf nicht gottlos seyn,
Wenn ich mich recht soll freun.

Der blaue Himmel dort,
Ergözt mich immerfort.
Seht, wie die Wolken fliehen
Und dort vorüber ziehen.
Bald sind sie da, bald fort;
Bald blickt die Sonne schön,
Bald kann ich sie nicht sehn.

Jezt bin ich jung und froh,
Und morgen nicht mehr so.
Bald hab ich Freud, bald Leiden;
Die schöne güldne Zeiten,
Wo ich bin immer froh,
Die schenkt mir nach dem Tod
Der liebe treue Gott.

Wie schön ist alles hier!
Dies alles schenkt Gott mir!
Daß ich ihn recht soll lieben,
Ihn nimmermehr betrüben,
Ihm dienen für und für.
Gott, stärk zur Arbeit mich!
Mein Gott, ich liebe dich!

Meine Wünsche.

Ein Herz, das rein von Lastern ist,
  Kein heit'res Auge trübet,
Und, wenn du Türk und Heide bist,
  Dich noch als Menschen liebet.

Das Theil nimmt an der Brüderschmerz,
  Und Theil an ihren Freuden:
Erhalte mir, o Gott, dieß Herz,
  Auch selbst mit seinen Leiden!

Gesund bin ich, zufried'nen Sinn
  Hab' ich —'s ist deine Gabe!
Gieb, daß ich bleibe, was ich bin,
  Behalte was ich habe!

Reichthum und ~~Armuth~~ gieb mir nicht,
  Gieb mir mit Vaterhänden:
Daß ich nur Menschenangesicht
  Nicht darf durch Kriechen schänden.

Laß immer sich ein trautes Herz
    Fest an das meine schliessen,
Und jeden bittern Seelenschmerz
    Durch Freundschaft mir versüssen.

Und bin ich froh, sich mit mir freun
    Dann soll mir deine Erde
Ein Dankaltar der Freude seyn,
    Bis ich zu Staube werde!

Morgenlied.

In Morgenroth gekleidet,
    Beginnt sie ihren Lauf,
Die schöne grosse Sonne,
    Wie herrlich geht sie auf!

Willkommen uns, willkommen,
    Des guten Gottesbild!
So groß und so erhaben,
    Und doch so sanft und mild!

Du weckst zu neuem Leben
    Die schlummernde Natur,
Und Wohlgerüche düften
    Auf Blumenreicher Flur.

Und alles, alles freuet
    Des neuen Lebens sich.
Auch du, mein Geist, erfreue
    Des neuen Lebens dich.

Dank ihm, dem Ewigguten,
  Mit frohem Lobgesang!
Singt Menschen, meine Brüder,
  Singt eurem Schöpfer Dank!

Zum Glück von zweyen Welten
  Schuf er — der Vater euch.
Und ist die schöne Erde
  An Freuden schon so reich.

Wie wird dereinst sein Himmel
  Für Eingeweihte seyn!
Des Herzensgüte weihet
  Zu Gottes Himmel ein.

Sind gut, und reines Herzens
  Gott, laß mich's immer seyn!
So kann man sich der Erde
  Wie deines Himmels freun!

Ein Lied, im Frühling oder Sommer, auf Bergen zu singen.

Mel. Die Felder sind nun alle leer ꝛc. ꝛc.

Schaut lieben Freunde, weit und breit
  Auf Bergen, wie im Thal,
Ist Freud' an Freude hingestreut,
  Und Schönheit überall!

Seht hier so manches Blümchen blühn!
  — Es pflanzte die Natur. —

Und da der Wiese dunkles Grün,
 Und dort die reiche Flur!

Und stolz erhebt sich Baum an Baum!
 Und oben ausgespannt
Der grosse weite Himmelsraum! —
 — Noch unbekanntes Land.

Schaut her in Tiefen und auf Höh'n
 Auf Flur, und Feld und Wald
Fühlt, was unendbar ist: wie schön
 Ist unsers Gottes Welt!

Schön ist sie wie Elysium, *)
 Und schöner wird sie seyn,
Wenn um auch her sich ringsherum
 Durch euch Beglückte freun.

Drum seyd und machet froh und gut
 Reicht gern die Bruderhand
Zur Hülfe — geht dann wohlgemuth
 In's unbekannte Land!

Das

---

*) Elysium. So sollen die Alten das schöne Land genannt haben, wohin einst die Gerechten und Guten kämen.

„Das waren aber Heiden und Unchristen."

Doch war der Glaube an ein schönes Land, wo aus allerley Volk wer Gott fürchtet und recht thut sein Plätzchen finden werde, aber nicht unchristlich.

Das Lied vom guten Fürsten.

Viel Heil dem Lande, welchem ward
Ein guter Fürst beschieden!
Da blüh'n die Felder, und es paart
Sich Fülle mit dem Frieden.
Da wächst Korn, Gerste, Most und Waiz;
Es flieht der Hunger und der Geiz,
Und Freude wohnt in Hütten.

Des jauchzt der Landmann und ist froh
Mit seinem Weib und Kindern:
Schläft sanft auf Betten und auf Stroh;
Kein Räuber darf ihn plündern:
Da ruht er ohne Sorgen aus,
Empfiehlt sein Leben und sein Haus
Gott und dem frommen Fürsten.

Und wenn der frühe Morgen graut,
Erwachen seine Lieder:
Froh sieht er um sich her und schaut
Bewahrt das Seine wieder:
Da dankt er Gott mit Weib und Kind,
Von dem die guten Fürsten sind,
Für Leben, Glück und Habe.

Nun geht's in's Feld: er pflügt aufs neu
Den väterlichen Acker,
Ist Gott und seinem Fürsten treu
Und zu der Arbeit wacker:

Giebt

Giebt ohne Murren, ohne Groll
Gern Zinſen, Steuern und den Zoll:
Den Gott befahl's zu geben.

Befahl's: dafür bewahret Er
Ihm auch ſein Weib und Leben;
Und Kinder wachſen um ihn her,
Wie um ſein Haus die Reben:
Sind munter, friſch und wohlgemuth,
Und werden weiſe, werden gut,
Einſt Troſt dem alten Vater.

Was nützt der Reichthum, wenn wir nicht
Auch gute Menſchen werden?
Sonſt iſt, verſäumſt du dieſe Pflicht,
Kein wahres Glück auf Erden.
Ein böſes Herz macht dumm und träg,
Stöhrt jede Freud' und bahnt den Weg
Zur Armuth und zum Grabe.

Nun daß wir gut und glücklich ſind,
Nicht wandern früh zum Grabe,
Auch das iſt, merk' ſich's jedes Kind!
Des guten Fürſten Gabe,
Der ſetzt uns Pfarr und Lehrer ein
Und ſpricht: Ihr Kinder lernet fein,
Und werdet gottesfürchtig.

So wächſt das Haus, ſo blüht das Feld;
Gott giebt uns Sonn' und Regen,
Wir freun uns ſeiner ſchönen Welt
Und ärndten ſeinen Segen.

Da

Da knüpft die Liebe Hand an Hand;
Denn Gottes Segen krönt das Land
Und Schutz des frommen Fürsten.

Kömmt denn der Herbst nun und wir sehn,
Daß Gott uns all' ernähret,
und mehr als noth zum Wohlergehn,
Uns reichlich hat bescheeret:
Da werden denn der Bräute viel,
Und Hochzeittanz und Saitenspiel
Macht frommen Vätern Freude.

Nun klingt die Tenne, Schlag auf Slag,
Dem lieben Gott zur Ehre:
Früh wacht der späte Wintertag
Und scheucht der Sorgen Heere.
Und sind denn auch die Scheunen leer,
So fährt der frohe Landmann schwer
Zur Stadt mit seinem Segen.

Da sieht er denn und staunt darob,
Wie wohl da alles stehet;
Und wie des frommen Fürsten Lob
Von Mund zu Munde gehet;
Wie Handel, Kunst und Tugend blüht,
Und wie man nirgends Mangel sieht
Und Ueberfluß in allem.

Nun, lieber Gott, das haben wir
Ja nicht um dich verdienet:
Doch segnest du uns für und für,
Daß alles blüht und grünet:

Da

Du giebst dem Lande Fried' und Ruh,
Dein Wort und schenkst uns noch dazu
Solch einen guten Fürsten!

Gieb, daß wir ihm gehorsam seyn,
Und ihn vom Herzen lieben;
Durch Fleiß und Tugend ihn erfreun,
Durch Laster nie betrüben!
Wer weiß, warum's uns wohlergeht:
Vielleicht erhörst du sein Gebet
Und läß'st es uns geniessen!

Du guter Gott, was können wir
Dafür ihm wieder geben?
Von dir kömmt Segen, nur von dir
Kömmt Glück und langes Leben.
O! gieb ihm alles, was du hast!
Er sorgt und trägt für uns die Last:
Wir wollen für ihn beten!

———

Rds.

Röschen und Wilhelm.

Schwermuthsvoll und dumpfig hallt Geläute
Vom bemoosten Kirchenthurm herab.
Väter weinen, Kinder, Mütter, Bräute;
Und der Todtengräber gräbt ein Grab.
Angethan mit einem Sterbekleide,
Eine Blumenkron' im blonden Haar,
Schlummert Röschen, so der Mutter Freude,
So der Stolz des Dorfes war.

Ihre Lieben, voll des Mißgeschickes,
Denken nicht an Pfänderspiel und Tanz,
Stehn am Sarge, winden nasses Blickes
Ihrer Feundin einen Todtenkranz.
Ach! kein Mädchen war der Thränen werther,
Als du gutes frommes Mädchen bist,
Und im Himmel ist kein Geist verklärter,
Als die Seele Röschens ist.

Wie ein Engel stand im Schäferkleide
Sie vor ihrer kleinen Hüttenthür:
Wiesenblumen waren ihr Geschmeide,
Und ein Veilchen ihres Busens Zier,
Ihre Fächer waren Zefirs Flügel,
Und der Morgenhain ihr Puzgemach.
Diese Silberquellen ihre Spiegel,
Ihre Schminke dieser Bach.

Sittsamkeit umfloß, wie Mondenschimmer,
Ihre Rosenwangen, ihren Blick;
Nimmer wich der Seraf Unschuld, nimmer
Von der holden Schäferin zurück.
Jünglingsblicke taumelten voll Feuer
Nach dem Reiz des lieben Mädchens hin;
Aber keiner, als ihr Vielgetreuer,
Rührte jemals ihren Sinn.

Keiner, als ihr Wilhelm! Frühlingsweihe
Rief die Edlen in den Buchenhain:
Unterm Grün, durchstralt von Himmelsbläue,
Flogen sie den deutschen Ringelreihn.
Röschen gab ihm Bänder mancher Farbe,
Kam die Ernd', an seinen Schnitterhut,
Saß mit ihm auf einer Weizengarbe,
Lächelt ihm zur Arbeit Muth.

Band den Weizen, welchen Wilhelm mähte,
Band und äugelt ihrem Liebling nach,
Bis die Kühlung kam, und Abendröthe
Durch die falben Westgewölke brach.
Ueber alles war ihm Röschen theuer,
War sein Taggedank, war sein Traum;
Wie sich Röschen liebten und ihr Treuer,
Lieben sich die Engel kaum.

Wil

Wilhelm! Wilhelm! Sterbeglocken hallen
Und die Grabgesänge heben an,
Schwarzbeflorte Trauerleute wallen,
Und die Todtenkrone weht voran.
Wilhelm wankt mit seinem Liederbuche,
Nasses Auges an das offne Grab,
Trocknet mit dem weissen Leichentuche,
Sich die hellen Thränen ab.

Schlummre sanft, du gute fromme Seele,
Bis auf ewig dieser Schlummer flieht!
Wein' auf ihrem Hügel, Filomele,
Um die Dämmerung ein Sterbelied!
Weht wie Harfenlispel, Abendwinde,
Durch die Blumen, die ihr Grab gebar!
Und im Wipfel dieser Kirchhoflinde
Bist' ein Turteltaubenpaar!

Bisher sind von diesen
von dem
Herrn Pfarrer Schlez zu Ippesheim
herausgegebenen
fliegenden Volksblättern
bey uns erschienen

1. Kilian Buckel; oder die abgestellten Feyertage zu Dunkelhausen.
2. Die Schatzgräber; Eine getreue Anweisung zur Kunst, Schätze zu heben.
3. Der Spieler. Eine Warnungstafel für alle Seinesgleichen.
4. Sechs weltliche Lieder für lustige Landleute.
5. Das Heckemännchen; oder die Kunst ohne Zauberey wohlhabend zu werden.
6. Der ehrliche Fallmeister; Oder: alle Geschäfte, die man ehrlich treibt, sind ehrlich.
7. Acht Volkslieder, nach bekannten Melodien.
8. Bonifazius; oder die Ausbreitung des Christenthums in Deutschland.
9. Der Fündling. Eine wahre Geschichte.
10. Geschichte des Dorfes Finsterthal.
    (hiermit schließt sich das erste Bändchen.)
11. Martens; oder, wie wohl man sich bey der Ehrlichkeit befindet.
12. Sechs Volkslieder, nach bekannten Melodien.

Da sich mehrere Gelehrte, die als Volksschriftsteller schon vortheilhaft bekannt sind, mit uns zur Fortsetzung dieser Blätter vereiniget haben; so können wir um so mehr die Versicherung geben, daß sie zur Befriedigung, so vieler, die ihre Wünsche deshalb schon geäussert haben, schneller erscheinen, und sich durch Zweck und Ausführung immer mehr und mehr empfehlen werden.

Joh. Andr. Lübecks-Erben
in Bayreuth.

Der zufriedne Hausirer

oder

Recept gegen die Unzufriedenheit.

(Aus den fliegenden Volksblättern)

Bayreuth, 1798.
In der Lübeckischen Hofbuchhandlung,
und in den vorzüglichsten Buchhandlungen
in Augsburg, Berlin, Breslau, Cleve, Frankfurth a. M., Hamburg, Hannover, Leipzig, Nürnberg, Regensburg, Wien, Zürich ꝛc.
in Commission; wie auch in der Expedition des Reichsanzeigers in Gotha.

(13.)

Der zufriedne Hausirer.
oder
Recept gegen die Unzufriedenheit.

Frankenthal ist ein ansehnlicher Flecken des sogenannten Unterlandes, der meist lauter wohlhabende Einwohner zählt. Bauern, die 40 bis 70 Morgen Feldgüter besitzen, sind da nichts Seltenes. Selbst von den Häckern, so nennt man in dieser Gegend die Taglöhner hat jeder sein eigenes Haus, oder wenigstens sein halbes Haus, und einige Morgen Feldes. Auch an Gemeingütern ist der Flecken sehr reich. Ein Wald von 4000 kleinen Morgen, eben so viele Morgen an Feldern, Wiesen, Hutwesen ꝛc. ein Schaafhof der jährlich über 1000 Gulden Pachtgeld zahlt, wirft ihm jährlich ein grosses Einkommen ab, und macht ihm zu einem der reichsten Ortschaften des ganzen Gaues. Wer sollte nicht glauben, daß ein solcher Flecken auch einer der reinlichsten, ordentlichsten und schönsten seyn müße? Allein es fehlt ihm hiezu an einer Hauptsache, am Zusammenhalten, an Liebe zum allgemeinen Besten, an Eifer, gute öffentliche Anstalten befördern zu helfen, mit einem Worte, am Gemeingeist. Jeder will nur für sich sorgen und arbeiten. Ein Stand beneidet und haßt den andern. Der Bauer sieht mit

Unwillen den zunehmenden Wohlstand des Häckers, und ärgert sich, daß dieser ihm nicht mehr für den geringen Lohn arbeiten will, den er vor 20 Jahren gab, und ihn dadurch hindert, so schnell reich zu werden, als er wünscht. Der Häcker beneidet den Bauern seiner vielen Güter wegen, und wird in seinen Forderungen an diesen immer unverschämter. Kömmt eine Sache in Vorschlag, die zur Verbeßerung oder Verschönerung des Ganzen dienen könnte, und der eine Theil der Bürger fürchtet, der andere möchte größern Vortheil davon haben, als er, so setzt er sich mit Händen und Füssen dagegen. So gieng es vor ohngefehr zwölf Jahren. Es wurde damahls der Anfang mit der neuen Schossee von Ansbach nach Ochsenfurth gemacht. Um den Weg abzukürzen, und weniger Brücken bauen zu dürfen, war der Antrag, sie durch Frankenthal zu führen. Wie viel würde nicht dadurch dieser Ort an Reinlichkeit, Lebhaftigkeit und an Nahrung gewonnen haben! Aber einigen Wirthen, deren Häuser nicht gerade an der Strasse lagen, fuhr das Ding durch den Kopf. Voll Neid besorgten sie, die andern Wirthe möchten mehr Einkehr bekommen, als sie, und nun dachten sie nicht mehr an das Wohl des Ganzen. Sie suchten sich unter den Bürgern einen Anhang zu verschaffen, und setzten alles in Bewegung, um die Ausführung jenes Antrags zu hintertreiben. Indeß arbeitete ein benachbarter Flecken eben so eifrig, das zu erhalten, was jene von sich stiessen; er drang durch, und befindet sich jezt sehr wohl dabey. Die Frankenthaler hingegen sehen sich durch jene Neidhammel nicht nur aller der Vortheile beraubt, die jederzeit ein an der Landstraße liegender Ort genießt, sondern sie haben auch noch den Verdruß und die Beschwerde, daß sie jenem Flecken von ihrem Steinbruch alle Steine unentgeldlich zuführen müßen, die er zur Verbesserung seiner Wege nöthig hat. Jezt findet auch die Zerschlagung und Vertheilung der Gemeinhuten, die doch schon an so vielen Orten durchgegangen ist, in Frankenthal die größten Hindernißen und Schwierigkeiten, weil die Reichern fürchten, die Aermern möchten dadurch zu große Vortheile erlangen. Diese sträuben sich wiederum gegen die Verbeßrung und Ausfüllung der durch den Ort laufenden Wege, die nirgends schlechter seyn können, als hier. Tiefe Löcher, die nie ganz austrocknen, und in welchen die Bauern zur Herbst- und Frühlingszeit mit ihrem Gespann sehr oft stecken bleiben, machen den Ort nicht nur höchst schmutzig und ungesund, sondern auch höchst gefährlich zum fahren. Aber weil die Häcker keinen Anspann haben, also von den schlechten Wegen nichts weiter leiden, als daß die Bauern, wenn sie ihnen Holz fahren, etwas weniger laden, so wollen sie zur Verbesserung derselben freywillig keine Hand rühren. So kann denn in Frankenthal nichts Gutes nichts Gemeinnütziges zu Stande kommen, weil es den Einwohnern an allem Gemeingeist fehlt, weil immer einer gegen den andern ist. — Doch in einigen

gen Fällen, das muß man ihnen laſſen — halten ſie feſt zuſammen;. nur Schade, daß es gerade ſolcher Fehler ſind; die den Frankenthalern wenig Ehre bringen. Keiner verräth den andern bey den Diebereyen, Veruntreuungen und Beſchädigungen, die an dieſem wohlhabenden Ort, zu ſeiner größten Schande etwas ſehr Häufiges ſind. Der Pfarrer traf eines Tages in ſeinem Baumgarten ein Mädchen von ohngefehr 14. Jahren an, die ſich ſeine Amreſſen ſehr gut ſchmecken ließ. Weil er erſt ſein Amt ſeit Kurzen angetreten hatte, ſo kannte er ſie noch nicht, aber er fragte eine eben vorbey gehende Frau um ihren Nahmen. „Ich kenne ſie nicht, war die Antwort„ ſie muß eine Fremde ſeyn. Und doch erfuhr er nachher, daß dieſe Frau mit jenem Mädchen in einer Straſſe wohnte. Im letzten Sommer wurde ihm eine Wieſe, da noch das Gras darauf ſtand, die Kreuz und Quer durchfahren, und an derſelben großer Schaden zugefügt. Er zeigte es bey dem Siebneramt an, welches die Pflicht auf ſich hat, ſolchen Unfug zu beſtrafen. Allein es hieß „man könne es nicht herausbringen, wer darüber gefahren ſey„. Ohnſtreitig war es einer aus ihrer Mitte ſelbſt, oder einer vom Rath, oder ein anderer angeſehener Burger, und keine Krähe hackt der andern die Augen aus. Vor einiger Zeit wurden einem Taglöhner hundert Wellen, oder Reißigbünder, auf einmahl aus dem Walde geſtohlen. Dieß konnte nicht ohne Wagen und Anſpann, es mußte alſo ziemlich öffentlich geschehen seyn; dennoch konnte der Bestohlne den Stehler nicht ausforschen. „Verrathe mich nicht, ich will dich wieder nicht verrathen,, über diesen Grundsatz scheinen die Frankenthaler ziemlich einverstanden zu seyn. Aber die größte Uebereinstimmung unter ihnen, zeigt sich in ihren beständigen Klagen über die Obrigkeit und in ihrer Unzufriedenheit mit den Verordnungen derselben. Dieß Betragen lassen sie besonders des Sonntags beym Bierkrug recht laut werden. Da wird über alles gelärmt, was die Regierung anordnet, es mag für die Gemeine im Grunde noch so wohlthätig seyn. Vor einiger Zeit kam der Befehl die Bauern und Taglöhner sollten bey den am Pfarrhause nöthigen Baureparaturen unentgeldliche Spann- und Handdienste leisten — eine Zumuthung die freylich bißher nicht gewöhnlich war, die aber die große Armuth des Gotteshauses nothwendig machte. „Was?,, schrien sie am nächsten Sonntag in der Schenke, „schon wieder was Neues soll uns aufgebürdet werden? Warum legen wir denn in den Klingelbeutel ein, wenn wir davon für unsre Fuhr- und Handlöhner nicht bezahlt werden sollen? Haben wir dieß Jahr über nicht genug frohnen müssen? Sollen wir denn alles auf unsern Buckel allein nehmen? Nein, das thun wir nicht, wir lassen es lieber aufs äusserste kommen, oder wir legen keinen Pfennig mehr in den Klingelbeutel,,. So schrie der eine hin der andere her; jeder wollte immer am Besten gehört werden, und schrie desto lauter. Einige schlugen dabey gewaltig auf dem Tisch, und es war ein Lärm, daß man sein eigen Wort nicht mehr hörte.

Mitten unter diesem Schreyen und Lärmen trat ein Hausierer mit seiner Krambutte ins Zimmer und setzte diese auf eine Bank beym Ofen nieder. Sein grauer Kopf mit einer ziemlichen Glatze zeugte von seinem hohen Alter; große Schweißtropfen liefen ihm über die Wangen von der Last, die er getragen hatte; aber sein volles und heiteres Gesicht bewieß auch seine innere Zufriedenheit. „Worüber seyd ihr denn in so grossem Eifer, ihr Herrn?„ redete er die Gesellschaft an, indem er sich den Schweiß von der Stirne trocknete und einen Krug Bier verlangte. „Was habt ihr denn für ein Prozeß mit einander?„ — Es prozeßt sich nichts, Alter„ rief einer der lautesten Sprecher, „aber soll man sich nicht eifern, wenn ein Befehl nach dem andern daher kömmt, der uns immer neue Lasten aufladet? Der Bauer ist ein recht geplagtes Thier. Wahrlich, man möcht' es endlich ganz verwünschen, einer zu werden. Aber ihr, Alter, mögt wohl auch nicht gar große Ursache haben, zufrieden zu seyn; man sehts euch an, daß es euch recht sauer wird„. — „Sauer wird es mir wohl, erwiederte der Hausirer; aber deßwegen bin ich doch mit meinem Stande und mit meiner Lebensart sehr zufrieden. Freylich, ehemahls war ich es auch nicht, und dachte von meinem Stande eben so, wie ihr von dem eurigen. In Frankfurth auf der Messe war einmahl mein Un-

muth

muth auf's höchste gestiegen. Mein ungerathener Sohn hatte mich bestohlen und verlassen, und mich dadurch genöthiget, meine Waaren, die ich sonst mit einem Pferde auf einen kleinen Wagen herum führte, auf meinen Buckel herum zu tragen. Ich war das Dinges noch nicht gewohnt; es wurde mir meines Alters wegen äußerst sauer; ich verwünschte mich und meine Krämerbutte da, und war schon im Begriff, sie weg zu werfen, und mich durch die Welt zu betteln, als mir eines Tages von dem alten Papier, das ich eingehandelt hatte, um Düten daraus zu machen, ein großer Bogen unter die Hände kam, auf welchem mit rothgedruckten Buchstaben die Worte standen: Rezept gegen die Unzufriedenheit. Wer war begieriger dieses Rezept kennen zu lernen, als ich. Ich las es, und je öfter ich's las, desto ruhiger wurde ich; ich sah nach und nach ein, daß ich mit meiner Unzufriedenheit ein Narr sey und mich selber quäle; daß es in jedem Stande Lasten zu tragen gäbe; daß mir Gott doch noch einen gesunden und starken Körper gelassen habe; daß er mir also auch künftig das geben werde, was mir nöthig ist. Seit dem bin ich fast immer eines zufriedenen und heitern Muthes; seit dem trag ich auch dieses köstliche Rezept immer bey mir; nicht um meinetwillen, denn ich kann es auswendig; sondern um andere Unzufriedene damit zu curiren; und dieß ist mir auch schon öfters gelungen. Habt ihr Lust darnach, ihr Herren; so will

will ich auch euch damit dienen; es kostet euch nichts; und doch kann es euch von einer sehr gefährlichen Seelenkrankheit heilen. — Doch zuvor will ich mich erst durch ein Trunk Bier und einen Bissen Brod erquicken„ — Die Bauern hatten indeß die Rede des Hausirers und die neugierige Erwartung auf sein Rezept etwas ruhiger gemacht. Nachdem sich jener erfrischt hatte, las er, wie folget:

Erprobtes Rezept
gegen die Unzufriedenheit der Menschen mit ihrem Stande, und mit den Lasten desselben, zum allgmeinen Beßten bekannt gemacht
von
Doktor Wohlgemuth.

„Die Menschen sind ihren Beschäftigungen und ihrem Stande nach von einander sehr unterschieden. Es giebt Bauern, Handwerker, Künstler, Kaufleute, Gelehrte, Dienende und Herren, Unterthanen und Obrigkeiten. Die Landleute verrichten sehr mühsame Arbeiten, um alles, was zu unsrer Nahrung und Kleidung gehört, zu bauen, zu sammeln und herbey zu schaffen. Die Handwerker und Künstler verarbeiten dieses alles, und tragen dadurch zu unsrer Bequemlichkeit und unserm Vergnügen bey. Die Kaufleute versenden ihre Arbeiten, oder tauschen sie gegen solche Dinge um, die bey uns nicht anzutreffen sind. Die Gelehrten suchen nützliche

liche Kenntniſſe zu verbreiten, um dadurch die Menſchen verſtändiger und beſſer zu machen. Die Obrigkeiten geben weiſe und gute Geſetze, ſorgen für die Befolgung derſelben, erhalten Ruhe und Sicherheit, und hindern dadurch böſe Menſchen, daß ſie uns nicht an unſerm Vermögen oder Leben ſchaden können.„

„Dieſe Verſchiedenheit der Stände und Lebensarten iſt ſehr nützlich und für das allgemeine Beſte ſehr nothwendig. So werden ſie einander unentbehrlicher und wichtiger; ſo hat jeder ſein eigenes Geſchäfte, und kan es deſto beſſer abwarten. Wie übel wäre der Bauer daran, wenn er ſich ſeine Kleider, ſein Wagengeſchirr ſelbſt verfertigen, ſelbſt Gericht ſitzen, ſelbſt ſeine Kinder unterrichten, und am Sonntag gar noch auf die Kanzel ſteigen und predigen müßte; Außerdem daß er zu manchen dieſer Verrichtungen ganz unfähig wäre, würde er wenig Zeit zu ſeinem Feldbau übrig haben, würde ihn alſo vernachläſſigen müſſen und dadurch eine reiche Quelle ſeines Wohlſtandes verſtopfen. Die obrigkeitliche Perſon würde eben ſo viel Abhaltung wenig Zeit haben, ihrer Pflicht gemäß für die Ruhe und Sicherheit des Landes zu arbeiten und zu wachen, wenn ſie ſelbſt ihre Speiſe bereiten, oder für anderer Bedürfniſſe des Lebens ſorgen müßte. Der dienende Theil der Menſchen nimmt ihr daher dieſe Nebengeſchäfte ab, und erweiſet ihr dadurch einen wichtigen Dienſt. So iſt es mit allen an-

dern

dern Ständen, keiner kan des andern entbehren; jeder ist nach Gottes Einrichtung nothwendig; jeder verdient die Achtung und Werthschätzung des andern. Die menschliche Gesellschaft ist ein Leib dessen Glieder genau mit einander verbunden sind, die alle zur Erhaltung des ganzen Leibes das Ihrige beytragen müssen, und davon keines das andere verachten, oder verdrängen darf. Dieses Bild finden wir in einem Buche, welches uns allen sehr wichtig seyn soll, auf das schönste dargestellt. „So der Fuß spräche: Ich bin keine Hand; darum bin ich des Leibes Glied nicht; solte er um deßwillen nicht des Leibes Glied seyn? und so das Ohr spräche: Ich bin kein Auge, darum bin ich nicht des Leibes Glied; sollte es um deswillen nicht des Leibes Glied seyn? — Wenn der ganze Leib Aug wäre, wo bliebe das Gehör? So er ganz Gehör wäre, wo bliebe der Geruch? Nun sind der Glieder viel, aber der Leib ist einer. Es kann das Auge nicht sagen zu der Hand: Ich bedarf deiner nicht; oder das Haupt zu den Füssen: Ich bedarf eurer nicht. Vielmehr sind die Glieder des Leibes, die uns dünken die schwächsten zu seyn, die nöthigsten. Und Gott hat den Leib so vermenget, die Glieder des Leibes so genau verbunden auf daß nicht eine Spaltung im Leibe sey, sondern die Glieder für einander gleich sorgen.„

„Gewöhnlich preiset man diejenigen Menschen glücklich oder glückselig, die reich, oder vornehm sind, die einen prächtigen Aufzug machen, in Ueber-

fluß

fluß und Vergnügen leben können. Allein man urtheilt hierin sehr übereilt und falsch. Die wahre Glückseligkeit des Menschen liegt nicht außer ihm, sondern in ihm, in seiner guten Denkungsart, in seinem guten Verhalten, und in dem, was daraus entspringt, in der Zufriedenheit mit sich selbst. Was außer ihm ist, Reichthum, glänzende Vorzüge, mannigfaltige Lustbarkeiten kann er, wie die Erfahrung in vielen Beyspielen lehrt, leicht verlieren; was in ihm ist, ein gebildeter Verstand, ein tugendhaftes, zufriedenes Herz, kann ihm nie entrissen werden, bleibt ihm bey allem Wechsel der äußern Glücksumstände. — In hohen Würden gelebt, kostbar gegessen und getrunken, mancherley sinnliche Lust genossen zu haben, kann uns auch im Leiden nicht vor Reue und Kummer, vor den Vorwürfen unsers Gewissens, vor der Verachtung unsrer selbst und anderer Menschen schützen, wenn wir böse und lasterhaft sind; hingegen das Bestreben gut zu seyn, und immer besser zu werden, das zu thun, was man thun soll, und was das Gewissen fordert, das kann uns nie gereuen; das wird uns allezeit Freude und Trost von Innen gewähren, wenn auch die Freude von außen uns fehlen sollte. Und diese wahre bleibende Glückseligkeit ist an keinen besondern Stand gebunden. Der Arme und Geringe, wie der Reiche und Vornehme, der Bauer, wie der Edelmann, der Unterthan wie der Fürst, kann sich um das Bewerben, was nie Reue; sondern immer Freude und Zufriedenheit mit uns selbst verursacht."

"Wenn wir die verschiedenen Stände der Menschen und ihre äußern Glücksgüter auf diese Art betrachten und beurtheilen, so muß dieß folgende heilsame Wirkungen hervorbringen.

1. Es muß uns Achtung gegen uns selbst einflösen und uns eben deswegen mit jedem Stande, in dem wir leben, oder treten werden, zufrieden machen. Er sey in den Augen gewöhnlicher Menschen noch so niedrig; er ist dennoch für das Beste der Gesellschaft nothwendig; und, wenn du die Pflichten desselben treu und gewissenhaft erfüllest; so bist du ein schätzenswerther Mensch. Vorzüglich hat der Bauer Ursache mit seinem Stande zufrieden zu seyn. Er ist ohnstreitig der älteste und ehrwürdigste Stand; er macht den Menschen unabhängiger als jeder andere; er verschaft die allerunentbehrlichsten Bedürfniße; er ist in jedem Staate die vornehmste Quelle des Reichthums. Der Bauer ist dieser Vortheile nicht werth, der nicht auch die mit seinem Stande verbundenen Lasten tragen will.

2. Kann man in jedem Stande und bey jeder Lebensart, nützlich, froh und glücklich seyn, so muß uns das vor dem scheelen Neid bewahren, mit welchem diejenigen sich quälen, welche die Glückseligkeit anderer nicht nach der Wahrheit, sondern nach dem Schein der äußern Glücksumstände beurtheilen. —

theilen. — Tracht nur dahin, daß du dein Herz vom Bösem rein erhältst, daß du nicht nach den Reizungen der Sinne, sondern nach Pflicht, nach dem, was recht und gut und ehrbar ist, handelst, und dadurch zum Genuße innerer Ruhe und Zufriedenheit gelangst. Ohne diese Gemüthsfassung kann alles äußere Glück keinen wahren Werth gewähren; es ist ein Geschenk der Vorsehung, die es oft dem Unwürdigsten zufallen läßt, um uns recht deutlich zu lehren, daß es mit dem wahren Verdienste des Menschen in keiner nothwendigen Verbindung stehet und ihm nicht den geringsten innern Werth geben könne.

3. Die richtige Kenntniß und Beurtheilung der verschiedenen Stände der Menschen und ihrer äußern Glücksgüther lehrt uns ferner, wie wir den Werth derer, die durch Reichthum oder durch Geburt und Rang von uns unterschieden sind, richtig zu schätzen haben. Wir sind ihrem Ansehen, alle äußere Ehrerbietung schuldig. Sind sie auch nach unsere Vorgesetzten, oder Obrigkeiten; so haben wir ihnen überdem den willigsten Gehorsam zu leisten, weil sonst die öffentliche Ordnung und Ruhe, die doch jeder vernünftige Mensch zu erhalten und zu befördern suchen muß, nicht bestehen könnte: innere Hochachtung aber dürfen wir nur in so weit gegen sie hegen, als sie persöhnliches, selbsterworbenes Verdienst haben, als sie in ihrem Stande durch Geschicklichkeit

und

und Herzensgüte Ehre machen. Es kann jemand noch so reich und vornehm seyn, wenn er dabey unwissend, lasterhaft, unthätig für das gemeine Beste ist, so kann er sich nicht einmahl selbst hochachten, noch weniger auf die Hochachtung anderer Anspruch machen. — Wer von Jemanden bloß deßwegen, weil er reich und vornehm ist, niederträchtig kriechen, durch Schmeicheley seine Gunst zu erschleichen, oder sich gar zu schlechten, entehrenden Handlungen von ihm gebrauchen lassen wollte, der würde sich selbst zur allerverächtlichsten Kreatur machen.

4. Jemehr wir eine solche Erniedrigung unsrer Menschenwürde verabscheuen, jemehr wir äußere Vorzüge richtig beurtheilen und schätzen, desto mehr werden selbst diejenigen gewinnen, die sie gern mißbrauchen — wir werden sie bessern, wenn sie wahrnehmen, daß wir den Werth des Menschen nicht nach dem äußern Schein, sondern nach seinem innern Gehalt schätzen; wenn sie sehen, daß wir den verständigen rechtschaffenen, brauchbaren Menschen ihnen vorziehen, auch wenn er in niedrigen Stande lebet, wenn er ein schlechtes Kleid tragen, und zu Fuße gehen muß: so werden sie nach und nach aufhören, durch Titel, durch eitlen Tand und Schimmer ihre Mitbürger blenden zu wollen; und sich desto mehr um wahre Verdienste bemühen; sie werden sich nicht mehr als Wesen höherer Art

ansehen und alles unter sich verachten, sondern die
Würde des Menschen auch in niedrigen Ständen
ehren, und sich ihnen durch mildere, wohlwollende
Gesinnungen nähern; sie werden sich durch eine edle Denkungsart und durch gemeinnützige, große
Handlungen, der Hochachtung immer würdiger zu
machen suchen, welche die niedern Volksklassen,
Personen aus höhern Ständen so gerne erweisen.

 Wir sind Bürger einer Welt,
 Kinder eines Vaters, Brüder,
 Die er huldreich all' erhält,
 Alle eines Leibes Glieder,
 Die sein weiser Allmachtsruf,
 Alle, sich zu dienen schuf.
  Selbst der Gaben Unterschied
 Dient zum allgemeinen Besten,
 Wenn nur jeder sich bemüht,
 Von dem Kleinsten bis zum Größten.
 Andern und nicht sich allein
 Nützlich wie er kan zu seyn."

Hier schloß der Hausirer seine wichtige Vorlesung.
Die Bauern hatten alle, bis auf einige Wenige, die
mehr Körper als Geist, eingeschlafen waren, aufmerksam zugehört, einige baten sich das Rezept zum Abschreiben aus; aber was das allerwichtigste ist, man
hört die Frankenthaler von der Zeit an nicht mehr so
unzufrieden klagen, und es scheint so gar, als wenn
ein größerer Eifer für das allgemeine Beste unter ihnen rege geworden sey. —

Druckfehler

S. 3. Z. 12. v. unten hinauf gezählt, steht Hutwesen
                               statt Hutwasen
: : 9. :   : ihm, statt ihn
: : 8. :   : Felten st. Flecken
5 : 6. von oben herab : jenen st. jenem
: : 5. von unten : Freywillig st. freywillig
6 : 2 u. 3. von oben : Fehler st. Fälle
: : 3. von unten : Reißigbündel st. Reißigs
                           bündel
8 : 15. von oben : ein statt einen
9 : 4 von oben : auf einen st. auf einem
: : 5. — : meinen st. meinem
10 : 4. — : durch ein st. durch einen
11 : 7. von unten fehlt vor dem Worte, we-
                         nig das Wort und
12 : 13. — : steht Nur statt Nun
13 : auf der untersten Zeile ist bewerben mit ei-
                        nem großen B. gedrukt
15 : Z. 1. von oben : Tracht st. Trachte
: : 9. von unten : nach statt noch
: : auf der letzten Zeile ist das Wort in, über-
                         flüßig
16 Z. 6. von oben : von statt vor
: : 12. von unten, muß nach dem Worte:
                bessern, ein Punct stehen.
: : 7. von unten steht niedrigen, statt nie-
                       drigen

Liebe und Eifersucht,

eine

rührende Mordgeschichte.

(Aus den fliegenden Volksblättern)

Bayreuth,

In der Lübeckischen Hofbuchhandlung und in den vorzüglichsten Buchhandlungen:
in Augsburg, Berlin, Breslau, Cleve, Frankfurth a. M. Hamburg, Hannover, Leipzig, Nürnberg, Regensburg, Wien, Zürich ꝛc. in Commission; wie auch in der Expedition des Reichsanzigers in Gotha.

(14)

Liebe und Eifersucht,
eine
rührende Mordgeschichte.

Als Grenz-Nachbar wurde ich unlängst auf eine Hochzeit in dem schönen Dörfchen H*** so freundlich gebeten, daß ich unmöglich ausbleiben konnte. Die Braut war die einzige Tochter des angesehensten Landmannes, und dieser Umstand hatte es, wie gewöhnlich, dem ärmern Bräutigam ungemein erschwert, die Einwilligung seiner Schwiegerältern zu erhalten. Jetzt sahen endlich beyde ihre treue, geprüfte Liebe belohnt, und betrachteten sich als die glücklichsten Sterblichen. Die Aeltern des Bräutigams waren recht herzlich vergnügt; aber auch die, der Braut, waren es nicht minder, weil sie sich überzeugt hatten, daß ihre Tochter zwar einen reichern, aber schwerlich einen arbeitsamern und bravern Mann hätte finden können. — Mit Seelenfreude las ich dieses alles auf den Gesichtern der Anwesenden. Was mir aber noch ausserdem diesen Tag sehr angenehm machte, war, daß sich die Freude der Gäste in den Schranken erhielt, die nicht übersprungen werden dürfen, wenn sie nicht

nicht Verdruß und hundert größere Uibel stiften soll, und daß die lauten Scherze der Gesellschaft so geziemend waren, daß durch sie die Jugend und Unschuld nicht im geringsten geärgert werden konnte. — Unter andern kam die Unterhaltung unvermerkt auf die Eifersucht in der Liebe. Einige witzige Anmerkungen der Braut, das Lächeln der jungen Bursche, welches den Bräutigam traf, und die Verlegenheit des letzten bey seinem mißlungenen Versuche diesen Fehler zu vertheidigen, liessen mich keinen Augenblick zweifeln, daß es dabey eigentlich auf ihn abgesehen sey.

Nachdem schon mehrere über diesen Gegenstand ihre Meinung gesagt hatten, kam auch an einen ältlichen Mann die Frage: ob er der Behauptung des Bräutigams Beyfall geben könne, daß die Eifersucht stets ein Beweis der wahren Liebe sey und daher nie fehlen dürfe?

Bey wahrer gegenseitiger Liebe, war seine Antwort; — denn von dieser ist nur die Rede, — kann ja die Eifersucht nichts anders, als Unwille oder Zorn über eingebildete Untreue der geliebten Person seyn, und wer ist hier nicht mit mir einverstanden, daß diese blos dazu dient, sich gegenseitig das Leben zu verbittern, daß sie schon oft das Grab der Liebe und Treue geworden ist und noch täglich wird, und daß sie — im Busen

genährt

genährt — zu den fürchterlichsten Thaten führen kann. Erlaubt mir, daß ich, statt aller weitern Ausführung meiner Behauptung, eine Geschichte erzählen darf, die sich vor mehreren Jahren wirklich zugetragen hat. Unser Frohsinn wird dadurch zwar auf einige Augenblicke unterbrochen, aber nicht verscheucht werden.—

Ein Eigenthümer von einem beträchtlichen Gute, hatte einen Sohn und eine Tochter. Aeltern und Kinder lebten in so glücklicher Ruhe, daß der Pastor loci selbst zu sagen pflegte, es wäre ein patriarchalisches Leben, das sie führten. Der Sohn kam ins Jahr, in dem sein Vater geheurathet hatte. Dieß fiel dem Alten an seines Sohnes Geburtstage ein, und er fodert' ihn selbst auf, an dieß heilige Werk der Natur zu denken. Der Sohn hatte schon daran gedacht, und entdeckte dem Vater seine Absichten. Anwerbung, Verlobung und Hochzeit waren so nahe zusammen, daß alles wie Eins war. Gretchen, so hieß die Tochter des Hauses, hatte das gröste Recht von der Welt zu erwarten, daß ihre Mutter sie eben so auffordern würde, als es der Vater in Rücksicht ihres Bruders nicht ermangeln lassen. Sie war ein und zwanzig; ihre Mutter hatte im zwanzigsten geheurathet. Diese Aufforderung blieb aus. Böse war es hiebey nicht gemeinet; die Mütter haben gemeiniglich die Rücksichten nicht in diesem Punct für

ihre

ihre Töchter, die die Väter für ihre Söhne haben. Gretchen machte auch diese verfehlte Aufmerksamkeit ihrer sonst lieben Mutter nicht die mindeste Sorge. Sie fiel ihr nicht einst ein. Wenn werden denn wir, sagte Hans ihr Geliebter, "es so machen, wie dein Bruder mit seinem Gretchen?" Hans hatte mit seiner Liebe nicht ganz gewonnen Spiel; allein Furcht es zu verliehren, durfte er auch nicht haben. Er konnte Sonntags und Festtags Gretchens Aeltern besuchen, Gretchen sehen, ihr verstohlen die Hand drücken, und beym Weggehen ihr gerades Weges die Hand geben; bey welcher Gelegenheit ihm aber die Hand so zitterte und bebte, daß er sie kaum hinlangen konnte. War niemand dabey, als Gretchen und er, war sie ihm fest in allen Gelenken. Es war ein starker Hans an Leib und Seel. Gedacht mögen die Aeltern über Hansens Liebe viel haben; allein gesagt hatten sich Vater und Mutter kein Wort. Unser Paar liebte sich so inbrünstig, als man lieben kann, und doch so unschuldig, so rein. — Gretchen hatte ihrem Hansen viel von dem schönen Meyergute erzählt, das ihr Bruder mit bekäme, und Hansen, obgleich er kein anderes Eigenthum, als ein gutes Herz und ein Paar gesunde Hände besaß, war es nicht eingefallen, daß das Gütchen, worauf Gretchens Aeltern waren, ihm mit Gretchen

zufallen

zufallen würde, wenn diese ihn nicht selbst darauf gebracht hätte. Der Sohn, der sonst das nächste Recht gehabt, war jetzt wohl versorgt. Das liebe Eigenthum; es hat mehr Unheil, als dies, angerichtet! Hans machte sich den Kopf so warm mit allerley Entwürfen, die er, wenn Gott will, auf diesem Gütchen ausführen würde, daß sein Paar gesunde Hände an Werth verlohren. Gretchen merkte, daß Hans mit etwas umging; indessen wußte sie nicht, was es war. Einst sagte sie ihm: du hast da etwas im Kopf, und sollst doch nur etwas im Herzen haben. Hans indessen hatte Gretchen bey seinen Entwürfen nicht vergessen. Alles macht' er an ihrer Hand. Ein Stück ungebautes Land wollte er urbar machen, und es sollte Gretchenfeld heissen. — Der arme Hans! Was ihm sein Gütchen, das er nur in Gedanken besaß, schon für Gedanken machte. Gretchen hatte ihm so viel von der Anwerbung, Verlobung und Hochzeit ihres Bruders erzählt, daß nichts drüber war; nur einen Umstand hatte sie verschwiegen, daß nähmlich ihre Schwägerinn einen Bruder hätte. Die Meyerey, welche das neue Ehepaar bezogen, lag zwey Meilen von dem Gütchen, das Hans in Gedanken, und sein künftiger Schwiegervater wirklich besaß. Nach einiger Zeit kamen das neue Paar und die Seinigen, Gretchens Aeltern zu besuchen. Der

erste

erste Stoß, den Hans ans Herz erhielt, war die
Nachricht, daß Gretchens Schwägerinn einen
Bruder hätte. Auf diesen Umstand war Hans
nicht gefaßt. — Und warum? fragt' er sich selbst:
warum hat sie mir das gethan, und kein Wort
darüber verlohren? Sich so in Acht zu nehmen,
wer kann das ohne böses Gewissen? — Hans hatte
nicht so ganz Unrecht, so zu fragen; allein Grete
war unschuldig, wie die Sonne am Himmel. Es
blieb nicht bey dieser Unruhe. Hans ward zu
den unschuldigen einfachen Gastmählern, welche in
dem Hause seiner Schwiegerältern angestellet
wurden, nicht gebeten. Zwar hätt' er diese Tage
für Festtage ansehen, und von selbst gehen sollen;
allein dieser Entschluß, wenn er gleich zuweilen
wollte, konnte nicht aufkommen. Gretchens Bruder,
der voll von seinem Weibe war, und der seinen
leiblichen Bruder drüber in den Tod vergessen
hätte, besuchte zwar Hansen, seinen alten guten
Freund; indessen war es nur so beyläufig. Hans,
der ein Mahl ins Auslegen gekommen war,
deutet' alles zu seinem Nachtheil. Das schöne
Wetter schien ihm als von Gretchen bestellt, um
mit ihrem Schwager spazieren zu gehen, und
auch der Regen gehörte auf ihre Rechnung, damit
sie ungestörter mit ihm lieben konnte, regnet' es.
Sieh! dacht er: auch selbst von der Natur will
sich

sich die Ungetreue und ihr Liebling nicht stören laßen. In diesen Vorstellungen vergiengen einige Tage, die Hansen in der Höll' und Qual nicht hätten wärmer seyn können. Nun sehnte er sich nach Gretchen, nicht, um sich von ihr diese Zweifel lösen zu laßen, sondern um ihr Vorwürfe zu machen, und ihr das Gütchen wieder zurück zu geben, wovon er in Gedanken Besitz genommen hatte; — und eben nun begegnete ihm Gretchens Vater, der ihn bey der Hand nahm und zum Abend einlud. Wo so lang gewesen; fragte der Alte? Hans antwortete stillschweigend, indem er den Hut abzog und wieder aufsetzte. Hans ging mit dem Alten, und alles kam ihm verändert vor. Es war ein Kälberbraten aufgetischt, und Gretchens Mutter fing an: da kommt ja Hans recht zum verlohrnen Sohns-Braten. Das verlohrne — fiel ihm sehr auf. Gretchen war zwar freundlich gegen Hansen; allein eben weil sie freundlich war, fand er Nahrung für seinen Argwohn, und was weiß ich, was er aus ihrer Unfreundlichkeit geschloßen hätte! Nach dem Abendessen ging man in die Luft, und da Gretchen den Fremden in dem Gütchen herum führte, und ihn alles Schöne deßelben mit Aug' und Händen greifen ließ, kam sie Hansen nicht anders als eine Schlange vor, die in Gestalt eines Junkers den Herrn Christum

A 5 auf

auf der Zinne herum führte, und ihm das alles anbot, wenn er niederfallen und ihn anbeten würde. Der Fremde fand alles so allerliebst, daß er mehr als ein Mahl den Wunsch merken ließ, wie ihm dieß Gütchen viel besser als der väterliche Meyershof gefiel, der ihm bestimmt war. Nun war Hans bis zur letzten Stufe der Verzweiflung gebracht. Gretchen, die seine Unruhe merkte, wollte sich mit ihm eine Lust machen, und schien den Fremden aufzumuntern. Sie war froh und lächelte, weil sie sahe, daß Hans sie so liebte, und Hans that froh und lachte auf eine recht schreckliche Art. Dieser war der letzte Abend, den die Gäste bey Gretchens Aeltern zubrachten. Hans hörte unaufhörlich bitten, wenn es ihnen allerseits gefallen, doch bald wieder zu kommen. Auch Gretchen bat. Hansen kam es vor, daß es blos seinen Nebenbuhler galt. Sah sie ihn nicht an? — frägt er sich. Hans ging voller Verzweiflung von hinnen. Er lachte, da er ging. Den andern Morgen, als er alles zusammen rechnete, (bis dahin lag alles ungezählt, unberechnet) was er gesehen und gehört, war sein Entschluß gefaßt, wozu Gretchen ihm die Hand bot. Es jammert' ihr sein. Sie wollte ihren Vielgetreuen beruhigen, und legt' es sehr geflissentlich an, mit ihm ins Feld zu gehen. Er

war

war gleich bey der Hand. Was ist dir aber, fragte ihn Grete? Es wird sich, erwiedert er, im Freyen geben, sollt ich denken. — Gretchen wollt' es anfänglich heimlich machen, endlich entschloß sie sich, von ihren Aeltern die Erlaubniß zu diesem Gange zu bitten. Dies kleine Opfer, dachte sie, bin ich Hansen wegen des Kummers schuldig, den ich ihm gemacht habe. Mit Hansen? sagte der Vater, — und lächelte. Die Mutter sagte: so? und lächelte desgleichen. Gretchen hätte zu keiner erwünschtern Stunde diese Erlaubniß bitten können. Vater und Mutter hielten in Gegenwart Gretchens einen Rath über sie, und das Ende war: Grete sollte Hansen zum ehelichen Gemahl haben. Ja doch, sagte der Vater, ich muß jemand haben, der mir zur Hand geht; allein halt ichs nicht mehr aus. Ja doch, sagte die Mutter, der es jetzt einfiel, was ihr längst hätte einfallen können, daß sie schon ein Jahr früher geheurathet hätte. Grete stand da, so froh, daß sie ihren Aeltern vor Freude nicht danken konnte. Das, däucht mir, ist der beste Dank, für Erkenntlichkeit nicht zum Dank kommen können. Dieses hielt Grete über die Zeit auf, die verabredet war. Hans war schon unruhig. So fand sie ihn. Du wirst schon ruhig werden, dachte sie, hieben, zielte sie

auf

auf den Rath, den ihre Aeltern gepflogen hatten; allein sie ließ sich nichts merken. Anfänglich wollte sie ihr Lustspiel fortsetzen; Hans war ihr aber zu ernsthaft. Sie besann sich bald, und zog ein ander Kleid an; das natürlichste, das beste! Ihre Aeltern hatten sogar ihr nicht verboten, Hansen zu sagen, was geschehen war, und wär' es ihr verboten gewesen, wie hätte sie sich helfen können? Lieber Hans, fing sie an, und nahm ihn bey der Hand. Ha, dacht' er, Mitleiden!— Wie es mit solchem Mitleiden ist, wissen wir alle. Solch Mitleiden ist das empfindlichste was ich kenne. Mitleiden ist oft der Liebe Anfang, noch öfter aber ist es das Ende der Liebe, und ein schreckliches Ende! — Du bist böse, daß ich so spät gekommen, fing Grete an. Betrügerinn, dachte Hans, ohne mehr zu sagen und zu thun, als sich den Hut tiefer zu setzen. Jetzt waren sie so weit, daß sie von dem väterlichen Gütchen völlig entfernt waren. Nur zwey Stiere, die sich von der Herde verlaufen hatten, waren ihnen nachgekommen, worüber sich Gretchen wunderte, Hans aber nicht. Eben wollte Gretchen ihrem Hansen erzählen, was vorgefallen war, und wozu sich ihre Aeltern von freyen Stücken entschlossen hätten; als Hans sie faßte, sein Mordmesser zog und ihr zehen Wunden beybrachte.

Seine

Seine Hand zitterte und bebte nicht, als wie sonst, wenn er aus ihres Vaters Hause ging, und Gretchen öffentlich die Hand reichte. — Gott! schrie sie, Gott! nimm meinen Geist auf! Sie war über und über mit Blut bedeckt, und schwamm in ihrem Blute. Die Stiere brüllten auf eine so schreckliche Art, daß dem Mörder ihrentwegen das erste Grausen ankam. Sie kamen hinzu gelaufen, als ob sie diese That verhindern wollten, sie liefen davon, als ob ihnen der Anblick zu schwer würde. — Nun, fragte Hans lächelnd! (es war das letzte Mahl, daß er lachte) wen willst du jetzt lieben, Ungetreue? Dich, antwortete Grete, und Blut schoß aus ihrer Brust. Dich, wiederholte sie, und drückte Hansen auf eine Art die Hand, daß er seinen ganzen entsetzlichen Irrthum einsah. Jetzt hatte er der Stiere nicht mehr nöthig; das Grausen kam von selbst. Er warf sich auf die Erde, schrie nach Rettung, sprang auf, eilte selbst, Hülfe zu suchen, in ein benachbartes Städtchen — und fand den Wundarzt nicht an Ort und Stelle. Alles hatte er Gretchen zur Hülfe aufgeboten. Nun kam er, wie ein Verdammter, der um einen Tropfen Wasser bettelt, und ihn nicht erhält, und fand den Wundarzt, den Gretchens Aeltern aufgefunden hatten, fand die Aeltern selbst, die ihm mit offnen Armen ent-

gegen

gegen kamen. Einem Tochtermörder! Grete hatte die That auf einen andern ausgesagt, der sie überfallen, und hieben hatte sie Hansens starke Hand gepriesen, die sie zu retten unermüdet gewesen. Gott, diese Unwahrheit, betete sie im Herzen, vergib sie mir! Die Aeltern hatten ihr zugeschworen, Hansen das Gütchen zu lassen, und nun, voll des Danks und der Erkenntlichkeit, kamen sie ihm entgegen, und betrachteten die Blutflecken, die sie an seinem Kleide gewahr wurden, als so viel Beweise seines Edelmuths. Für jede Wunde, die Grete erhalten, umarmten sie ihn! – Es kostete Hansen kaum so viel Mühe, zu morden, als die Aeltern zu überreden, daß er Mörder sey. Sie glaubten, er hätt' aus zu großer Liebe den Verstand verlohren. Je gütiger Gretchens Aeltern gegen ihn thaten, je schrecklicher klagte Hans sich an. Wenn er Gott, und alles Heilige zu Zeugen angerufen; er sey der Thäter, so sahen ihn Gretchens Aeltern so mühselig so beladen an, als wollten sie sagen: der arme Junge, wie ihn Gretchens Schicksal übernommen hat! Und wenn er ihnen das Mordmesser zeigte, drückten sie ihm die Hände, weil sie Gretchen so mächtig beschützt. Wenn er es gen Himmel hielt und schwur, beugten sie sanft seine Hände zur Erde. Niemand wußte, woran er mit Hansen war. Lieber Sohn

Sohn, fingen die Aeltern an, du bist mehr todt, als sie!

Endlich ging allen ein Licht auf. Hans ward eingezogen. Er sah die Gerichts-Diener, die ihn fesselten, als seine Wohlthäter an, die ihm den Tod, das einzige Verband für seinen Schmerz, mit brachten. — Der Abschied war rührend. Er bat Gretchen um Vergebung; sie versicherte, daß sie ihm nichts zu vergeben hätte, und da sie endlich einsah, daß alle ihre Bemühungen Hansen zu retten, vergebens wären, rang sie die Hände, und weinte so herzlich, daß selbst die Gerichts-Diener zu weinen anfingen.

Hansen wurde der Proceß gemacht. Er konnte die Zeit nicht abwarten, sein Todesurthel zu hören. Wenn ich doch an einem Tage mit ihr sterben könnte — das war der einzigste Wunsch, den er noch in dieser Welt hatte. Eben an dem Tage, da sich die Richter vereinigten, daß Hansen, als einem Unmenschen, der den Vorsatz gehabt auf der Landstraße zu morden, sein Leben auf eine schreckliche Art vor aller Welt Augen genommen werden sollte, war es ausgemacht, daß Grete — ausser Gefahr sey. Sie erhohlte sich noch diesem Tage zusehens, und es entstand die Frage: ob es gut sey Gretchen Hansens und Hansen Gretchens Schicksal zu erwecken? Diese Frage wurde noch

bey

bey herzensguten Leuten, für und wider abgehandelt, da schon weniger herzensgute Menschen der Beantwortung zuvor gekommen waren. Hans wußte um Greten, und Grete um Hansen. Im ersten Augenblick war es Hansen anzusehen, daß ihm über Gretens Aufkommen der Kopf herum ging. Da er sich aber besann, und noch dazu hörte, daß Grete durchaus nicht leben wollte, schrieb er an sie, wie folget:

Es ist genug, du lebst, und ich will fröhlich sterben! Dein Blut wird mir nicht vor den Augen fliessen, wenn ich für meine That bluten werde. Nun darf ich an meiner Seligkeit nicht verzweifeln und an meinem ewigen Leben. Meine Hand ist mir von den Ketten nicht so schwer als vom Herzen. Verzeih deinem Mörder, und bete für Hansen. Dank dem, der mich verhört hat. Mit dem edlen Manne hat Tod und Leben, Gesetz und Menschlichkeit gekämpft. Wünsch' ihm in meinen Nahmen ein langes glückliches Leben, — und geh nicht heraus, wenn ich ausgeführt werde. Reise, wenn es deine Gesundheit erlaubt, dahin, wo ich dich erschlug und schrey ein Vater unser für mich. —

Dieser Brief, anstatt daß er Kraut und Pflaster zur Beruhigung für Greten seyn sollte, nährte ihren Gram. Er brachte ihr empfindlichere

Wunden

Wunden bey, als Hansens Mordmesser. Niemand hatte Hansens Tod erwartet. — Er nahm sein Urthel als Gottes Ausspruch an. Grete war auſſer ſich; ſie wollte für ihn ſterben. Die Geiſtlichen löſsten die Wundärzte ab, um ihr Ruhe zuzuſprechen; allein vergebens. Das Wollen, ſchrie ſie, — nicht das Vollbringen! — Sie ſprach, wie alle Leute, die auſſer ſich ſind, ſo weiſe ſo vernünftig, daß ſich Jedes wunderte wo ſie alles dieſes her hatte, was wirklich über ihr Wiſſen war. Es war kläglich anzuſehen, daß dieſe beyden Menſchen ohne einander nicht leben, nicht ſterben konnten.

Grete trat, ohne daß Hans es wußte, den König an. "Sie ſind ein Menſch, Monarch," ſchrieb ſie, "und machen ſich eine Ehre daraus, "es zu ſeyn! Schenken Sie Hanſen das Leben, "oder nehmen Sie es mir, ſo und nicht anders "iſt uns beyden geholfen." —

Der König verwandelte die Todesſtrafe in eine einjährige Feſtungsſtrafe, und alle Welt ſagte, daß dieſes ein Salomoniſches Urtheil ſey. Hans wäre gar nicht in der Feſtung geweſen, wenn nicht Grete ſeine Strafe mit ihm getheilt hätte. Dieß war das einzige, was ihm ſchwer zu tragen war. Seine Ketten waren ihm nicht läſtig.

— o —

Nach so viel Kummer und Noth ging endlich die Sonne über dieses treue Paar auf. An das Gärtchen, in welchem Hans so viele Veranstaltungen getroffen, war nun nicht mehr zu denken. Sie wollten beyde weder Land noch Leute dieser Gegend sehen, und entschlossen sich, um sich recht zu verbergen, nach K** zu ziehen. — Sie waren eben zum dritten Mahle aufgeboten, da Hans in ein hitziges Fieber fiel und — starb. So entscheidet Gott der Herr, wenn gleich Könige anders entscheiden. Seine Wege sind nicht unsere Wege, seine Gedanken sind nicht unsere Gedanken.

Die arme Grete fiel an Hansens Begräbnißtage in eine solche Schwermuth, daß sie ins Irrenhaus gebracht werden mußte. Ihre zerrüttete Einbildungskraft läßt sie glauben, Hans sey auf dem Richtplatze aus der Welt gegangen. Sie macht beständig eine Bewegung mit der Hand, als köpfe sie! — —

Unsere ganze Gesellschaft war gerührt und eine Zeitlang still. Die Braut trocknete einige Thränen, die in ihren Augen standen, nicht ab. Ihr Geliebter hatte sein glühendes Gesicht auf ihre Schulter gelegt und sein Auge schien jetzt, da er es wieder aufrichtete, vernehmlich zu sagen: tausendmahl bitte ich Dich um Verzeihung, du Gute! nie, nie will ich Dich wieder quälen! —

Das Nachtquartier

oder

Philipps Leiden und Freuden.

(Aus den fliegenden Volksblättern)

Bayreuth,

in der Lübeckischen Hofbuchhandlung und in den
vorzüglichsten Buchhandlungen:

In Augsburg, Berlin, Breslau, Cleve, Frankfurth a. M. Hamburg, Hannover, Leipzig, Nürnberg, Regensburg, Wien, Zürich ꝛc.
in Commission; wie auch in der Expedition des Reichsanzeigers
in Gotha.

Auf den Fußreisen, die ich von Zeit zu Zeit in meinen Geschäften machen muß, kam ich unlängst durch ein blühendes Dörfchen in S**. Die herannahende Dämmerung und meine müden Füße erinnerten mich, ein Nachtlager zu suchen, und ich näherte mich zu dem Ende einem Landsmanne, der vor seinem Hause saß. "Guten Abend, Freund!" sagte ich: "wo finde ich wohl für "diese Nacht Unterkunft und Rest?'

Das Wirthshaus, war seine Antwort, ist noch eine ziemliche Strecke entfernt; wenn aber der Herr mit dem zufrieden ist, was Er bey mir findet: so soll Er mir und den Meinigen herzlich willkommen seyn.

Der Mann sagte mir dieß mit so vieler Freundlichkeit, daß ich keinen Augenblick zweifelte es sey sein wahrer Ernst, und ihm daher mit Vergnügen in seine reinliche Stube folgte.

Wie wohl wurde mir unter der glücklichen Familie, die ich hier fand! — denn es währte nicht lange, so sprachen wir zusammen wie alte Freunde vom Herzen zum Herzen. Ich hatte bereits meinem ehrlichen Wirthe so vieles von meinen Schicksalen gesagt, daß Philipp — so hieß er — auf meine Bitte von den Seinigen erzählte, was ich hier mit Freuden bekannt mache. —

Ich habe einen sehr schweren Anfang gehabt. Meine Frau brachte nicht mehr als fünf Gülden zu mir, aber mein Vater, tröst' ihn Gott! sagte: Philipp! wenn du dem Mädchen sonst gut bist, so nimm sie in Gott des Herrn Nahmen. Sie ist doch flink, hält sich schmuck und die Arbeit geht ihr von den Händen, und das ist dir besser, als wenn sie fünftausend Gülden mitbrächte, und wäre faul und schlampisch. Da nahm ich sie halt, und lebte mit ihr wie im Himmel. Ich dachte immer: Hätt'st nicht gedacht, daß es auf der Welt so hübsch wäre! Aber die Herrlichkeit dauerte nicht länger als sechs Wochen, da sahe ich doch, daß ich noch nicht im Himmel war. Michael, will's Gott, wird es dreyßig Jahr, da schlug ein liebes Wetter in meine Scheune, da ich eben mit meinem lieben Gretchen auf das nächste Dorf gegangen war. So bald wir das Feuerzeichen sahen, liefen wir zurück — aber ach! das ganze Haus,

Haus war schon nieder gebrannt, und wir brachten nicht so viel davon, das ich auf diesen Nagel hätte legen können.

Mich dauerte nichts so sehr, als das arme Vieh, das bey dieser Gelegenheit mit verbrannt war. Zwölf scharmante Schäfchen, ein paar Küh wie die Hirsche, und drey galante Schweine, die unter Brüdern ihre funfzehn Thaler werth waren.

Er kann leicht denken, wie uns dabey zu Muthe war. Mit mir ließ es sich noch halten, aber meine Frau, — die war ganz und gar weg. Sie fiel mir nur so in die Arme, und schrie gerade weg: ach, lieber Herzens-Mann! wir armen Leute! was wollen wir nun anfangen! unser Häuschen! unser Vieh! ach, was will aus uns werden!

Da vergaß ich alles, und hatte nur mit der Frau zu thun, daß ich die wieder zurechte brachte. Mein Zureden war aber meist für die lange Weile, bis daß unser Herr Pfarrer kam, der selige Herr Magister Herrmann. Das war ein Herr, wie ein Kind. Ich vergesse ihn nicht, so lange mir die Augen offen stehen. Er drückte uns die Hände und sagte: lieben Kinder! ihr dauert mich vom Grunde meines Herzens. Aber gebt euch zufrieden, der liebe Gott hat es ja gethan. Der gute Vater hat es ja so lange gut mit euch gemacht, und so lange hausgehalten, der wird euch jetzo in eurem Jammer auch nicht verlaßen, er will ja bey uns seyn in der Noth. Ihr habt zeither zu viel gute Tage gehabt. Es war bey euch nichts als Spas und Lachen. Wenn das so fortgegangen wäre, so hättet ihr den lieben Gott und das Gebet vergeßen, wäret muthwillig, stolz und hoffärtig geworden, und wer weiß, auf was für böse Dinge ihr am Ende gerathen wäret? So hättet ihr dann die ewige Freude verscherzet. Da hat es also der liebe Gott gut gemeinet, daß er euch diese Ruthe hat fühlen laßen. Es ist ja beßer, daß man eine kleine Zeit leidet, als daß man ewig von Gottes Freuden ausgeschloßen ist. Murret nur nicht wider den lieben Gott, betet und arbeitet fleißig, und gebt Achtung, er wird euch bald alles wieder bescheren; was er euch jetzo aus guten Absichten weggenommen hat.

Er setzte dazu noch so viele Sprüchelchen und Verschen, daß wir alle weich wurden, und ihm für den Trost, den er uns gegeben hatte, die Hände drückten.

Mein Vater, der hatte bis dahin, ganz betäubt, da gestanden, nun aber kam er auch wieder zu sich selbst und sagte, der Herr Magister hat Recht. Wir mußten alle mit ihm nach Hause gehen, und da erzählte er uns den ganzen Abend

einen

einen Haufen Historien von seinem Vater und Großvater, und sich selber, daß wir darüber alle unser Leid vergaßen. Er sagte uns, was für Herzeleid seine Vorfahren, im dreyßigjährigen Kriege, in der Schwedenzeit, und bey andern Gelegenheiten erfahren hätten, wie sie aber von Gott allemahl auf eine gar wunderbare Art wären errettet worden. Das machte uns solchen Muth, daß wir recht vergnügt zu Bette gingen; und so sanft schliefen, als wenn uns kein Leid widerfahren wäre.

Aber es traf wohl bey uns ein, was meine selige Großmutter immer zu sagen pflegte: ein Unglück bietet dem andern gerne die Hand. Mein Vater hatte schon seit Jahr und Tag einen Fluß in der rechten Seite gehabt, er fühlte ihn allemahl, wenn es ander Wetter werden wollte. Durch das Schrecken mochte er wohl rege worden, und auf das Herz gefallen seyn: kurz, den dritten Tag nach dem Feuer war der gute Mann weg, wie ein Licht.

Das selbige Mahl lernete ich recht beten, denn ich hatte auf Gottes Erdenwelt nichts, woran ich mich halten konnte, als den lieben Gott. Sonst betete ich zwar auch, aber nun war das Gebet doch ganz anders, als sonst. Ich redete nun zum lieben Gott, wie zu meinem seligen Vater, und ich sahe wohl, daß die Bibel recht hat, wenn sie spricht: Herr, wenn Trübsal da ist, so suchet man dich.

Mein Bruder hatte des Vaters Haus angenommen, und ich müßte es ihm im Hasse nachreden, wenn ich sagen wollte, daß er mir etwas in Weg geleget hätte. Konträre, er sagte mir wohl tausendmahl: Bruder, laß dir keine graue Haare wachsen. Du kannst bey mir bleiben, so lange es dir gefällt, und mit mir essen und trinken, so lange der liebe Gott etwas bescheret.

Es war dankenswerth. Aber Gnadenbrod, lieber Herr! Gnadenbrod ist ein sauer Stückchen Brod. Ich will lieber arbeiten, daß mir die Schwarte knackt, als von jemandes Gnade leben, und wenn es auch der beste Freund wäre. Meine Frau war eben der Meinung und sagte mir oft: Mann! wenn du mich lieb hast, so mache, daß wir wieder für uns kommen. Und wenn ich arbeiten sollte, daß mir das Blut unter den Nägeln vorspränge, so sollte es mir doch nicht so wehe thun, als daß wir deinem armen Bruder zur Last fallen.

Topp! sagte ich endlich, es gilt schon, ich will von dieser Stunde an Anstalt machen, daß wir wieder unsern eignen Herd bekommen.

Aber

Aber nun war guter Rath theuer. Mit leerer Hand war nichts anzufangen. Ich mußte endlich zum Kreuze kriechen, und meine paar Aeckerchen, die ich von meinen Aeltern geerbet hatte, losschlagen.

So bald es aufwinterte, that ich dazu, daß Holz und Steine beygefahren, und mein Hüttchen wieder hergestellet wurde. Wie es aber gehet wenn der arme Bauersmann bauen muß, unser eines versteht das Ding nicht, und da muß man dem Zimmermann, Glaser, Schmiede, und jedem, der nur für unser einen die Hand aufschlägt, alles über die Schnur bezahlen. Kurz und gut, ehe mein Hüttchen fertig war, war auch das Geld schon alle. Mit Bitten und Flehen kriegte ich an einem Orte noch fünf und zwanzig Gülden geborget, dafür ich mein Häuschen einlegen mußte. Mit diesem Gelde stellete ich endlich das Haus wieder her.

Aber woher nun Brod? Ich überlegte das Ding hin und her. Endlich ward ich mit meiner Frau eins, daß wir von etlichen reichen Nachbarn uns einige Aecker geben lassen, umgraben, mit Möhren, Kartoffeln, Kraut, Bohnen und dergleichen Sachen bestellen, und auf den Herbst die Erndte mit einander theilen wollten.

Tausend

Tausend noch einmahl! da mußten die Knochen bran. Er mag mir es glauben oder nicht, das Bast hat uns manchmahl an den Händen gehänget, wenn wir nach Hause gekommen sind. Und mit alle dem hatten wir doch nichts zu leben. Denn von den Möhren und Kraut, die wir auf den Herbst einmahl bekommen sollten, konnten wir doch im Frühjahre nicht zehren. Wir mußten also eine Aenderung vornehmen. Meine Frau mußte täglich einige Stunden spinnen, und ich alle Wochen einen Tag auf dem Gute um Tagelohn arbeiten.

Das war ein hartes halbes Jahr! Aber ich weiß selber nicht wie es zuging, wir waren immer vergnügt. Den ganzen Sommer durch that uns keine Ader weh. Wenn ich nach Hause kam, und mein Gretchen bedauerte mich, und brachte mir einen Wasserbrey, oder eine Buttermilchsuppe aufgetragen, da dachte ich, die ganze Welt wäre mein, und es schmeckte so gut, als wenn wir Fisch und Braten hätten. Nach Tische sangen wir mit einander ein Lied, und schliefen alsdann auf unserm Stroh, denn ein Bettchen hatten wir nicht mehr, so sanft, wie auf Pflaumfedern.

So ging der Sommer hin. Da die Haberreise anging, bescherte uns der liebe Gott einen kleinen Jungen. Gott vergeb' es mir! ich hätte

damahls

damahls lieber gesehen, wenn er noch ein paar Jahre außen geblieben wäre. Denn nun konnte meine Frau nichts mehr verdienen, und ich selbst mußte alle Tage etliche Stunden bey ihr seyn und sie warten. Die wollte sich gar nicht zufrieden geben. Du armer Wurm! saate sie oft, wenn sie das Kind stillete, du wirst wohl verschmachten müssen. Ach Herr, das jammerte mich gar zu sehr. Ich war gerne mit trocknem Brode zufrieden, nur die Frau dauerte mich, denn ich wußte in meinem Leibe keinen Rath, woher ich etwas anders zu ihrem Labsal nehmen sollte, als Wassersuppen.

Da ich ihr aber einmahl das Kind gab, und das Engelsgesichtchen sahe, das ihm der liebe Gott geschenket hatte, da fiel mir der Vers ein: Was unser Gott erschaffen hat, das will er auch erhalten. Und das sagte ich meiner Frau, und wir sprachen beyde einander Trost zu.

Ich meine, der liebe Gott hat es uns gezeiget, daß er erhalten kann, was er erschaffen hat. Meine Schwägerinn, und noch viel andere Leute aus dem Dorfe, schickten meiner Frau alle Tage so viel Essen, daß sie nicht Herr drüber werden kannte, und der liebe Gott legte einen solchen Segen darein, daß der kleine Junge dabey fett und stark wurde.

Nun

Nun komm' ich auf ein Pünktchen, das ich Zeit meines Lebens nicht vergessen werde. Einmahl, da ich mein Morgengebet verrichtet hatte, und sorgte, wie ich nach und nach unser Haushältchen verbessern wollte, da sahe ich einen Wagen auf unser Haus losgefahren kommen. Er war schwer beladen, und ein Mann mit einer Frau saß darauf. Nu, nu, dachte ich, was soll denn das Ding werden? die Leutchen kommen gewiß unrecht an. Aber höre Er nur, wie sich alles so wunderlich in der Welt fügen muß! Da die Leute vor meine Thür kamen, hielten sie stille. Ich sahe zum Fenster heraus, und fragte: zu wem sie wollten?

Wohnt denn, fragte der Mann, Nachbar Philipp da, der im vorigen Winter abgebrannt ist?

Ja, antwortete ich, ich bin es selber.

Nun, sagte er, so seyd doch so gut, und macht uns die Thür auf!

Ich hatte kaum die Thür aufgemacht, so fiel mir die Frau in die Arme, und machte mir das ganze Gesicht mit ihren Thränen naß, und brachte kein Wort vor, als: mein lieber Vetter Philipp! Ach mein Herzens Philipp! kennst du mich denn nicht mehr? Ich führte sie in die Stube, da fiel sie nur so auf die Bank, und heulete sich dicke satt. Ich und meine Frau standen wie

ver-

versteinert da, denn wir wußten gar nicht, was wir aus der Frau machen sollten. Endlich fing sie an: kennst du denn die Anne Liese nicht mehr, die dich getragen hat, da du noch kleine warest?

Da besann ich mich, daß mein Vater sonst ein Mädchen bey sich hatte, die Anne Liese hieß, und mich, da ich noch kleine war, wartete.

Ach, du lieber Gott! sagte sie, deinen Vater werde ich unter der Erde nicht vergessen. Was der an mir gethan hat! Ich war sechs Jahr alt, da ich Vater und Mutter verlor. Im ganzen Dorfe erbarmete sich keine Seele über mich, da nahm mich dein Vater zu sich, und hielt mich wie sein leiblich Kind. Er hielt mich zur Arbeit und Gottesfurcht an, und brachte mich dahin, daß ich einen braven Mann bekam, bey dem ich mein reichlich Auskommen gefunden habe. Das Gott erbarme! was wäre denn aus mir geworden, wenn dein Vater nichts gethan hätte? eine Bettelfrau und sonst nichts. Indem trat ihr Mann in die Stube, und sagte: das ist wahr, euer Vater muß ein kernguter Mann gewesen seyn. Ich weiß am besten, was ich an meiner Frau habe. Die hätte ich nimmermehr, wenn sie euer Vater nicht so gut gezogen hätte. Und wenn sie mir einen Pfennig zu einen Groschen machen kann, so thut sie es.

Ich

Ich bin, fuhr die Frau fort, schon seit Jahr und Tag zu eurem Vater gereiset. Denn ich wollte mich gar zu gerne bedanken für das viele Gute, das er an mir gethan hat. Es hat sich aber immer nicht schicken wollen. Diesen Herbst sollte es endlich daran kommen. Aber da erfuhr ich, daß er todt wäre. Du lieber Gott, was sind wir Menschen doch! Und wenn ich den Mann mit den Nägeln aus der Erde kratzen könnte, ja meiner Treue! ich thäte es. Ich hörete auch, daß ihr abgebrannt wäret. Da bin ich mit meinem Manne zu euch gereiset, und habe euch etwas von dem mitgebracht, was uns der liebe Gott bescheret hat. Nehmt es an! wir geben es euch aus gutem Herzen. Ich hätte ja doch alles nicht, wenn euer Vater nicht gethan hätte.

Ich wußte nicht, was ich dazu sagen sollte. Ich wollte mich weigern, aber die guten Leute nahmen mich und meine Frau bey der Hand, und sagten: helft nur uns abladen.

Da war doch auf dem Wagen nicht mehr, als alles, was ich brauchte. Früchte, Butter und Käse, leinen Tuch, ein Bette, Gänse, Hühner und ein fett Schwein. Die Thränen liefen mir und meiner Frau über die Backen, da wir es sahen. Wir sagten einmahl über das andere: ihr lieben Leute! das ist zu viel, das ist zu viel.

Ihr

Ihr thut euch gewiß Schaden. Aber sie versicherten, Gott hätte sie so gesegnet, daß sie dies alles entbehren könnten.

Meine Frau lief im Dorfe herum, schleppte alles zusammen, was aufzutreiben war, um unsern Gästen eine gute Mahlzeit zuzubereiten. Und über Tische stand uns das Maul nicht stille. Denn jedes wußte etwas zu erzählen von dem Guten, das ihm Gott gegeben hatte.

Da wir am besten sprachen — poch! poch! — da klopfte etwas an die Thür. Unsere beyden Gäste sahen einander an und lachten, als wenn sie schon wüßten, wer draussen wäre. Da ich das Fenster aufmachte, sahe ich wieder zwey Bauern, davon der eine eine Kuh führte, der andere aber ein Stämmchen Schaafe vor sich hatte.

Nu! nu! sagte ich, was wollen denn die Leute mit dem Vieh haben?

Darum, sagten meine Gäste, macht euch keine Sorge. Es gehöret auch euer. Wir haben sechs lebendige Kinder. Wir wissen nicht, wie es der liebe Gott mit uns schickt, heute oder morgen können wir sterben. Da laßt es die armen Würmchen wieder geniessen, wenn euch wieder auf die Beine geholfen ist.

Die Leutchen blieben die Nacht bey uns, und des Morgens reiseten sie fort, und hunderttausend-
mahl

mahl riefen wir ihnen mit Thränen nach: lebt wohl! lebt tausendmahl wohl! Gott vergelte es! Gott lasse es euren Kindern geniessen, was ihr uns gethan habt.

Und seit der Zeit, fuhr er fort, hat mich der liebe Gott zusehens gesegnet. Ich habe jetzo meine vier Pferde auf der Streue, pechschwarze Rappen, das Herz im Leibe lacht einem, wenn man sie nur siehet; ich habe wenigstens ein paar Hufen Land, meinen Wiesenwachs, mein Holz, alle Ställe voll Vieh; ich habe für mich, mein Gretchen und sechs lebendige Kinder genug, und Er mag mir es nun glauben oder nicht glauben, ich lege alle Jahre ein Kapitälchen für meine Kinder zurück.

Da ich ihn fragte, wie er es denn angefangen hätte, daß seine Umstände sich so sehr verbessert hätten? so fuhr er fort:

Das kann ich Ihm wohl sagen, und Er wird bald begreifen, daß alles von rechten Dingen zugegangen sey. Wir hatten bey unserer Gemeine gegen hundert Acker, die wüste lagen. Sie waren so kahl, so kahl, daß auch nicht ein Gräschen darauf wuchs, das die Schaafe hätten fressen können. Diese Aecker wären die Nachbarn längst gern los gewesen. Denn sie mußten die Steuern davon geben, und trugen ihnen doch nichts ein.

Da

Da kam ich ein Mahl auf den tollen Gedanken, daß ich mir die Hälfte davon wollte schenken laſſen. Ich überlegte das Ding mit Gretchen. Ich kam auf allerhand Einfälle, wie ich sie nutzen könnte. Kurz und gut, ich ging zum Schulzen, und bat ihn, daß er die Gemeine zusammenkommen laſſen und ihr die Sache vortragen möchte.

Da war gleich alles Ja und Amen. Die Bauern waren froh, daß sie die Aecker los waren, und ich, daß ich sie bekam.

Aber das erste Jahr, da will ich mein Lebenlang daran denken, was ich da habe ausstehen müſſen. Das ganze Dorf glaubte, ich wäre nicht richtig im Kopfe, und wo ein Trupp Weiber zusammen stand, oder eine Kindtaufe oder eine Gasterey war, da wurde von mir und meinen Aeckern gesprochen, und darüber gespottet. Was das ärgste war, so mußte ich im ersten Jahre mein ganzes Bischen Verdienst für Steuern hingeben, und hatte doch noch keinen Heller werth Nutzen. Gretchen knurrete mir auch die Ohren voll, und sagte oft: über die dummen Streiche, die du machst! wir könnten jetzo leben, wie die Edelleute, wenn du nicht alles an die verwünschten Steinhaufen wendetest.

Aber was da, was da! Ich dachte, hast du A gesagt, so mußt du auch B sagen. Ich fuhr in Gottes Nahmen fort, mein Stückchen zu machen.

Wir hatten selbiges Mahl eben einen gelinden Winter. Dieß machte ich mir zu nutze. Ich war täglich mit der Hacke auf meinen Aeckern, und, so oft es gieng, auch Gretchen. So arbeiteten wir den Winter durch drey Aecker um, und diese besäeten wir mit Esperset. Wir hatten bey unserer Arbeit Zuschauer genung, die alle den Kopf schüttelten, und dachten, was wird doch da herauskommen! Ich dachte aber immer in meinen Gedanken: lacht ihr doch immerhin! wer zuletzt lacht, lacht am besten.

Mein Esperset ging auf, daß alle Welt ihre Freude daran sahe. Dies machte mir desto mehr Lust, die Arbeit fortzusetzen. Ich riß den Sommer durch wieder drey Aecker um. Im Herbst und Winter brachte ich wieder so viel fertig, und so ging es Jahr aus, Jahr ein. Nach drey Jahren hatte ich ein Stück Landes von achtzehen Aeckern, das mit Esperset, wie mit einem Walde, bedecket war. Nun hatte ich nicht nur Futter die Menge für mein Vieh, ich konnte auch schon Heu davon machen, und an die Dragonerkompagnie verkaufen, die bey uns im Quartiere lag. Das Geld, das ich daraus lösete, wendete ich an, die Steuern davon abzutragen, und das übrige widmete ich den andern Aeckern, die noch wüste lagen. Denn Lebensmittel hatte ich nun von meinem
Vieh

Vieh und den Aeckern, die ich für andere Nach=
barn umgrub, genug. Und, die Milch= und
Butterpfennige, die mir meine Frau brachte,
reichten immer hin, uns manchmahl ein Lümp=
chen auf den Leib zu schaffen!

Aber nun war wieder guter Rath theuer.
Was sollte ich mit der andern Länderey anfangen?
Alles mit Esperset zu bestreuen, ging nicht an,
weil darunter auch viele nasse Aecker waren, die
sich zu diesem Klee nicht schicken, und wo hätte
ich auch mit alle dem Zeuge hingewollt? Aber
wie sich doch alles so artig schicken muß, wenn
eine Sache seyn soll. Ich kam ein Mahl aus der
Stadt, und hatte den Kopf voll Grillen. Da
sahe ich rechter Hand ein kleines Hölzchen, das
so frisch und quatt in die Höhe gewachsen war,
daß es Menschen Augen gerne sahen. Ich hatte
es wohl hundertmahl gesehen, aber dies Mahl sah
ich es mit ganz andern Augen an. Ein Hölzchen!
dachte ich, das könntest du ja auch wohl anlegen.
Ich schlenderte hin und betrachtete es näher, —
und siehe da, es bestand aus lauter Erlen und
Eschen. Ich untersuchete den Fußboden — der
war ganz naß, und mit schilfigtem sauerm Grase
bewachsen. Das Ding geht gut, dachte ich in
meinen Gedanken, du hast auch ein zehen Acker=
stück, das eben so naß ist, das eben so saures

B 2   schilfigtes

schilfigtes Gras träget, das muß ja auch wohl Erlen und Eschen tragen. Ich war gleich her, und ging in die Schenke, ließ mir einen Krug Bier geben, und fing mit den Bauern ein Gespräch von ihrem Erlenwäldchen an. Einer von ihnen war ein kreuzbraver Kerl, und erzählete mir alles haarklein, was man bey Anlegung dieser Bäume zu beobachten habe. Ich fragte ihn, ob man nicht junge Stämmchen bekommen könnte, und er versprach mir etliche Schock. Ich bestellete aber nur ein Dutzend. Denn mein seliger Vater hat mir die Lehre gegeben, wenn man etwas versuchen wollte, so müßte man erst im Kleinen anfangen. Er habe gar viele gekennet, die durch viele und große Versuche am Ende arme Leute worden wären. Im Herbste holte ich meine Stämmchen, setzte sie, und im Frühjahre wuchsen sie zusehens.

Nun ging es frisch drüber her. Ich überschlug in meinen Gedanken, wie viel ich wohl Stämmchen brauchte, wenn ich das ganze Fleck besetzen wollte, hernach ging ich im halben Lande umher, und handelte alle Eschen= und Erlenstämme zusammen, die ich auftreiben konnte. Ich konnte mich nun schon eher regen, denn ich hatte Geld in den Händen. Ich nahm also auf den Herbst etliche Leute an, die mir die Bäumchen

her=

beytragen und pflanzen helfen mußten. Aber ich kam damit doch nicht weiter, als bis zur Hälfte des Stückes. Die andere Hälfte besetzte ich das folgende Jahr.

Nun waren mir noch gegen fünf und zwanzig Acker übrig, die alle wüste waren, und die doch weder Erlen noch Eschen trugen, weil sie an hohen Bergen lagen, und sehr dürre und steinigt waren.

Ich knauserte aber doch etwas aus, wie ich auch diese Flecke nutzen könnte.

Dasselbige Jahr, da ich die letzten Erlen gesetzt hatte, das Mittelfeld war eben über Winter bestellt, fuhr ich auf den Thüringer Wald, und holte Holz, daß ich mir einen Stall bauen könnte. Tausend, machte ich nicht Augen, da ich dahin kam! da war Waldung, davon man kein Ende sah, und Bäume, die der stärkste Mann nicht umspannen konnte. Ich kam bald frühe dort an, fütterte meinen Gaul, verzehrte mein Morgenbrod, und hatte meine Freude an der schönen Gegend. Da ich eine halbe Stunde ausruhete, so hatte ich Zeit genug, den Wald und den Boden, darauf er stand, genau zu betrachten. Der Boden war ein Steinfels, und man sollte nicht meinen, daß es möglich wäre, daß auf so hartem unfruchtbaren Boden, wo

kein

kein Gräschen recht fortkommen kann, solche hohe Bäume wachsen könnten. Mir fiel aber gleich ein, sollten deine Berge nicht auch solch Holz tragen? Ja wenn du nur wissen solltest, wie man die Tannen anbauete, du wolltest dir bald auch einen Wald anlegen. Das Herz zappelte mir vor Freuden, wenn ich daran dachte, wie es so schöne wäre, wenn ich so einen grossen Strich Holz hätte; wenn ich darinne mit meinem Gretchen und meinen Kindern umherspatziren, und mit der Zeit so ein hübsches Stück Geld aus dem Holze machen könnte! Ich legte mich auf die Erde, rieb mir die Stirne — und was geschah? es kam ein Holzhaker aus dem Holze gegangen.

Du kömmst mir, dachte ich, wie wenn du gerufen wärest. Guten Morgen, guter Freund! rief ich ihm zu, habt ihr nicht Lust, ein Stück thüringische Wurst mit mir zu verzehren? Er ließ sich das Ding nicht zweymahl sagen, setzte sich bey mich, und schmunzette, da er meine Wurst schmeckte. Und da ich ihm noch dazu einen guten Schnaps aus meinem Branntweinfläschchen gab, so wurde er so freundlich, wie ein Ohrwürmchen.

Ich fing nun gleich an, mit ihm von Tannen und ihrer Anpflanzung zu reden. Da erfuhr ich

ren

von ihm, daß er in seiner Jugend bey einem Edelmanne gedienet habe, der ein groß Stück Landes mit Tannen besäet hätte. Da spannte ich die Ohren. Ich ließ mir alles haarklein erzählen, wie der Edelmann es gemacht habe; und da erfuhr ich alles, was ich wissen wollte. Da ich genug wußte, machte ich mich bey meinem Geschirr, drückte meinem Holzhacker einen halben Gulden in die Hand, und fuhr in Gottes Nahmen weiter.

So bald ich nach Hause kam, fing ich an, einen halben Acker umzuhauen, und besäete ihn mit Tannensamen. Auch dieser ging nach Wunsche auf. Dies machte mir immer mehr Courage. Das folgende Jahr ließ ich fünf Acker umhacken und besäen, das dritte Jahr zehen Acker. Kurz, ich ruhete und rastete nicht eher, bis der ganze Strich umgearbeitet und besäet war.

Sehe Er, lieber Herr! so hat mich der liebe Gott aus einem armen Schelme zu einem Manne gemacht, der sich mit vielem Gelde nicht auskaufen läßt.

In meinem Leben wäre es mir nicht in den Sinn gekommen, noch mehr zu haben. Denn wozu hilft das übrige Geld? Ich kann doch nicht mehr in den Bauch bringen, als er beherbergen kann. Und daß ich etwa Pasteten und dergleichen

Narrenspossen auf meinen Tisch bringen, oder die Arbeit an den Nagel hängen, oder mich über meinen Stand kleiden sollte, das lasse ich wohl bleiben. Das gute Essen will mir nicht bekommen, und wenn wir ein Hauptfest haben, bin ich allemahl krank. Mir ist nicht besser, als wenn ich meine Hacke in der Hand habe, und zu Mittage meine Schüssel voll Gemüse und Fleisch finde. Wollte ich großen Staat machen; so würde das ganze Dorf mir gram werden. Sie hacken so genug auf mich.

Aber der liebe Gott mußte mir doch noch mehr zugedacht haben.

Es wird nun fünf Jahre seyn, da kam ein vornehmer Herr, der bey dem Fürsten gut stehet, hier durchgereiset. Er mochte wohl mehrmahl da gewesen seyn. Da er nun sahe, daß unser Feldchen, das sonst wie eine Wästeney aussahe, jetzo auf einmahl so schöne grün worden war, so fragte er, wer diese Veränderung vorgenommen habe? Da er erfuhr, daß ich es wäre, ließ er mich zu sich rufen, und redete mit mir ein Langes und ein Breites.

Das Ding war gut. Ich gehe nach Hause und lasse mir nicht träumen, daß der Herr in seinem Leben wieder an mich denken wird. Aber, was geschah? Es waren kaum acht Wochen

ins

ins Land — poch! poch! da pochte jemand unter meinem Fenster an. Es war der Amtsdiener, der mir sagte, daß ich den andern Tag in das Amt kommen sollte.

Ich gieng hin, und dachte unterwegens hin und her, was wohl das Ding heissen solle. Ich hätte mir eher des Himmels Einfall vermuthet, als daß es das seyn würde, was ich hernach erfuhr. Denn, höre Er nur an! da ich in das Amthaus trat, da kam mir der Amtmann (das doch sonst seine Art gar nicht ist) an der Thür entgegen, kriegte mich bey der Hand, führete mich in die Stube und sagte: nun, Nachbar Philipp! heute muß ich euch etwas Gutes sagen, hier ist ein Brief vom Fürsten, leset ihn.

Ich las, ich las ein= zwey= dreymahl, und wußte immer nicht, ob ich meinen Augen trauen sollte. Denn höre Er nur, was drinne stand: Weil er mit Wohlgefallen vernommen, daß einer seiner treuen Unterthanen, Nahmens Philipp, eine wüste Gegend mit Holz bepflanzet habe, so verordne er hiermit, zum Beweise seiner Milde und Gnade, und zu fernerer Ermunterung des Fleißes, daß besagtem Philipp jährlich hundert Thaler ausgezahlet werden, und er dafür gehalten seyn solle, die in seinem Amte gelegenen Felder fleißig zu besuchen und Bericht abzustatten mit

(In Nro. 15.) was

was für Holzarten die darin befindlichen wüsten Gegenden zu bepflanzen wären.

Und das Geld ist mir nun zeither alle Jahre richtig bezahlet worden. Ich habe ja freylich seit dieser Zeit über hundert Acker mit Holze bepflanzen lassen, und denke, mit Gottes Hülfe, wenn Gott Leben und Gesundheit schenket, zwischen hier und zehen Jahren, alles, was wüste ist, grüne zu machen. Aber hundert Thaler alle Jahre! das ist zu viel. Ich hätt' es unserm gnädigen Herrn gern zu Gefallen gethan. Der liebe Gott gebe unserm gnädigen Fürsten, und dem lieben vornehmen Herrn, der mich rekommendiret hat, eine gute Nacht!

Und nun stand mein Wirth auf, klopfte sein Pfeifchen aus, zeigte mir meine Lagerstätte, drückte mir die Hand und wünschte eine gute Nacht. Ich erinnere mich nicht, je so sanft geschlafen zu haben, als unter dem Dache des ehrlichen Philipps.

Die Spinnen,
die sichersten und nützlichsten
Wetterpropheten.

(Aus den fliegenden Volksblättern)

Bayreuth,

In der Lübeckischen Hofbuchhandlung und in den
vorzüglichsten Buchhandlungen:
Augsburg, Berlin, Breslau, Cleve, Frankfurth a. M. Hamburg, Hannover, Leipzig, Nürnberg, Regensburg, Wien, Zürich ꝛc.
In Commission; wie auch in der Expedition des Reichsanzeigers
zu Gotha.

Die Spinnen,
die sichersten und nützlichsten Wetterpropheten.

Daß die Franzosen in dem harten Winter von 1794 bis 1795 durch ihren General Pischgrü Holland erobert haben, ist eine allgemein bekannte Sache; aber weniger bekannt mag es wohl seyn, daß ihnen vorzüglich die Spinnen dabey behülflich waren, indem ihnen diese jenen harten Winter vorhersagten. So unglaublich dieses scheinen mag, so wahr ist es doch, wie man aus folgender Erzählung sehen wird.

Ein holländischer Generaladjutant, Nahmens Dischongwall, war im Jahr 1787, beym Einrücken der Preußischen Armee in Holland gefangen genommen worden, und mußte, von dieser Zeit an, 89 Monathe in einem Kerker zu Utrecht hinbringen. Die Langeweile quälte ihn da entsetzlich, bis es ihm einfiel, sich mit der Beobachtung der einzigen lebendigen Geschöpfe, die um ihn waren — der Spinnen — zu beschäftigen. Er brachte 1791 den ganzen Sommer damit zu, daß er alle mögliche Arten derselben an sich kirrte und um sich her versammelte.

Das Geschäfte war mühsam; er mußte sich dabey den größten Beschwerlichkeiten, und vorzüglich einer fast erstickenden Hitze bey Nacht, wie bey Tage unterwerfen. Aber er sah seine mannigfaltigen Bemühungen bald durch einen ungeheuren Zufluß von Spinnen belohnt. Bald war sein ganzes Gefängniß von ihren Geweben wie tapezirt, und er selbst von allen Seiten umzingelt und eingeschlossen. Er lernte nun in dieser sonderbaren Gesellschaft eine ganze Reihe von untrüglichen Wetterprophezeihungen, welche die Spinnen für alle Jahreszeiten gewähren. Die wichtigste von allen aber war wohl diejenige, welche er gegen das Ende des Jahres 1794 den Franzosen mittheilte, und welche diesen Holland, ihm aber die Freyheit verschaffte.

Dischongwall war durch die mindere Strenge eines seiner Gefängnißwärter in den Stand gesetzt worden, daß er damahls den Patrioten von Utrecht (so nannte sich diejenige Partey in Holland, die gegen den Statthalter war) und durch diese denen, die sich an den Ufern der Waal schlugen, die Gewißheit eines Frostes ankündigen konnte, der sie mit den schwersten Canonen über alle Flüsse tragen würde. Denn ihr Vorrücken war das einzige Mittel, wodurch er seine Freyheit wieder erlangen konnte.

Aber

Aber o Schrecken! o Verzweiflung! Er bekommt um eben diese Zeit Nachricht, daß man vom Kapituliren spreche, daß Pischgrü selbst sich vor den Candlen und den Ueberschwemmungen fürchte; unter welche man Holland in wenig Stunden setzen, und durch die man eine ganze Armee zu Grunde richten kann; daß er selbst also noch an keine Befreyung aus seiner langen Gefangenschaft denken dürfe. Dischongwall schrieb nun Briefe, so viel er nur auf dem bisherigen Wege fortbringen konnte, um sowohl den Patrioten, als auch den Franzosen durch mehr, als eine Bothschaft anzukündigen, daß die Spinnen arbeiteten, als ob in längstens 14 Tagen ein schrecklicher Frost eintreten sollte! Man kapitulirte nicht; Pischgrü durfte sich nicht zurückziehen; und durch den Frost vom 29sten December wurden die Franzosen in den Stand gesetzt, über die Waal zu marschiren.

Bald schmeichelte sich jedoch die statthalterische Parten in Holland mit dem Eintritt eines entschiedenen Thauwetters, weil den 12. Jenner das Wasser zwar gestiegen, aber, was man für ein sicheres Kennzeichen des Aufthauens hielt, das Wasser etwas trüb war. Dischongwall schrieb daher gleich am folgenden Tage, aus seinem Gefängniß, an den Verfasser der

A 3 Utrech=

Utrechter Zeitung, daß ehe drey Tage vergiengen, eine noch stärkere Kälte als bisher einfallen würde. Dieß Spinnen-Prognosticon war ohne Vergleich richtiger, als das vom trüben Wasser: Mittwochs den 14ten fing es an zu winden; Donnerstags den 15ten gefror es; und Freytags den 16ten zogen die Franzosen in Utrecht ein, und befreyten ihn endlich aus seinem Kerker. Mit großem Eifer beschäftigte er sich nun mit weitern Nachforschungen, und durchsuchte alle Böden und alle Keller. Bald fand er auch die Art von Spinnen, die im Winter sprechen. Er packte eine, stark in der Arbeit begriffene, sehr lebhafte für die französischen Generale ein, die damahls in Utrecht waren. Es war der 20ste Jenner, und ein schreckliches Thauwetter fiel ein. Die Generale waren in der verzweifeltsten Verlegenheit über das Schicksal von 100,000 Mann und der Artillerie, die in vollem Marsche auf den Dämmen begriffen war; man dachte schon an einen schleunigen Rückzug. Aber Dischongwall, das Auge immer auf das Benehmen der Spinnen gerichtet, bürgte ihnen mit seinem Kopfe für die Rückkehr des Frostes, und schickte sogar den 22. Jenner eine kleine, äußerst lebhafte Spinne an den General Vandamme, um sie dem General Pisch=

Dischgrü ins Haag zuzusenken. Man glaubte ihm; die Weissagung ward wahr befunden, und Holland war den Franzosen.

Dischongwall hat die vielen Beobachtungen, die er während seiner langen Gefangenschaft über die Spinnen anstellte, in einem gedruckten Buche bekannt gemacht, und darin viel Merkwürdiges von ihren verschiedenen Arten und Arbeiten, von ihrem nützlichen Gebrauch bey Wetterprophezeihungen, und von den Vortheilen, die sie dadurch gewähren, gesagt.

1. Von den verschiedenen Arten und Arbeiten der Spinnen.

Wer sollte glauben, daß es einerley Thier sey, das sich hoch in den Lüften wiegt, und das sich unter der Erdscholle verbirgt? Das den Wipfel der höchsten Bäume umwebt, und die Wiesen, wenn sie beym Anbruch des Tages vom Morgenthau befeuchtet sind, mit einem so glänzenden Gespinste deckt? Wer sollte glauben, daß es eine Spinne gibt, die ganz Kopf ist, und eine Spinne, die ganz Körper ist; eine Spinne, die so lange Füße hat, daß man sie die langhändige nennt, und eine Spinne mit so kurzen Füßen, daß sie sich in den Holzspalten aufhält, ohne daß man sie gewahr wird, auf gleiche Weise daraus hervorgeht, und ihr Leben nur ihrer Wachsamkeit zu danken hat? Die Löwen-Spinne verdient diesen Nahmen, ohne gerade die größte und stärkste zu seyn, wegen ihres Muthes, ihrer Lebhaftigkeit, der Gewandheit, womit sie sich auf ihre Beute stürzt, ihres Stolzes, womit sie die kleinen Fallstricke der andern verschmäht; sie zeigt sich nie, als wenn die Sonne ihr blendend Licht ausstrahlt, und kündigt sie immer an, oder folgt ihr unmittelbar nach. Die Hängspinne verfertiget sehr künstlich ein zirkelrundes, senkrechthängendes Gewebe; sie fängt ihr Gespinst alle Tage vom Neuen an, da andere sich begnügen, ein für alle Mahl zu arbeiten. Die Winkelspinne, wenn sie ein längliches Viereck zum Befestigungsplatze antrifft, spinnt dann ein Gewebe, das viele Aehnlichkeit mit einem Wasser-Kahn hat; sie erhöht es an den Seiten; sie befestiget es durch Fäden, die eben so in die Höhe zusammen laufen, wie die Stricke oder Thaue, die von den Schiffern an den Mastbäumen hinauflaufen; und wenn der Platz ihr erlaubt, ihre ganze Geschicklichkeit zu zeigen, so entsteht daraus das größte Werk, das die Spinnen verfertigen können. Mit Recht trägt sie daher den Nahmen der großen Spinnerinn.

Gleiche

Gleiche Verschiedenheit zeigt sich bey den Spinnen, die sich in der Luft mitgen. Die einen verfertigen ein auf allen Puncten vollendetes Gewebe, das meist senkrecht, zuweilen auch wagerecht ist, und nichts gleicht der Regelmäßigkeit dieses Gewebes. Andere legen nur Fäden an, die wie eine Kette von oben nach unten in einiger Entfernung von einander hin und her gezogen, aber doch nahe genug beysammen sind, daß die Insecten, die sie durchreißen wollen, hängen bleiben und sich zu Grunde richten. Noch andere spannen starke Fäden aus, die auf der einen Seite an einer Mauer, auf der andern an dem Boden befestiget sind, und stürzen mit unglaublicher Lebhaftigkeit auf das, was mehr geht, als fliegt. Die letzte Art, wovon schon oben gesagt wurde, tapezirt buchstäblich den Boden mit einem sehr klebrigten Gewebe: man darf es nur berühren um gefangen zu seyn; denn diese Spinne, noch lebhafter und schneller, als die vorhergehende, fällt auf ihren Raub, ehe solcher auch nur merkt, daß er ergriffen wird, und schleppet ihn in ihre Höhle.

Die Spinnen sind übrigens eben so gute Mütter, als geschickte Arbeiterinnen. Um den Eintritt der vollen Sommerhitze fangen sie an sich zu paaren und zu begatten. Nach einiger Zeit

„Zeit leget das Weibchen an 200 Eyer ganz nahe an dem Orte nieder, der wie ihre Werkstätt betrachtet werden kann; sie setzt nun alle Sorge für sich aus, um die gelegten Eyer mit einer unbegreiflichen Dichtigkeit, die sie in ihr sonst so zartes Gewebe bringt, zu umhüllen. Zuweilen arbeitet sie zwey Tage und zwey Nächte hindurch, ohne sich auch nur einen Augenblick Ruhe zu lassen, um ihre Brut außer Gefahr zu setzen. Ihre Kräfte werden dadurch so erschöpft, daß sie endlich niedersinkt, oder auf einer von ihren Seiten ruht, bis sie sich von dieser Ermüdung erholt hat, und dann wieder auf die gewöhnliche Art für ihre Bedürfnisse sorgt. In sehr heißen Jahren legt die Winkelspinne oft sieben Mahle, und unterzieht sich eben so oft dieser großen Anstrengung. Das Männchen scheint außer der Begattungszeit beständig zu schlafen; arbeitet, jagt und frißt nichts. Auch hat es, wenn es zur Begattung erscheint, eine höchst seltsame Gestalt: ein sehr kleiner Körper, ein äußerst kleiner Kopf, Füße von ungeheurer Länge bilden seine ganze Zusammensetzung. Sobald sich das Weibchen mit ihm gepaart hat, läßt sie ihn die Gunst ihres Gewebes theilen; und er, der seit langer Zeit nichts zu sich genommen hat, schnappt nun einen oder zwey Tage hindurch

aus=

ausschließlich alle Fliegen, und alles, was in das Gewebe fällt.

Man sagt, die Spinnen fräßen sich selbst auf. Aber wie geschieht dieß während der schönen Jahreszeit, so lange sie hinlängliche Nahrung haben; vielmehr leben sie dann über, unter und neben einander, ohne daß man unter ihnen auch nur einen Schatten von Streit bemerkt. Vielleicht fressen sie sich niemahls auf, wenn sie an den Orten leben, die der Schöpfer selbst ihnen anwies, auf den Feldern, in den Waldungen, am Ufer der Seen und stehenden Wasser. Sie fraßen sich zwar unter Dischongwall's Augen auf; aber warum? — weil sie seine Gefangenschaft theilten. In Menge waren sie des Sommers durch das offene Fenster hereingekommen, in Menge fanden sie sich nun im Winter eingeschlossen. Als es nun keinen Ausweg für dieß betrogene Volk gab; so mußte es nothwendig thun, was es that: es mußte sich einander selbst auffressen, bis das Fenster, bey Wiederkehr der bessern Jahreszeit, sich wieder öffnete; von welcher Zeit an sich keine mehr aufzehrten.

2. Von

12. Von den Spinnen, als Wetter-Gläsern.

1. Das eigentliche Wetterglas hat das Gute, daß es bis auf den andern Tag für schön Wetter bürgen kann; aber wenn die Spinne mit großen Fäden arbeitet, so hat man die Gewißheit eines schönen Wetters auf wenigstens 12 bis 14 Tage. Wäre es also auch wahr, daß die Spinne und das Wetterglas die Fähigkeit hätten, die Veränderungen in der Witterung mit gleicher Genauigkeit anzukündigen, was doch nicht ist, so würde die Spinne den unschätzbaren Vorzug behalten, das was das Wetterglas nur einige Stunden vorher sagt, auf mehrere Tage voraus anzukündigen.

2. Wie einfach ist auch dieses neue Wetterglas: Entweder es lassen sich keine Spinnen, oder es lassen sich wenige, oder es lassen sich viele sehen. Entweder arbeiten die Spinnen gar nicht, oder sie arbeiten nur schwach, oder sie arbeiten stark. Jeder Grad dieser beyden Abwechslungen zeigt auf Regen, auf Veränderlich, und auf schön Wetter, auf eine Art, wobey man sich gar nicht mehr irren kann, wenn man die Beobachtung nur ein einziges Mahl angestellt hat. Wenn oben gesagt wurde: man sieht entweder
keine,

keine, oder man sieht wenige, oder man sieht
viele Spinnen; so versteht sich, daß hier von
der Gattung die Rede ist, die am meisten zu
erscheinen, und wieder zu verschwinden pflegt,
d. h. von der Hängspinne, oder derjenigen,
die ein rundes, senkrechtes Gewebe macht. Aber
auch die Winkelspinne hat ihre Abwechslungen.
Bey schönem Wetter zeigt sie sich mit dem Kopfe,
die Füße sehr weit vor, und um so weiter, je
länger es schön Wetter bleiben soll. Beym Sturm=
wetter kehrt sie sich ganz um; und zeigt alsdann
dem Beobachter nur ihren hintern Theil; nicht
leicht könnte sie ihm einen klarern Unterricht geben.
Inzwischen zeigt sich an ihr eine noch merkwür=
digere Veränderung. Das Gewebe, womit sie
ihren Winkel umspinnt, hat beym ersten Eintritt
des schönen Wetters eine geringere, und gerade
nur die Ausdehnung, die für diesen ersten Eintritt
und für die üble Witterung, die gewöhnlich darauf
folgt, dienen soll. Aber beym zweyten Eintritt
des schönen Wetters, oder der Hitze, vergrößert
sie ihr Werk um die Breite von 2 bis 3 Zoll,
wenn es eine von den größten ist; und aus
3 bis 4 dergleichen wiederholten Vergrößerungen
im Laufe des Frühlings, des Sommers und des
Herbstes erkennt man eines der zuverläßigsten
Vorzeichen von längerem schönen Wetter.

Die

Die Zeit da diese Spinne legt, welches, wie schon oben gesagt worden, in sehr heissen Jahren bis zum siebenten Mahle geschieht, ist ein weiteres Kennzeichen für einen neuen Eintritt von schönem Wetter; so wie die Zeit, da die Hängspinne ihre Haut verändert, welches sehr leicht zu erkennen, oder vielmehr, welches fast unmöglich ist, nicht zu bemerken; sobald man sich nur etwas anhaltend mit dieser Art von Beobachtungen beschäftiget. Die Sprünge der Löwen-Spinne, das Hervorkommen der Schlupfwinkel-Spinne, sind eben so viel weitere Kennzeichen.

So wie die Spinnen gute und schlechte Witterung vorhersagen, so kündigen sie auch Kälte und Hitze im voraus an. Unter den Winkelspinnen gibt es besondere Winter- und besondere Sommerspinnen. Bey den Winterspinnen muß man wieder zweyerley Arten unterscheiden. Zu der einen gehören die, welche sich darauf einschränken, sich der, während der vorhergehenden Jahreszeit ganz verfertigten, Gewebe zu bemächtigen, und man muß hier bemerken, daß es zu Anfang des Winters wüthende Gefechte absetzt, um zu entscheiden, wem der Besitz der wohlgelegensten Gewebe bleiben soll. Eine andere Art, der die

Benennung Winterspinnen noch eigentlicher zukömmt, ist die, welche sich nicht darauf einschränkt, sich der schon gemachten Gewebe zu bemächtigen, sondern bey jedem neuen Anstoß von Kälte selbst dergleichen spinnt, und aufs neue spinnt; so wie im Sommer bey jedem neuen Aufflammen von Hitze.

Den ersten Beweis, daß die Winkelspinnen bey der ersten Kälte, die bis zum Schnee und bis zum Eis geht, in den fertigen Geweben Posten fassen, oder neue machen, hatte Dischongwall zu Anfang des Novembers 1791. Den zweyten bekam er beym Wiedereintritt des Frostes, der zu Anfang des Decembers desselben Jahres Statt hatte. Ja sein Vergnügen wurde noch mehr erhöht. Da er seit dem Vorfall des Novembers auf die Arbeiten der Spinnen noch aufmerksamer geworden war; so bemerkte er, daß fast durchgängig 9 Tage zwischen der ersten Bewegung der Spinnen und dem wirklichen Eintritt der Kälte verflißen. Diese Bemerkung erhielt neue Bestättigung bey Gelegenheit des dritten Eintritts des Eises im Jenner 1792. Aber der stärkste Beweis von ihrer Richtigkeit bot sich ihm zu Anfang des Februars dar. Es war schön Wetter, es war warm; kein Anschein von Kälte war mehr, daß

man

hätte, denken sollen, daß man von nun an des Einheizens entbehren könne: aber von Samstags, dem 4ten an, sagte er laut voraus, daß eine der größten Veränderungen in der Luft Statt haben würde, weil er, nebst andern Kennzeichen drey kleine Spinnen=Gewebe, eines über dem andern hatte, die Abends zuvor nicht da gewesen waren. Vom 9ten an war Eis, und vom 13ten an waren die Canäle zugefroren. Wer hätte nun nicht denken sollen, daß der Winter zu Ende wäre? Er selbst glaubte es, aber wie groß war nicht sein Erstaunen, als er, nachdem wieder alles aufgethaut war, den 28 Februar eine plötzliche Gährung unter seinen Spinnen bemerkte! Er sah sie hin und her laufen, weben und sich einander angreifen. In der Erwartung also, daß noch etwas sehr Merkwürdiges, und wenigstens sehr trockne, wo nicht sehr kalte Witterung eintreten würde, zeichnete er diese neue Spinnen-Veränderung sogleich bey dem ersten Buchhändler der Stadt an, und bat ihn, allen, die zu ihm kommen würden, davon Nachricht zu ertheilen. Zwey Tage darauf regnete es, und das war seiner Vorhersage nichts weniger als günstig. Fünf Tage darauf regnete es noch immer fort, und seine Weissagung schien je länger, je mehr zu wanken. Aber den Blick immer auf das

Bey

Benehmen seiner Spinnen gerichtet, schrieb er alle Tage an den nehmlichen Buchhändler, daß er unabweichlich an trockenes Wetter glaube, und daß früher oder später, trockneres und kälteres Wetter, als man es wünschte einfallen würde. Endlich den 8ten März fing es an, zu seiner Rechtfertigung zu winden, den 9ten schneite es zu seiner Ehre, und den 10ten gefror es zu seinem Triumphe. Die Menge des Schnees übertraf sogar um etwas die, welche in der Mitte des Februars gefallen war; die Canäle waren aufs neue zugegangen, und man erkannte, daß seine Prophezeihungen zu einem sichern Maasstabe für das Laden und Abgehen der Schiffe dienen könnten.

3. Von den Vortheilen dieser Spinnen-Prophezeihungen für die Landwirthschaft.

Wie wichtig diese Entdeckungen für die Arbeiten und Geschäfte der Landwirthschaft sind, läßt sich leicht denken! Wie oft bedarf nicht der Landmann einer genauen Kenntniß der beyden entgegen gesetzten Puncte, ob es nehmlich regnen wird, oder nicht! Bey Einsammlung des Heues, des Getraides, des Weines, des Obstes,

Zu Nro. 16.) B kann

kann eine wohl oder übel gewählte Witterung sowohl in der Güte als in der Menge die Hälfte gewinnen oder verlieren machen. Auf gleiche Weise verhält sichs mit der Saat. Ist also irgend etwas in dieser Welt der Aufmerksamkeit der Landleute würdig, so ist es gewiß dieses Mittel, die Beschaffenheit der künftigen Witterung bestimmt voraus zu erkennen. Spinnen haben sie allezeit und in Menge um sich; könnten sie sich also wohl ein bequemeres, wohlfeileres und sicherers Wetterglas wünschen?

Für Länder, deren Hauptreichthum in Waiden und Viehzucht besteht, kann es ebenfalls keine wichtigere Entdeckung geben als die: daß man, je nach der Art, wie die Spinnen zu Ende Aprils oder zu Anfang des Mayes sich äußern, auf eine untrügliche Art voraussehen kann, ob es viel oder wenig Gras geben wird. Dischongwall schrieb zu Anfang des Mayes 1792 an einen Freund, daß es einen äußerst trockenen Frühling und Sommer geben würde. Er ging noch weiter: Er machte einer Unzahl Kaufleute den Vorschlag, alle Butter in Holland aufzukaufen, und wollte auf diese Art durch die That beweisen, welche wesentliche Vortheile die Spinnen-Prophezeihungen auch dem Handel gewähren können. Da aber jene Kaufleute seine

Vorher-

Vorhersagung eines dürren Sommers, (die in der Folge nur zu wahr wurde, so daß es nicht einmahl Grummat gab) als eine gelehrte Grille ansahen: so verachteten sie seinen Vorschlag. Er gründete seine Weissagung darauf, daß im Frühjahr die Anhängfäden der Hängspinne von ausserordentlicher Länge waren. Er hatte zwey Gewebe von Hängspinnen entdeckt, die oben von einem Schloth bis auf ein Dach herabliefen, das ganz nahe am Erdgeschoß war, die mehr als 34 Schuhe hatten und 23 Tage lang blieben.

Dieß, für das Futter und alles was davon abhängt, so wichtige Prognosticon, muß indeß nicht blos darauf eingeschränkt werden. Wenn wir den Blick auf den wundervollen Zusammenhang in den Erzeugnißen der Natur werfen: so werden wir mit dankbarer Rührung erkennen, daß, was für das eine Land ein Unglück ist, für das andere fast immer noch ein größeres Glück wird, und daß z. B. dasjenige, wodurch der Ertrag des Heues, und was damit in Verbindung steht, auf die Hälfte herab sinkt, auf der andern Seite einen überschwenglichen Reichthum an Wein, Cider, Branntwein ꝛc. hervorbringt. Da nun dergleichen Getränke in manchen Ländern einen großen Theil des Verbrauchs ausmachen; so kündigen uns die Spinnen zu eben der Zeit, da sie sagen, daß es kein Heu geben wird, auch an, daß es viel Wein geben wird. Und kann es für Weinhändler und Wirthe eine wichtigere Kenntniß geben, als aus der Art, wie die Spinnen im April sich äußern, sehen zu können, wie die Weinlese im October seyn wird?

So ist es also wahr, daß die Spinnen, diese sonst so ekelhaften und verachteten Thiere, dem Menschen zu sehr sichern und nützlichen Wetterpropheten dienen können, sobald er nur einige Aufmerksamkeit darauf richten, und sie nur etwas anhaltend beobachten will. Und so würden wir auch manches Andere, das wir jetzt für ganz unbedeutend und unwerth halten, zu unserm großen Nutzen verwenden können, wenn wir mehr darauf achten und mehr darüber nachdenken — kurz, wenn wir weniger gedankenlos seyn und handeln wollten.

Die
zwey ungleichen Schuhmacher

oder

der Mensch ist seines eignen Glückes Schmidt.

(Aus dem' Englischen übersetzt)

(Aus den fliegenden Volksblättern)

Bayreuth,
In der Lübeckischen Hofbuchhandlung und in den
vorzüglichsten Buchhandlungen:
in Augsburg, Berlin, Breslau, Cleve, Frankfurth a. M. Hamburg, Hannover, Leipzig, Nürnberg, Regensburg, Wien, Zürich ꝛc.
in Commission; wie auch in der Expedition des Reichsanzeigers
in Gotha.

Die zwey ungleichen Schuhmacher,
oder
der Mensch ist seines eignen Glückes Schmidt.

Peter Braun und Jacob Stock, zwey Knaben von gleichem Alter, aber sehr verschiedener Gemüthsart, wurden fast zur nehmlichen Zeit bey Meister Williams, einem Schuhmacher des nächsten Städtchens, in die Lehre gegeben.

Braun war der älteste Sohn eines wohlhabenden Pachters, der das gewöhnliche Lehrgeld für ihn bezahlte. Weil er als ein flüchtiger ausgelassener Junge nicht wohl zu bändigen, und noch weniger zur Bauernarbeit abzurichten war; so hielt es der Vater für besser, ihn an einem etwas entfernten Orte ein Handwerk lernen, als zu Hause müßig herum laufen zu lassen. Denn Peter hatte nichts lieber, als Vogelnester und Schussern; und wenn sein Vater glaubte, er sey in der Schule, spielte und schlingelte er ganze halbe Tage mit andern, eben so unnützen Buben, als er selbst war, herum.

Indeß fehlte es Petern, bey all seiner Wildheit, doch nicht an natürlich guten Gaben; und es wäre vielleicht aus ihm etwas zu machen gewesen, hät' er nicht das Unglück gehabt, seiner Mutter Schooßkind zu seyn. Diese verheimlichte und entschuldigte alle seine Fehler. "Er wäre freylich ein kleiner Wildfang," sagte sie, "aber deßwegen könnte doch ein rechter Mann aus ihm werden; denn Peter hätte ein ganz eignes Köpfchen, und sie wollte nicht, daß man ihm das brechen, und eine Schlafhaube aus ihm machen sollte." — Der Pachter überließ, um des lieben Hausfriedens willen, wie man zu sagen pflegt, diesen Punct ganz der Willkühr seiner Frau, und damit zugleich seines Kindes künftige Tugend und Glückseligkeit. Er war ein arbeitsamer und fleißiger Mann, aber er hatte wenig Religion; es war ihm nur um gegenwärtigen Gewinn und Vortheil zu thun; auf die künftige Rechenschaft nahm er keine Rücksicht. Seine Frau beherrschte ihn ganz, und da sie eine gute Wirthinn war, so machten ihm andere Dinge den Kopf wenig warm. Hätte sie ihren Milchkeller versäumt; so würde er gelärmt und geflucht haben; aber daß sie durch Affenliebe ein Kind verhätschelte und durch Härte die übrigen zu Tode quälte, das beunruhigte ihn wenig.

Soviel

Soviel Peter Faullenzen durfte, so schnappte er doch ein Bißchen Lesen und Schreiben auf; aber das Rechnen wollte ihm nie in den Kopf; das war ihm viel zu mühsam. Seiner Mutter wär' es lieb gewesen, wenn er die Schule fortbesucht hätte, nicht um ihn etwas lernen zu lassen — das hatte für sie nicht Werth genug; sondern um ihrem Herzblätschen die Mühe der Arbeit zu ersparen; denn ging er nicht in die Schule, so mußte er zur Arbeit greifen, und sie glaubte, das erste sey weniger beschwerlich, als das letzte. Dieß thörichte Weib hatte überhaupt eine so hohe Meinung von ihres Sohnes Gaben, daß sie schon in seiner Kindheit behauptete: es müsse ein Pfarrer aus ihm werden, und sie hoffe das auch zu erleben. Sie bestimmte aber ihr Söhnchen nicht deßwegen zum geistlichen Stande, weil sie etwa Gelehrsamkeit und Frömmigkeit schätzte, sondern weil sie glaubte, Peter könne dadurch ein Herr und vornehmer als seine Brüder werden.

Obgleich Vater Braun der Meinung war, daß Peter bloß einen faulen und unwissenden Bauern abgäben würde; so hoffte er doch, daß noch ein erträglicher Handwerker aus ihm werden könnte, wenn er nur bald der schlechten Aufsicht im väterlichen Hause und einer unverständigen Mutter entrissen würde, die ihn aus thörichter Liebe in allen Stücken versäumte. Dieß Weib wüthete vor Zorn, als sie hörte, daß ein so feiner und geschickter Bursche, wie ihr Peter, das Schuhmacher Handwerk lernen sollte. Aber der Pachter wollte für dieses Mahl, und vielleicht das erste Mahl in seinem ganzen ehelichen Leben, seinen Willen haben. Nur fehlte er dabey, als ein Mann, der immer nur das Zeitliche im Auge hatte, in der Hauptsache. Anstatt mit Sorgfalt einen nüchternen, verständigen und frommen Meister für seinen Sohn aufzusuchen, überließ er alles das, als eine Sache von geringer Erheblichkeit, dem bloßen Zufall. Dieß ist ein sehr gemeiner Fehler, und Aeltern, die sich desselben schuldig machen, werden einst für die Sünden und Fehler, welche ihre Kinder bey heranwachsendem Alter, oder in ihrem künftigen Hauswesen begehen, schwere Rechenschaft ablegen müssen. Gibt ein Vater seinem Sohne eine gute Erziehung, ein gutes Beyspiel, oder einen guten Herrn, so ist es zwar immer noch ein möglicher Fall, daß der Sohn umschlagen kann; aber dieser Fall geschieht nicht oft, und wenn er sich ereignet, so darf sich der Vater keine Vorwürfe deßhalb machen, und es trägt zur Beruhigung eines Menschen gewaltig viel bey, wenn er in widrigen Begegnißen von eigener Schuld frey ist.

Der

Der Pachter begnügte sich damit, daß er seinen Freunden den Auftrag gab, sich nach einem Schuhmacher umzusehen, der viele Kundschaft habe, und gute Arbeit mache; und die Mutter vergaß nicht, ihr Wörtchen auch drein zu reden und einen Meister vorzuschlagen, der nicht gar zu streng sey; denn Peter sey als ein zärtlich erzogener Knabe, sehr empfindlich, und könne nicht den geringsten Widerspruch vertragen. Meister Williams wurde dem Pachter als der beste Schuhmacher in der Stadt und als ein Mann empfohlen, der nichts weniger als streng sey; zu diesem wurde also Peter ohne weitere Nachfrage gebracht.

Jacob Stock war der Sohn eines ehrlichen Taglöhners im nächsten Dorfe. Da sein Vater viele Kinder hatte, und das Aufdinggeld nicht selbst bezahlen konnte, so wurde es von dem Kirchspiel entrichtet. Jacob war in jedem Betrachte das gerade Gegentheil von seinem neuen Nebenjungen; er war bescheiden, fleißig, fromm, und hatte als ein armer Taglöhnerssohn weit mehr gelernt, als Peter, der reicher Leute Kind war. Sein Vater hatte ihn nur wenig in die Schule schicken können, weil er ihn schon als Kind zur Arbeit anhalten mußte. Als er ein wenig herangewachsen war, brauchte ihn der Pfarrer des Orts, Herr Thomas, ein sehr liebreicher junger Mann, zum

zum Ausschicken, zum Putzen und Satteln eines Pferdes und zu andern leichten Arbeiten. Alles dieses that der kleine Bursche mit so viel Gewandheit und gutem Willen, daß ihn der Geistliche sehr lieb gewann und manchen Abend, wenn die Feldarbeit vorbey war, nach ihm schickte, um sich mit ihm abzugeben, und ihn sowohl im Schreiben und Rechnen, als auch im Christenthume zu unterrichten. Doch nicht bloß des Knabens kleine und willig geleistete Dienste trieben ihn zu dieser wohlthätigen Handlung an; sondern auch sein fleißiges Besuchen der Kinderlehren und sein ordentliches Betragen in der Kirche. Die erste Veranlassung, bey der der Geistliche auf den kleinen Menschen aufmerksam gemacht wurde, war folgende: Er hatte ihm für das kleine Geschäft, sein Pferd zu halten, oder zur Tränke zu führen, (indem er zu wichtigern Dingen noch nicht groß genug war), zuweilen einen oder etliche Kreutzer gegeben. Eines Sonntags, nach dem Gottesdienste, traf er Jacoben über dem Lesen des Seilerischen Lesebuchs für den Bürger und Landmann an. Er wunderte sich sehr darüber und konnte nicht begreifen, wie der Kleine zu dem Buche gekommen sey. Daß er es nicht von einem andern Kinde habe, konnte er sich vorstellen; denn es war damahls in der Schule noch nicht eingeführt;

noch

noch weniger könnt' es ihm sein Vater geschafft haben, das wußte er auch. "Ey, Jacob, wie kommst du zu dem Buche?" fragte der Geistliche. Bescheiden erzählte der Knabe, daß er ein ganzes halbes Jahr alle die Kreutzer, die er von ihm empfangen, gespart, und keinen einzigen für sein Vergnügen ausgegeben hätte. "Mein lieber Jacob," sagte der gerührte Geistliche, "entweder ich muß mich sehr irren, oder dir geht es gewiß sehr wohl in der Welt, und zwar aus zwey Ursachen: ein Mahl, weil du schon so früh dir etwas versagen kannst; und dann, weil du deinen ersten Spaarpfennig, und deinen ersten Reichthum in der Welt so nützlich anzuwenden wußtest."

Jacob schlug erröthend die Augen nieder, und Herr Thomas gab sich von der Zeit an mehr mit ihm ab, und unterrichtete ihn auf die vorhin erwähnte Art. Sobald er ihn zu wichtigern Diensten gebrauchen konnte, beschenkte er ihn zuweilen mit einem Zwey- oder Vier-Gröschen-Stück. Das legte er wieder alles zusammen, biß es hinreichte, ein Paar Schuhe und Strümpfe zu kaufen; denn er wußte wohl, daß sein armer Vater bey so viel Kindern und geringem Verdienste sie ihm nicht schaffen könne. Das Wenige, was er durch seine Feldarbeit verdiente, brachte er jeden Tag seinen Aeltern, um Brot dafür zu kaufen.

Da Jacob nicht stark von Körper war, so nahm sein Vater das Anerbieten der Gemein-Vorsteher, seinen Sohn beym Schuhmacher-Handwerk einschreiben zu lassen, mit vielem Danke an. Allein der gute Mann hatte nicht, wie Pachter Braun, die Freyheit, für seinen Sohn selbst einen Meister zu wählen, sonst würde er vorzüglich nach einem solchen Manne gefragt haben, den man die Aufsicht über junge Leute ohne Bedenken anvertrauen kann. Die, welche die Kosten bestreiten wollten, hatten bereits ihr Augenmerk auf den Schuhmacher Williams gerichtet. Wenn sein Sohn einen Meister haben sollte, meinten sie, so müßte es dieser, oder keiner seyn. Denn die Vorsteher hatten eine beßre Meinung vom Williams, als er verdiente; ja sie sahen es noch als ein Glück für den Knaben an, wenn er zu diesem kommen könne. Dem Vater blieb also nichts anders übrig, als seinen Sohn für seinen neuen Platz reisefertig zu machen, welches bald geschehen war, da er ihm außer seinem Segen in der That nichts mitzugeben hatte. Der wohlthätige Herr Thomas beschenkte ihn jedoch mit einem abgetragenen Kleide, welches die Mutter, eine geschickte nette Frau, für ihn zurecht machte, und ohne einen Heller Schneiderlohn auszugeben, einen recht hübschen Sonntagsrock

dar-

daraus verfertigte, den er noch einige Jahre tragen konnte.

Unsre beyden jungen Schuhmacher befanden sich also jetzt bey Meister Williams, der, als ein bekannter guter Arbeiter, seine Hände voll zu thun hatte. Er hielt zuweilen drey biß vier Taggesellen; aber immer nur zwey Lehrjungen, nehmlich Petern und Jacoben *).

Peter, der bey allen seinen Fehlern, einen muntern und fähigen Kopf hatte, lernte das Handwerk ziemlich leicht; aber schwer war es, ihn nur zwey Stunden hinter einander auf seinem Drehstuhle festzuhalten. Bey dem geringsten Geräusch auf der Gasse entfiel seinen Händen die Arbeit — der Leisten auf die eine, das Oberleder auf die andere Seite, die Sohle gerade hinunter, und den Draht schleppte er biß zum Fenster hinter sich drein. Wenn sich eine Trommel mit einem Tanzbären, oder eine Drehorgel mit einem Guckkasten hören ließ, gleich war Peter in Lüften — nichts konnte ihn zurückhalten; nicht zu einem Stiche Arbeit konnte er den ganzen Tag mehr gebracht werden. Seine Schuldigkeit, seine Versprechungen — alles vergaß er — nicht der kleinsten Versuchung

konnte

*) Anmerk. In England ist das Schuhmacherhandwerk nicht zünftig. Nur die Lehrjungen sind im Hause; die Gesellen wohnen meistens außer demselben, und kommen bloß des Tages zur Arbeit.

konnte er widerstehen — nie dachte er darüber nach, ob das, was er thue, recht oder unrecht sey, wenn es ihm nur Vergnügen machte. Und da seine Mutter unverständig genug war, ihn heimlich mit reichlichem Taschengelde — welches von je her ein tödtendes Gift für die Tugend junger Leute war, — zu versehen: so hatte er immer ein Paar Groschen zu verthan, und jeder Unterhaltung, die sich ihm darbot, nachzulaufen. Das schlimmste von der Sache war, daß er nicht nur sein Geld, sondern auch seine Zeit oder vielmehr die Zeit seines Herrn verschleuderte. Jacob erinnerte ihn oft daran, aber da war er gleich mit der schnippischen Antwort fertig: "was gehts dich an? weder du, noch ein anderer hat seine Nase drein zu stecken; es ist mein eigenes Geld, was ich ausgebe." Das wohl, erwiederte der andere, aber du kannst nicht sagen, daß du deine eigne Zeit verschwendest. Jener behauptete dieß, aber Jacob nahm ihre Lehrcontracte herab und zeigte ihm darin, daß er sich durch diese Schrift feyerlich verpflichtet habe, seines Herrn Eigenthum nicht im geringsten zu verwahrlosen — "Nu, was ist denn deine Zeit anders," setzte Jacob hinzu "als ein wichtiger Theil von deines Herrn Eigenthum"? Darauf versetzte Peter: "Jeder Mensch könne mit seiner

Zeit

Zeit machen, was er wolle, ihm sey es nicht gegeben, ganze Tage beym Leisten zu schwitzen, — er für seinen Theil danke Gott, daß er nicht ein aus Barmherzigkeit aufgedungener Lehrjunge sey."

Jacob rügte diesen kindischen Unverstand und grausamen Spott nicht, wie mancher Andre gethan haben würde, noch weniger gerieth er darüber in heftigen Zorn; er blieb vielmehr immer so freundlich und gefällig gegen Peter, daß dieser bey all seinem Leichtsinn sich nicht enthalten kunnte, ihm gut zu seyn; aber sich gleichwohl hütete, dessen Rathschlägen zu folgen. Da er im Grunde kein böses Herz und von Natur keinen Hang zum Trunke hatte: so würde ein nüchterner und kluger Meister, der Ernst in seiner Zucht und Ordnung in seiner eignen Aufführung bewiesen, der seine guten Lehren durch ein gutes Beyspiel empfohlen hätte, noch etwas aus ihm gezogen haben. Aber leider war Meister Williams so wenig ein nüchterner und ordentlicher Mann, daß er weit mehr Zeit im goldnen Hirschen als in seinem Hause zubrachte; weder in seiner Werkstatt, noch in seiner Wirthschaft herrschte Ordnung. Die Aufsicht über jene überließ er ganz den beyden Lehrburschen; und da er das Geld liebte, so galt Peter anfangs weit mehr bey ihm, als Jacob, weil jener reicher und dessen Vater in der Welt angesehener
war,

war, als der Vater des armen Jacobs. Er betrachtete diesen als eine Art von Lastthier, dem man alle schwere Arbeit auflegen kann; und es war seine geringste Sorge, ihm etwas zu lernen. Frau Williams machte es noch ärger. Alle Augenblicke rief sie ihn von der Arbeit weg, das Kind zu warten, Holz in die Küche zu tragen, das Haus zu kehren, oder etwas zu hohlen. Meister Williams merkte indeß bald, daß ihm sein Liebling in der Werkstatt von wenig Nutzen seyn würde. Er konnte zwar ziemlich gut arbeiten; aber er brachte nichts vor sich. Noch weniger konnte ihn sein Meister brauchen, etwas ins Kundenbuch einzutragen, oder einen Arbeitszettel zu schreiben. Vom Rechnen hatte er so wenig begriffen, daß er nicht einmahl wußte, welcher Unterschied zwischen Addiren und Multipliciren sey.

Eines Tages kam ein Kundmann in größter Hast gelaufen und verlangte auf der Stelle seinen Conto. Meister Williams, der, wie gewöhnlich ein Glas zu viel getrunken hatte, machte verschiedene Versuche, eine ordentliche Rechnung aufzusetzen; aber jemehr er sich anstrengte, desto weniger gelang es ihm. Jacob der bey seinem Leisten das bemerkte, bat seinen Meister mit vieler Bescheidenheit, die Rechnung aussetzen zu dürfen;

dürfen; er wollte, setzte er hinzu, ein so großer Stümper er noch sey, doch sein Möglichstes thun, um den Herrn zu befriedigen, und ihn nicht zu lange warten zu lassen. Williams nahm das Anerbieten gern an, und so benebelt auch sein Kopf war, so konnte er doch unterscheiden, wie nett, wie schnell und richtig die Rechnung ausgezogen wurde. Von der Zeit an wurde Jacob nicht mehr als ein Hausthier behandelt, sondern zu den eigentlichen Handwerksgeschäften, besonders aber zur Verfertigung der Arbeitszettel gebraucht, mit welchen die Kundleute so wohl zufrieden waren, daß er dadurch in seines Herrn Achtung immer höher stieg.

Jacob war in seinem Fleiße unermüdet, und wurde bald der beste Arbeiter, den Meister Williams hatte. Aber es gab so manches im Hause, das ihm durchaus nicht gefiel. Einige der Gesellen waren gewohnt zu fluchen, zu saufen und schändliche Lieder zu singen. Alles das machte seinem unverdorbenen Herzen viel Kummer. Er klagte es seinem Meister; aber dieser lachte seiner: wie hätte auch er, der es selbst nicht besser machte, seinen Leuten so was verweisen können, gesetzt, daß er auch dazu geneigt gewesen wäre? Indeß unterließ Jacob nie, ihnen, zwar sanfte, aber doch ernstliche Vorstellungen deßwegen zu machen,

machen, bieß, und noch mehr, sein vortreffliches Beyspiel, machte endlich auf die, welche noch nicht ganz verhärtet waren, einen wohlthätigen Eindruck. Was ihn am meisten schmerzte, war die Art, wie man im Hause den Sonntag zubrachte. Der Meister blieb biß an den Mittag im Bette liegen; weder die Frau noch die Kinder giengen zur Kirche; außer wenn sie einen neuen Putz zu zeigen hatten, oder Gevatter stehen mußten. Er für sein Theil war, ehe noch Jemand ans Aufstehen dachte, schon reinlich angekleidet, und ging, wenn die Zeit kam, zur Kirche. Der Sonntagabend, der für manche Leute so langweilig ist, war für ihn ein rechter Freudenabend. Er übte sich im Schönschreiben und Rechnen, las etwas in der Bibel, die ihm der würdige Geistliche seines Geburtsortes geschenkt hatte, oder in einem andern guten Buche. Einer der Gesellen, den seine guten Lehren und sein Beyspiel ernsthafter gemacht hatten, leistete ihm dabey öfters Gesellschaft, und sie besprachen sich denn über das Gelesene. Zuweilen machten sie sich das Vergnügen, ein unschuldiges Lied zu singen. Denn der Gesell war ein guter Sänger, und Jacob hatte zu Hause auf der Orgel mitgesungen.

Jacob

Jacobs gute Aufführung und höfliches Betragen gegen die Kundleute zog eine Menge Arbeit herbey, und seine Geschicklichkeit im Arbeiten war so bekannt, daß Jedermann seine Schuhe von ihm gemacht haben wollte. Williams hingegen ward so faul und nachläßig, daß er sein Geschäfte ganz hintansetzte, und mit der Trunkenheit auch noch die Spielwuth vereinigte. So sehr sich Jacob die Werkstatt und die Rechnungsbücher angelegen seyn ließ; so konnte er sie doch nicht länger in gehöriger Ordnung erhalten. Die Verwirrung wurde in beyden immer größer und größer. Er stellte das seinem Herrn eines Tages vor und bat ihn, ein anderes Leben anzufangen, wenn ihm als Handwerksmann sein Credit, als Hausvater seine Ruhe, als Meister sein Ansehen und als Christ seine Seele theuer sey. Williams that einen fürchterlichen Schwur, daß er sich einem naseweisen Lehrjungen und einem Rudel heulender Kinder zu Gefallen in seinem Vergnügen nicht einschränken werde;— die Leute möchten von ihm reden, was ihnen beliebte; sie könnten doch nicht sagen, daß er ein Heuchler sey, und so lange sie ihn das nicht nennen könnten, möchten sie ihn heißen, was sie wollten; das kümmere ihn wenig.— Im heftigsten Zorn lief er auf der Stelle zum goldnen Hirschen, wo er nun nicht allein jeden

B Abend

Abend, welches längst seine Gewohnheit war, sondern auch einen guten Theil des Tages und der Nacht zubrachte. Seine Frau, eine eitle Putznärrinn und nur begierig nach Gesellschaft, verschwendete im Hause das Geld eben so schnell, als der Mann außer demselben; daher alle Nachbarn behaupteten: wenn Jacob nicht gewesen wäre, so hätte sein Meister viel früher in Concurs verfallen müßen; länger könne er sich ohnedem nicht mehr halten.

Da Peter ein guter Sänger war und eine Menge lustiger Stückchen zu erzählen wußte, so hatte Williams seine Gesellschaft sehr gern, und nahm ihn öfters mit ins Bierhaus, wo er seine Schwänke herzlich belachte. Jedermann glaubte daher, daß Peter am meisten bey ihm gelte. Auch war er ihm als Saufcompan und Lustigmacher wirklich lieber, aber er würde ihm keinen Daumen breit Leders und keinen Groschen Geldes anvertraut haben. Nein, wenn es etwas zu arbeiten, oder etwas zu verwahren gab, da war Jacob sein Mann. Die Tagbiebe und Trunkenbolde trauen einander nie, so lange sie noch bey Verstande sind. Sie lachen, singen, lärmen, schwelgen gerne mit einander, aber wenn sie einen Freund, einen Rathgeber in Geschäften, einen Beystand in der Noth brauchen, so gehen

sie

sie um ein Haus weiter. Während Williams mit Petern trank, vertraute er Jacoben ungezähltes Geld an; ja, er war thöricht genug, seine Geschäfte desto mehr zu vernachläßigen, je gewißer er Jemanden zu Hause wußte, der Sorge dafür trage. Allein trotz aller Sorgfalt und alles Fleißes, den Jacob anwendete, gings mit seiner Sache von Tag zu Tage schlechter; denn je mehr Jacob erwarb, desto mehr sein Herr und seine Frau verschwendeten.

Eines Morgens, da die Werkstatt geöffnet war, hatte Jacob jedem seine Arbeit übergeben und selbst zu der Seinigen sich setzen wollte, sagte man ihm, daß sein Herr noch nicht von der Schenke gekommen sey. Da dieß ein gewöhnlicher Fall war, betrübte er sich wohl, wunderte sich aber nicht darüber. Während er dem traurigen Gedanken nachhing, was noch das Ende von dem allen seyn würde, kam der Kellner des Wirthshauses ganz außer Athem und mit einem Gesichte voll Schrecken und Angst herein gelaufen, und verlangte, daß Jacob sogleich in den goldnen Hirschen mit ihm kommen möchte, indem sein Meister ihn haben wollte. Voll Verwunderung über eine so ungewöhnliche Post, ging er unverzüglich mit. Als er in die Schenkstube kam, welche er jetzt zum ersten Mahle in seinem
ganzen

ganzen Leben betrat, ungeachtet der goldne Hirsch ihm gegenüber stand, entsetzte er sich über den häßlichen und ekelhaften Anblick, der sich ihm darbot. Da stand ein Tisch mit Bierkrügen, Branntweinglässern, zerbrochenen Pfeifen, abgenutzten schmutzigen Kartenspielen angefüllt, und über und über mit Bier begossen. Der Fußboden war mit Krugscherben, mit verbogenen oder zerrissenen Kartenblättern und mit den Trümmern eines Spieltisches besäet, der im Streit umgestoßen worden, und in Stücken gegangen war. Bey dem Tische stand ein Haufen schmutziger Kerls mit matten Blicken, hohlen Augen und übernächtigen Gesichtern. Durch diese wilde Unordnung folgte Jacob dem Kellner zu einem Armsessel, der weiter hinten am Ofen postirt war. Nicht das Flüstern eines einzigen Wortes hörte man; diese fürchterliche Todtenstille kündigte etwas mehr, als das gewöhnliche Ende eines Saufgelags an.

Ach, wie erschrack Jacob, als er seinen unglücklichen Herrn in dem Armsessel mit allen Kennzeichen des Todes ausgestreckt sah. Er war von einem Schlag getroffen worden, nachdem er biß tief in die Nacht gesoffen hatte, und schien nur wenige Minuten noch zu leben. Auf sein verzogenes bleiches Gesicht war das furchtbare

Bild

Bild der Sünde und des Todes gemahlt; denn er kämpfte zugleich mit der Qual eigner Verschuldung und mit der Bangigkeit eines Sterbenden. Er bekam auf einige Augenblicke seine Besinnung wieder, und fragte ob sein treuer Lehrpursche gekommen wäre. Jacob ging zu ihm hin, ergriff seine kalte Hand, war aber zu sehr gerührt, um gleich etwas sprechen zu können. "O Jacob, Jacob! rief jener mit halberstickter Stimme: "bete für mich, tröste mich". Jacob sprach ihm freundlich zu, aber zu seiner Beruhigung konnte er wenig sagen. "Jacob fuhr jener fort, "du hast einen bösen Meister an mir gehabt — du würdest mich an Leib und Seele gerettet haben; aber ich wollte dir nicht folgen — mein Weib, meine Kinder, und meine eigne Seele hab' ich ins Elend gestürzt. — Laßt euch warnen, O laßt euch warnen durch mein schmähliches Ende", sagte er zu seinen betroffenen Spießgesellen; aber Niemand war im Stande, auf ihn zu hören, als Jacob; dieser bat ihn, sein Herz zu Gott zu erheben. "O, es ist zu spät", rief der Sterbende, "es ist zu spät für mich — aber ihr habt noch Zeit", sagte er zu dem halbtrunkenen, bestürzten Haufen um ihn her. "Wo ist Peter?" Peter Braun trat vor, aber konnte vor Schrecken nicht reden. "O unglücklicher Junge" sprach er, "ich

werde

werde einst für deine und meine eigne Seele Rechenschaft geben müßen. Nimm ein Beyspiel an mir — beßre dich — jetzt, da du noch jung bist. — O Jacob, Sterben ist was Schreckliches für den Gottlosen — scharf ist der Stachel des Todes für ein verschuldetes Gewissen!" Hier hob er seine starren Augen empor in sprachloser Verzweiflung, stieß röchelnd einen tief geholten Seufzer aus, und schloß seine Augen, um sie nie wieder zu öffnen, als in einer furchtbaren Ewigkeit.

So zeigte sich hier der Tod mit allen seinen Schrecknißen! Die lustigen Gesellen seiner sündlichen Vergnügungen konnten den Anblick nicht aushalten; alle schlichen sich gleich Dieben von ihrem ehemahls so gesuchten Freunde hinweg. — Niemand blieb zu seinem Beystande da, als seine zwey Lehrjungen. Braun war noch nicht so sehr verhärtet, daß er nicht über seinen unglücklichen Herrn manche Thräne vergossen hätte. Er faßte selbst einige Entschliessungen der Beßerung, die aber auch eben so schnell wieder vergessen wurden.

Als Williams begraben war, und man seine Verlassenschaft untersuchte, fand man sein Vermögen in einem sehr traurigen Zustande. Seine Frau war in der That am wenigsten zu bedauern; denn sie hatte ihren ehrlichen Theil zum Ruin

ihres

ihres Mannes beygetragen. Jacob hatte gleichwohl Mitleid mit ihr, und wirkte durch sein Zureden, durch seine bekannte Ehrlichkeit, und durch das Zutrauen, welches die Gläubiger in sein Wort setzten, so viel, daß die Sache viel besser beygelegt wurde, als Frau Williams erwarten konnte.

Sowohl Braun, als Jacob hatten binnen ein oder zwey Monathen ihre Lehrzeit ausgestanden. Letzterer erhielt von den Gläubigern den Auftrag, seines Meisters Rechnungsbücher in Ordnung zu bringen, und er that dieß auf eine für ihn so ehrenvolle Art, er zeigte dabey so viel Geschicklichkeit und Redlichkeit, daß sie ihm den Vorschlag machten, die Werkstatt seines Meisters selbst zu übernehmen. Er versicherte sie aber, daß dieß unmöglich wäre, weil es ihm ganz an Geld fehle. Da die Gläubiger nicht im geringsten zweifelten, von ihm wieder bezahlt zu werden, wenn ihm Gott das Leben fristen würde: so wurden sie unter einander eins, ihm großmüthig eine kleine Summe auf seine bloße Handschrift vorzustrecken. Dafür sollte er ein sehr mäßiges Interesse entrichten, und das Capital in einer bestimmten Zahl von Jahren wieder abstoßen. Jacob vergoß über diesen Beweis des Zutrauens Thränen; aber kaum konnte er sich entschließen, von ihrem gütigen Erbieten Gebrauch zu machen, so groß war sein Abscheu vor Schulden. — Er übernahm nun von seiner Frau den noch übrigen Theil der Verlassenschaft und suchte ihr in dem mit ihr abgeschlossenen Contracte so vortheilhafte Bedingungen als möglich zu machen. Nie erlaubte er sich den kleinsten rachsüchtigen Gedanken an das unfreundliche Betragen, das er von ihr hatte erdulden müssen; er sahe in ihr nur die dürftige Wittwe seines verstorbenen Meisters, und die unglückliche Mutter unmündiger Kinder, und es betrübte ihn herzlich, daß er nicht noch mehr für sie thun konnte; denn für ihn war es nicht nur Pflicht, sondern Vergnügen, Böses mit Gutem zu vergelten.

Jacob Stock war nun durch Gottes Fügung und durch seine eigne Mitwirkung, Herr einer ansehnlichen Werkstatt, und wurde wegen seiner Klugheit, Ehrlichkeit und Rechtschaffenheit von der ganzen Stadt in Ehren gehalten. Wir wollen ihn daher künftig Meister Stock nennen. Dieser plötzliche Glückswechsel war für ihn eine Art der Prüfung; denn wir lernen uns nicht eher genau kennen, als biß wir unsre eignen Herrn werden. Man hat zwar gegründete Hoffnung, daß ein guter Diener kein böser Herr, und ein treuer Lehrbursche ein ehrlicher Meister seyn werde. Aber das menschliche Herz ist betrügerisch, und

manche

manche Leute betragen sich sehr wohl, so lange sie unterwürfig seyn müssen; aber kaum hebt sie die Vorsehung ein wenig empor, so schwindelt ihnen schon der Kopf und sie werden stolzer, als jene, die im Glücke geboren sind. Sie vergessen auf einmahl, daß sie vor kurzem selbst arm waren und von andern abhingen; so daß man zuweilen glauben möchte, sie hätten mit ihrer Armuth auch ihr Gedächtniß verloren.

Unser junge Meister Stock vergaß sich nie so weit; er dachte stets daran, daß er seine glückliche Lage blos der Güte seiner Gläubiger zu danken habe. Aber vielleicht machte ihn das Bewußtseyn, solche gute Freunde zu besitzen, leichtsinnig und sorglos? Nein, er arbeitete mit doppelter Anstrengung, um sich aus seinen Schulden zu reißen, und seinen Freunden zu zeigen, daß er ihre Güte nicht mißbrauchen wolle. Ein solches Betragen ist für Reiche die beste Aufmunterung, von ihrem Uiberflusse zuweilen kleine Summen vorzuschießen.

Seine Schuhe und Stiefel waren aufs beste gemacht; dieß erwarb ihm Arbeit; er machte sich zur Regel, keinen Kundmann zu belügen und durch Versprechungen zu täuschen; dieß sicherte ihm die Arbeit. Er hatte zwey Ursachen, warum er niemahls Bestellungen früher zu liefern

ver-

versprach, als er sein Wort halten konnte: erstlich weil er wußte, daß Lügen, Sünde; zweytens, Thorheit sey. Kein Credit geht geschwinder verloren, als den man sich durch falsche Vorspiegelungen erworben hat. In kurzem läßt sich niemand mehr dadurch täuschen. Falschheit wird so schnell entdeckt, daß Handwerksleute durch nichts schneller in Verfall gerathen können, als durch sie.

Als es Meister Stock so weit gebracht hatte, daß er selbst Lehrjungen halten konnte, so glaubte er, daß er für die Aufführung derselben eben so gut stehen müsse, als wenn sie seine Kinder wären. Er war sehr liebreich gegen sie, und redete immer in einem heitern Tone mit ihnen, so daß die Bursche, die fluchende und scheltende Meister genug kannten, ihn sehr lieb gewannen. Sie sprachen ohne Furcht mit ihm, theilten ihm alle ihre kleinen Beschwerden mit, betrachteten ihren Meister als ihren besten Freund, und gehorchten ihm mit Vergnügen. Für ein gutes Wort, sagten sie, und für einem freundlichen Blick könnten sie durchs Feuer gehen. Da er nicht auf sie fluchte und schalt, wenn sie einen Fehler begangen hatten, so fiel es ihnen auch nicht ein, denselben zu verläugnen, und so aus einem Fehler zwey zu machen. Allein so gütig er war, so wachsam war er auch; er versäumte keinen Theil der guten Zucht. Besonders war

war eine Gewohnheit, die er mit seinen Lehrjungen eingeführt hatte, sehr lobenswerth. Am Sonntage Abends ließ er sie nach Vorschriften, die er ihnen zum Theil selbst verfertigte, Quittungen, Arbeitszettel, und auch biblische Sprüche schreiben. So lernten die Knaben manches, was für ihren künftigen Beruf wichtig war, ohne zu wissen, wie? und wurden zugleich von vielem Bösen abgehalten. Die biblischen Sprüche ließ er sie während der Woche nicht nur auswendig lernen, sondern er zeigte ihnen auch die Anwendung davon auf ihr Leben. "Denn", sagte er, "es nützt wenig, Sprüche und Lieder auswendig zu wissen, wenn man nicht auch darnach lebt". Einen Lehrpurschen, der gerne in seiner Abwesenheit faullenzte und nur dann wieder zur Arbeit sprang, wenn er ihn kommen hörte, brachte er zur Erkenntniß seines Fehlers durch den Spruch im 6. Kapitel des Briefes an die Epheser. Er zeigte ihm, was das heiße, "seinem Herrn gehorsam seyn in Einfältigkeit des Herzens" und erklärte ihm mit so vieler Liebe die Worte: "nicht mit Dienst allein vor Augen, als den Menschen zu gefallen; sondern den Willen Gottes zu thun," daß der Pursche sagte: er werde das nie vergessen, er sey dadurch von seiner Faulheit besser geheilt worden, als durch eine noch so große Tracht Schläge.

Meister

Meister Stock lebte sehr eingezogen, und wurde wegen seiner liebreichen und friedlichen Gesinnung sehr geschätzt; auch wegen seiner geschickten Arbeit stand er in großem Rufe, und von seinem Fleiße sprach die ganze Stadt; so daß er bald mehr Arbeit bekam, als er bestreiten konnte. Er bezahlte die Lederhändler und Kaufleute auf den Tag, und seinen Gläubigern brachte er die Interessen in eben dem Augenblicke, als sie fällig waren. In weniger als drey Jahren war er schon im Stande, einen großen Theil des Capitals abzustoßen. Sein Grund, warum er mit seinen Zahlungen so eilte, und sie eben so bald leistete, als sie fielen, war dieser: Er hatte Handwerksleute gekannt und darunter besonders seinen ehemaligen Meister, die den Zahlungstermin so weit, als sie konnten, hinausschoben, auch wenn sie die Mittel zum Zahlen in Händen hatten. Dadurch hintergingen sie sich selbst. Sie vergaßen oft, daß das Geld, welches sie im Sacke hätten, ihren Gläubigern, und nicht ihnen gehöre, und geriethen auf den Wahn, daß sie reich seyen, da sie doch wirklich arm waren. Dieser falsche Gedanke verführte sie zu unnöthigen Ausgaben; und diese Versuchung würden sie weniger gehabt haben, wenn sie zur rechten Zeit gezahlt hätten.—

Ein

Ein solcher Eifer, sich in guten Ruf zu setzen und Niemanden durch Borgen lästig zu seyn, hätte unsern Meister Stock, unter der Larve der Ehrlichkeit und Unabhängigkeit, leicht zum Stolz oder zum Geitz verleiten können. Er fürchtete das selbst, weil er sein Herz von seiner schwachen Seite kannte; aber eben diese bescheidene Furcht sicherte ihn vor jenen Fehlern. Anstatt auf seine Mäßigkeit stolz zu seyn; anstatt damit zu prahlen, daß er sein Geld nicht unnütz ausgab, und nicht in Bierhäusern herumzog; anstatt darauf zu pochen, daß er immer bey der Arbeit saß und sich manches Vergnügen versagte, war er im Stillen bemüht, selbst diese guten Eigenschaften vor einer falschen Richtung zu bewahren. Der folgende Vorfall mag zum Beweise dienen.

Eines Abends, als er an der Hausthür stand, trat ein armer schmutziger Knabe zu ihm und bat ihn um etwas Essen, weil er den ganzen Tag noch nichts genossen habe. Trotz seines Schmutzes, war es ein hübscher, munterer und gesprächiger Junge und Meister Stock glaubte, sein Gesicht schon gesehen zu haben. Er brachte ihm eine gute Portion Brot und Käse; und während der Knabe dieß begierig verschlang, fragte er ihn, ob er noch Aeltern habe und warum er betteln gehe? 'Vater ist seit einigen Jahren todt,' antwortete

der

der Knabe, "er starb am Schlage dort üben im goldnen Hirschen. Mutter sagt, er hätte sonst in diesem Hause gewohnt, und da hätten wir Kleider und Essen genug gehabt." Stock fühlte sich biß zu Thränen gerührt, als er in diesem schmutzigen Betteljungen seines verstorbenen Meisters Kind, den kleinen Thomas erkannte. Er verglich in diesem Augenblicke seine gegenwärtige glückliche Lage mit der Armuth dieses verlassenen Kindes; aber er ward nicht stolz bey dieser Vergleichung sondern dankte Gott für seinen Wohlstand und empfand desto mehr Mitleid mit dem hülflosen Knaben.

"Wo habt ihr denn seitdem gelebt?" fragte er weiter; "man hat mir gesagt, daß ihr alle zu deiner Mutter Verwandschaft gegangen seyd."

Das sind wir, antwortete der Knabe, aber sie wurden es bald müde, uns zu behalten, weil die Mutter alles Geld wofür sie uns Brot kaufen sollte, für Schnupftoback und Kaffeh ausgab. Sie haben uns also wieder hingeschickt, wo wir her gekommen sind, nehmlich nach meines Vaters Geburtsort.

"Und wo wohnt ihr denn hier?"

O man hat uns alle in das Armenhaus gebracht.

"Und

"Und arbeitet denn deine Mutter etwas, um euch hinlänglichen Unterhalt zu verschaffen?"

Nein, guter Herr, denn Mutter sagt, sie sey nicht, wie arme Leute, zur Arbeit aufgezogen worden, und sie wollte lieber Hungers sterben, als spinnen, oder stricken. Sie bleibt den ganzen Morgen im Bette liegen, und uns schickt sie fort, etwas Essen, oder ein Paar Kreutzer aufzusuchen.

"Hast du denn jetzt einiges Geld in deiner Tasche?"

Ja, etwa drey Kreutzer, die ich heute zusammen gebettelt habe.

"Warum hast du denn, wenn du so gar hungrig warst, dir nicht eine Semmel drüben bey dem Bäcker gekauft?"

Weil ich der Mutter ein Loth Kaffeh bringen wollte; denn für mich selbst geb' ich nie einen Heller aus, und Mutter sagt, daß sie alle Tag ihren Kaffeh haben müsse, und wenn wir deßwegen betteln, oder gar Hungers sterben sollten.

"Kannst du lesen, guter Junge?"

Ein wenig, und ein Paar Gebete weiß ich auch.

"Und wie sieht es mit den zehen Geboten aus?"

Ich habe sie beynahe alle vergessen, aber das Vierte, welches befiehlt Vater und Mutter zu ehren, kann ich noch, das macht auch, daß ich immer die gebettelten Kreutzer der Mutter bringe, statt Kuchen dafür zu kaufen.

"We-

„Wer lehrte dich denn alle diese guten Sachen?"

Jacob Stock, lieber Herr, der bey meinem Vater Lehrjunge war, der ließ mich alle Abend ein Gebot hersagen, und ehe ich zu Bette ging mußte ich erst mit ihm beten. Der gute Jacob gab mir allemahl, wenn ich gut aufgemerkt hatte, ein Stückchen Johannis=Brot. Er hatte mich recht lieb, wenn schon die Mutter ihn immer auszankte; aber jetzt hab ich keinen solchen Freund.

Meister Stock war zu sehr gerührt, um dieses Gespräch lange fortzusetzen. Ohne sich dem Knaben zu erkennen zu geben, nahm er ihn mit hinüber zum Bäckenladen, gab ihm ein Paar Groschen=Brote mit nach Hause, und sagte ihm, er sollte künftige Woche um die nehmliche Zeit bey ihm wieder ansprechen. Die ganze Nacht ging ihm diese Sache im Kopfe herum; er war verlegen, was mit dem Knaben zu thun sey. Auf der einen Seite hielt er es für unrecht zu einer Zeit, da er noch mit geborgtem Gelde seine Profession trieb, von einem Theile dieses Geldes den Müßigen zu unterstützen, oder auch selbst dem Unglücklichen bey=zustehen. "Ich muß erst gerecht seyn, dachte er, ehe ich wohlthätig bin". Auf der andern

Seite

Seite, konnte er es nicht übers Herz bringen, diesen hübschen Knaben einem gewissen Verderben Preiß zu geben. Endlich fiel er auf den Gedanken: Ich arbeite jeden Tag zwölf Stunden für mich; warum sollte ich denn nicht des Abends ein= oder zwey Stunden für diesen Knaben arbeiten dürfen. Wie lange kanns dauern so hab ich meine Schulden bezahlt, und mein Verdienst ist dann mein eigen; ich habe dann auch größres Recht, nach meinem eignen Gutdünken zu handeln.

Noch den nehmlichen Abend setzte er seinen Entschluß ins Werk, seinem alten Grundsatze getreu: was du heute noch thun kannst, spare nicht auf morgen; ein Grundsatz, dem er einen großen Theil seines Aufkommens und seines Wachsthumes im Guten zu verdanken hatte. "Ich bin jung und gesund," sagte er, "eine Stunde Arbeit mehr kann mir nicht schaden. Alles was ich dadurch verdiene, will ich auf die Seite legen, um diesen Knaben in Kost und Schule geben zu können. Ich habe so wenig Recht, dieses Kind für die Sünden seines Vaters zu strafen, daß ich sie vielmehr als den Weg zu meinem Glück betrachten muß."

Thomas Williams fand sich zur bestimmten Zeit wieder ein. Mittlerweile hatte Meister Stocks Magd aus einem alten Rock ihres Herrn

C   - eine

eine saubere Kleidung für ihn zurecht gemacht; sie hatte ihm auch ein Paar Strümpfe gestrickt, und Meister Stock beschenkte ihn noch mit einem Paar neuen Schuhen. Nachdem ihn die Magd gekämmt, gewaschen und gekleidet hatte, nahm ihn Meister Stock bey der Hand und führte ihn ins Armenhaus zu seiner Mutter. Sie trafen sie in die schmutzigen Lumpen ihres ehemahligen Putzes gekleidet, an der Thüre, wo sie ihre meiste Zeit zubrachte und sich mit einem halben Dutzend eben so fauler und schmutziger Weiber, als sie, herum zankte. Als sie ihren kleinen Thomm so reinlich und gut gekleidet sah, erhob sie ein gewaltiges Freudengeschrey. Er erinnere sie, sagte sie, an die alten Zeiten, wo sie ihren Thomm wie einen jungen Edelmann heraus staffirt hätte. "Desto schlimmer, Frau Williams," sagte Meister Stock, "hätte sie nicht damit angefangen, ihm das Ansehen eines Edelmanns geben zu wollen; so dürfte sie jetzt nicht damit endigen, ihn wie einen Bettler herumlaufen zu lassen." "Herr Jemmeny!" schrie sie, "seht doch wie er sich der Zeit maußig gemacht hat! (denn ob sie ihn gleich seit vier Jahren nicht gesehen hatte, so erkannte sie ihn doch bald.) So gehts, wenn aus der Nuß eine Laus wird. Setz den Bettler auf ein Pferd — er kennt das Sprichwort — Thomm soll seine

rüch=

tüchtigen Schläge bekommen, daß er ihn aufgesucht und mich ihm so Preiß gegeben hat."

Statt sich mit diesem bösen Weibe in einen Streit einzulassen, oder sich auf ihre Kosten eine Lobrede zu halten, oder sie an ihr ehemahliges hartes Verhalten gegen ihn zu erinnern, oder ihr den schlechten Gebrauch vorzurücken, den sie von ihrem Wohlstande gemacht habe, sagte er ganz sanftmüthig zu ihr: "Frau Williams, ich habe Mitleiden mit ihrem traurigen Schicksale; ich komme, ihr die Last desselben zu erleichtern, und mir ihren Thomas von ihr auszubitten. Ich will ihn auf ein Jahr in Kost und Unterricht geben, und will dann sehen, wozu er sich anschickt. Ich verspreche nichts Gewisses; aber wenn der Knabe sich gut anläßt, so will ich stets für ihn sorgen. Nur Eines bedinge ich mir aus, daß sie ihn niemahls an diesen Ort kommen läßt, wo er nichts als niedrige Schimpfreden und Flüche hört; er darf auch keinen Umgang mit den diebischen und unnützen Kindern dieses Hauses haben. Sie kann hingehen und ihn besuchen, so oft sie will; nur hieher darf er nicht kommen."

Das unverständige Weib brach in ein heulendes Geschrey aus. "Sie würde", sagte sie, "ihren guten lieben Thomas auf immer verlieren. Sie möchte doch das Geld, das er für ihn

zu

zu bezahlen gedächte, lieber ihr geben; ein Kind könne ja bey Niemanden besser aufgehoben seyn, als bey seiner Mutter." Im Grunde war es ihr nur um die neuen Kleider zu thun, die das Kind anhatte. Diese hätte sie gerne in ihren Klauen gehabt, um sie auf der Stelle zu versetzen, und für das Geld Kaffeh und Zucker zu kaufen. Dieß wußte Meister Stock wohl und gab ihr daher kein Gehör. Als ihr Geheul nichts helfen wollte, legte sie sich aufs Schelten und Fluchen. Sie nannte ihn einen unmenschlichen Kerl, der ein Kind von seiner leiblichen Mutter abwendig zu machen suche, und dieß bloß deßwegen, weil sie arm sey. Ja sie ging so weit, daß sie mit einem Schwur betheuerte, ihr Kind nicht von sich zu lassen. Sie hasse, setzte sie hinzu, das heuchlerische Geschmeiß, welches kein Gefühl des Mitleids habe, und nur damit umgehe, Männer, Weiber und Kinder gegen ihr eigen Fleisch und Blut aufzuhetzen.

Hier verlor Meister Stock beynah alle seine Geduld, und auf einen Augenblick fuhr ihm der Gedanke durch den Kopf, dem Knaben die Kleider vom Leibe zu reissen, und ihn seiner unwürdigen Mutter zu überlassen. "Warum sollte ich", dacht' er, "für dieses gottlose Weib noch in den Feyerabend hinein arbeiten, und meine Kräfte er-

erschöpfen?" Doch bald verwarf er diesen harten Gedanken, weil ihm die große Geduld und Langmuth einfiel, die Gott mit uns Menschen habe. Dieß besänftigte augenblicklich seinen Zorn so, daß er ganz ruhig mit ihr reden und ihr begreiflich machen konnte, welcher Thorheit und Unbesonnenheit sie sich schuldig mache, wenn sie das Beste ihres eignen Kindes hindre.

Ein Nachbarweib, welches in der Nähe alles mit angehört hatte, sagte hier: Ey was doch dem Knaben für ein Glück blühet! aber manche Leute sind schon dazu geboren. Sie wünschte, Meister Stock möchte an ihrem Kinde Gefallen finden; er sollte es geschwind genug haben. Frau Williams, die befürchtete, Meister Stock möchte das Weib beym Worte nehmen, that jetzt aus Neid und Bosheit, was Klugheit und Dankbarkeit vorher nicht vermochten; sie ließ den Knaben noch den nehmlichen Abend in Kost und Unterricht geben; aber sie weinte und heulte bey dieser Gelegenheit so, als wenn ihr und ihrem Kinde das größte Unglück widerfahren sollte.

Hier darf eine sehr schöne Handlung des Wilhelm Simson, eines Schuhmachergesellen, nicht mit Stillschweigen übergangen werden. Es war, im Vorbeygehen gesagt, derselbe junge Mensch, der, durch Stocks gutes Beyspiel ermuntert, eine

bessere

beſſere Denkungsart angenommen, und mit jenen, da er noch Lehrpurſche war, manchen Sonntagsabend bey nützlichen Beſchäftigungen zugebracht hatte. Dieſer traf eines Abends, als er etwas früher nach Hauſe kam, ſeinen Herrn noch bey der Arbeit an. Da es außer der gewöhnlichen Arbeitszeit war, ſo wunderte er ſich ſehr darüber, und fragte jenen ſo dringend um die Urſache davon, daß Stock ihm die Wahrheit geſtand. Wilhelm fühlte ſich von dieſem Beweiſe der Gutthätigkeit ſo gerührt, daß er haſtig nach einem Leiſten griff und ausrief: "Nun, Meiſter, ſo ſoll er doch wenigſtens nicht allein arbeiten. Ich muß an Thonims Verſorgung gleichen Part mit ihm haben; man ſoll nie ſagen können, daß Willm Simſon müßig herumleyerte, wenn ſein Meiſter aus Mildthätigkeit arbeitete." Die Abendſtunden liefen ihnen nun ſehr heiter vorüber, und der Gewinn verdoppelte ſich.

In ein oder zwey Jahren konnte Meiſter Stock bey dem großen Seegen, den Gott ſeiner Arbeit gab, ſich von Schulden frey machen. Er fertigte nun ſeine Gläubiger ganz ab; aber er vergaß nie, welchen Dienſt ſie ihm erwieſen hatten, und zeigte bey verſchiedenen Gelegenheiten ſeine Dankbarkeit gegen ſie und ihre Kinder. Jetzt ſah er ſich nach einer ihm tauglichen Frau um, und da er für einen wohlſtehenden Mann galt, auch eine gute

Per=

Person hatte, so paradirten die ehelustigen Mädchen der Stadt, mit ihrem Flitterstaate behängt, sehr oft bey seinem Hause vorbey, und suchten selbst auf dem Wege nach der Kirche ihm in den Wurf zu kommen. Aber wenn Meister Stock in die Kirche ging, hatte er andere Dinge im Kopfe, und wenn er ja ein Mahl an diese leichtsinnigen Jungferchen dachte; so geschah es mit Verdruß über ihren unanständigen und übertriebenen Putz. Gerade die Mittel also, wodurch sie seinen Beyfall zu erjagen hofften, erwarben ihnen bloß sein Mißfallen. Nur Lieschen Westheim, ein Mädchen, das ein eben so vortreffliches Herz, als eine sittsame Außenseite zeigte, zog seine Aufmerksamkeit auf sich. Sie war nur selten außer dem Hause zu sehen, weil sie sich Tag und Nacht mit der Pflege einer betagten Mutter beschäftigte, die beydes, lahm und blind war. Das gute Mädchen war in der That dieser hülflosen Alten Aug und Fuß. So oft Meister Stock vor dem zuweilen etwas aufgeschobenen Fenster vorbeyging — und sein Herz führte ihn ziemlich oft da vorbey — so konnte er bemerken, mit welcher Zärtlichkeit sie ihre Mutter hob und legte; ein Umstand, der seine Achtung gegen sie nicht verminderte. Er sprach von ihr öfters mit Wilhelm Simson, wenn sie bey ihrer Arbeit saßen, und behauptete,

behauptete, daß eine so ergebene Tochter auch eine treue Gattinn werden müße. Er getraute sich gleichwohl nicht, sie ihrer kranken Mutter und der Sorge für dieselbe zu entziehen. Schon ging es mit der armen Frau sehr zur Neige. Lieschen wich daher nicht von ihrem Bette. War jene wach, so las und betete sie ihr fleißig vor; schlief sie, so saß Lieschen mit ihrer Arbeit, zuweilen selbst einen großen Theil der Nacht bey ihr und nähte fürs Geld, um ihr einige Erquickung verschaffen zu können, während sie selbst fast nur von trocknem Brote sich nährte.

Meister Stock wußte, daß Lieschen nach ihrer Mutter Tod wenig oder nichts haben würde, da diese bloß von einem kleinen Wittwen=Gehalt leben mußte. Auf der andern Seite bot ihm Meister Thomson, ein reicher Lohgerber, seine Tochter mit zwey Tausend Gulden Heyrathsgut an. Aber dieß Mahl hatte er seinem natürlichen Hange, der sich sonst mehr auf die Seite des Geldes hinneigte, wenig Gewalt anzuthun. Denn, meinte er, wenn er auch vernünftige Gründe und Zuneigung nicht mit in Anschlag brächte, so würde es schon der Klugheit gemäßer seyn, wenn er Lieschen Westheim, die sich als ein frommes, sittsames und fleißiges Mädchen in jede Lage finden würde, ohne einen Kreutzer heurathete, als

wenn

wenn er eine eitle Putznärrinn, die seine Wirthschaft vernachläßigte und sein Haus mit Gesellschaft füllte, mit einem zwey Mahl größeren Heyrathsgute nähme, als ihm Anna Thomson zubringen sollte.

Endlich wurde die alte Frau Westheim von allen ihren Leiden erlöset. Als es mit Anstand geschehen konnte, schlug Meister Stock ihrer Tochter eine Heyrath vor; und sein Vorschlag ward angenommen. Alle die Mädchen der Stadt, die sich dadurch getäuscht sahen, konnten sich nicht satt darüber wundern; konnten nicht begreifen, wie ein vernünftiger Mensch an einem solchen Alltags=Gesichte Gefallen habe finden können? Hatte denn der Mann keine Augen im Kopfe? Sie hätten wahrlich dem Meister Stock mehr Gusto zugetraut. Und wie es vollends die eiteln geputzten Dinger aufbrachte, als sie hören mußten, daß hübsch zu Hause bleiben, sich einfach kleiden, Gott fürchten, und eine blinde Mutter warten das für Lieschen Westheim bewirkt habe, was sie mit all ihrem Ränkespielen, Herumstolzieren, und Schönthanzen nicht hatten ausrichten können.

Stock hatte sich nicht betrogen, wenn er in Lieschen ein gutes Weib zu finden hoffte; wie sich denn die selten täuschen, die nach richtigen Grundsätzen freyen. Thomas Williams wurde nun von ihm ins Haus und in die Lehre genommen. Dieser bewies seiner Mutter noch immer die schuldige Liebe und Achtung, und jeden Kreuzer den er von Wilhelm Simson, oder von seinem Meister erhielt, wenn er einen Spruch oder Liedervers gut gelernt hatte, sparte er zum Kaffeh für sie. Wenn andere Knaben ihn auslachten, daß er so einfältig sey, und sich nicht einmahl Aepfel oder Kuchen kaufe, um sein Geld einer so bösen Mutter zu bringen; so antwortete er: "Sie mag immerhin böse seyn; sie bleibt doch meine Mutter".

Meister Stock freute sich sehr darüber, daß sich der Knabe so gut anließ. Er beschloß, mit der Zunahme seines Wohlstandes, immer mehr solche hülflose Geschöpfe dem Laster und dem Verderben zu entreissen. "Denn," sagte er, "auch ich hab es bloß den guten Lehren meines würdigen Dorfpfarrers zu danken, daß ich nicht auf den breiten Weg des Lasters gerathen bin."

Wir sollten uns nun auch nach unsrer alten Bekanntschaft, nach Peter Braun, Meister Stocks Nebenjungen etwas umsehen und seine mannichfaltigen Schwänke und lustigen Streiche kennen lernen. Doch da diese Erzählung schon etwas lang ausgefallen ist, so wollen wir die Befriedigung unsrer Neugierde biß zu einer andern Gelegenheit versparen.

Die
zwey ungleichen Schuhmacher
oder
wie mans treibt, so gehts.

Zweyter Theil.

(Aus dem Englischen übersetzt)

(Aus den fliegenden Volksblättern)

Bayreuth,

in der Lübeckischen Hofbuchhandlung und in den vorzüglichsten Buchhandlungen:

in Augsburg, Berlin, Breslau, Cleve, Frankfurth a. M. Hamburg, Hannover, Leipzig, Nürnberg, Regensburg, Wien, Zürich ꝛc. in Commission; wie auch in der Expedition des Reichsanzeigers in Gotha.

(18)

Die zwey ungleichen Schuhmacher,
oder:
wie mans treibt, so gehts.

Die Leser werden hoffentlich ihre alte Bekanntschaft, den lustigen Peter Braun, von dem ich bereits einige Jugendstreiche erzählte, nicht vergessen haben. Wir wollen nun sehen, wie es ihm weiter erging. Nach dem Bißherigen zu urtheilen, läßt sich schön im voraus wenig Gutes erwarten. Er hatte zwar als reicher Pachterssohn manchen Vorsprung auf dem Wege des Glücks, aber wem es an Klugheit fehlt, dem fehlt es am Beßten; denn er weiß von seinen Vortheilen keinen Gebrauch zu machen.

Peter Braun hatte gerade damahls, als sein Meister im goldnen Hirschen vom Schlage getroffen wurde, seine Lehrzeit ausgestanden. Als nun nachher Stock dessen Werkstatt übernahm und es damit glücklich ging, wünschte er sehr, Part mit ihm haben zu können. Seine Aeltern trugen eben so großes Verlangen darnach, und erbothen sich zu einem Vorschuß von tausend Thalern. Hier haben wir einen neuen Beweiß, wie viel ein guter Ruf vermag. Ein so großer Geitzhals der alte Pachter war; so hätte er doch gerne seinen Sohn in Gesellschaft mit Stock gebracht, der keinen Groschen eignes Vermögen besaß. Selbst seine sonst so stolze Mutter arbeitete daran; denn sie hatte Verstand genug, um einzusehen, daß ihr Peter dann ein gemachter Mann sey. Der Vater wußte, daß Stock die Hauptsache besorgen würde, und die Mutter hoffte, er werde die größte Last der Arbeit auf sich nehmen, und so ihr Herzblättchen wenig zu thun haben.

Allein so jung auch Stock war, so war er doch ein zu alter Vogel, um sich durch Spreu locken zu lassen. Seine Klugheit war größer als ihre List. Er hatte Freundschaft für Braun, aber er wollte um keinen Preiß einen Gesellschafts-Vertrag mit ihm schließen. "Eines von den Dreyen würde sicher erfolgen", sagte er, "entweder würde er meinen Grundsätzen, oder meinem guten Rufe, oder meinem Gewerbe, vielleicht allen Dreyen schaden." Und hier muß ich im Vorbeygehen allen jungen Gewerbsleuten, die mit andern in Gesellschaft treten wollen, einen wohlmeinenden Wink geben: Was sie Zeit zu überlegen haben, müssen sie nicht mit Uebereilung thun. Nächst der Ehe ist kein Knoten schwieriger aufzulösen, als eine Gewerbs-Vereinigung, man muß ihn daher nur mit der äußersten Vorsicht knüpfen.

Dem-

Demungeachtet wollte sich Braun nicht von Meister Stock trennen, oder er war vielmehr zu träg, sich nach etwas andern umzusehen; er machte ihm also den Antrag, bey ihm als Gesell zu arbeiten. Aber auch dieses schlug Stock höflich ab. Es that seinem guten Herzen wehe, so handeln zu müssen; aber er glaubte, daß er als ein junger Anfänger, der in der Welt vor sich kommen wolle, nicht bloß gutherzig, sondern auch klug seyn müsse. "Ich bin fest entschlossen", sagte er, "keine andern als nüchterne und ordentliche Leute in Arbeit zu nehmen. Böse Gesellschaften verderben gute Sitten; und ich wär an allen Unordnungen, die in meinem Hause entständen, selbst Schuld, wenn ich wissentlich einen wilden, versoffenen jungen Menschen darinn aufnähme. Indem ich gegen den Einen freundschaftlich handelte, würde ich gegen die Uibrigen ungerecht, und also selbst strafbar seyn."

Brauns Mutter wüthete vor Zorn, als sie hörte, daß sich ihr Sohn biß zu einem solchen Anerbieten erniedrigt habe. Sie glaubte, Stolz sey etwas großes. Das arme Weib! sie dachte nicht daran, daß er das elendeste Ding in der Welt sey. Sie war aus bloßer Dummheit so stolz, wie denn das immer der Fall stolzer Leute ist. "Du ehrvergeßner Kerl", sagte sie zu Petern, "ich wollte lieber hinter deinem Sarg hergehen, so lieb ich dich habe, als dich bey diesem armseligen, aus dem Koth gehobenen Stock arbeiten sehen." Es war ihr schon wieder entfallen, welche Mühe sie sich wegen eines Gesellschafts-Vertrags zwischen ihm und ihrem Sohne gegeben hatte; aber Stolz und Zorn haben gewöhnlich ein sehr kurzes Gedächtniß.

Es ist schwer zu sagen, was in ihrem Gemüthe das Uebergewicht hatte, die Begierde sich an Stock zu rächen, oder das Verlangen, ihren Sohn eine Figur machen zu sehen. Sie hob jedes Stück Geld, das sie ihrem Manne abschwatzen, und alles, was sie von ihrem Milchkeller erübrigen konnte, sorgfältig auf, um ihren Peter auf einen glänzenden Fuß zu setzen. Gleich den nächsten Markt kam sie selbst in das Städtchen, und miethete für ihn ein neues, weiß angestrichenes Haus, mit blaugemahlten Läden und eben solchen Thürpfosten. Daß dieses Haus der Kirche so nahe stand, war eben für Petern keine sonderliche Empfehlung desselben; aber desto mehr gefiel ihm seine nahe Nachbarschaft am goldnen Hirschen: und eines gegen das andere gehalten, hatte er für das Gewerb keine üble Lage. Doch bey der Mutter wog der Umstand alles auf, daß es von außen ein weit schöneres Ansehen, obgleich von innen weit weniger Bequemlichkeit hatte, als Stocks Haus.

Um

Um viele Kunden herbeyzulocken, gab ihm seine thörichte Mutter den Rath, Anfangs unter den Preiß zu arbeiten und zu verkaufen, schlechte, aber schön ins Auge fallende Waare anzuschaffen, und wohlfeile Arbeiter anzunehmen. Kurz, sie machte es ihm zur Pflicht, alles in Bewegung zu setzen, um seinen alten Cameraden zu Grunde zu richten. Sie dachte sich schon jetzt mit der innigsten Freude Peters künftigen Wohlstand, weil sie mit diesem Gedanken immer die Hoffnung verband, sein Aufkommen werde Stocks Untergang seyn. Sie gestand offenherzig, daß es ihre größte Freude seyn würde, diesen stolzen Glücksvogel so weit herunter gebracht zu sehen, daß er keinen Bissen Brot mehr hätte. Sie für ihren Theil könne nicht begreifen, warum solche Betteljungen angesehene Handwerksmänner werden mußten; das heiße: der Sau ein güldenes Halsband anhängen.

Stock schlug indeß einen ganz verschiedenen Weg ein. Ueberhaupt war es seine Sache gar nicht, sein Betragen nach dem Verhalten andrer abzumessen. Selten fragte er: was ihm beliebe zu thun? sondern das war immer die große Frage bey ihm: "was ist meine Pflicht zu thun"? und wenn er hierüber ins Reine war; so that er es auch. Anstatt also seinem Nebenbuhler entgegen zu arbeiten; anstatt den bekannten eigennützigen Regeln zu folgen: "Greif die Kuh beym Schwanz, daß sie dir nicht davon läuft"; und "zwey können nicht an einem Beine nagen", beschloß er, nachbarlich mit Petern zu leben. Er machte ihm eines Tages einen freundschaftlichen Besuch, versicherte ihn, daß sie alle beyde Arbeit genug haben könnten, und gab ihm folgende nützliche Rathschläge zu seinem Aufkommen:

"Kauf immer die beste Waare ein; schneid
"deine Arbeit selbst zu; laß als Meister dein
"Aug überall seyn; nimm die ordentlichsten Leute
"in Arbeit; vermeide jeden niedrigen Betrug;
"untergrabe nie den Credit anderer, um den
"Deinigen darauf zu bauen; borg nicht lange;
"halt genaue Rechnung über alles; fliehe schlechte
"Gesellschaften, und halte deine Versprechungen".

Eine Zeitlang ging bey Braun alles gar herrlich, er war höflich und zuvorkommend. Es gab immer Leute in seiner Werkstatt. Jeder der etwas zu erzählen und nichts zu thun hatte, fand sich da ein. Jede lustige Neuigkeit wurde da zuerst verbreitet, jedes drollige Liedchen zuerst gesungen. Jeder Kundmann, der sich etwas anmessen ließ, erhielt das Versprechen: daß seine Arbeit zuerst gefördert werden sollte. Aber das Unglück war, daß in einem Tage Zwanzig dasselbe Versprechen erhielten, folglich neunzehn hintergangen wurden.

Bey allen diesen leeren Versprechungen blieb Braun dennoch der beste Schuhmacher, den es geben könne; und da er nach dem Rathe seiner Mutter wohlfeiler als andere arbeitete, so fanden die Leute ein gewaltiges Wohlgefallen an ihm. Auch war das ganze junge leichtsinnige Völkchen der Meinung, daß er den Meister Stock bald nieder arbeiten, und dessen alte Werkstatt in Kurzem geschlossen seyn würde.

Allein es ist nicht alles Gold, was glänzt. Nach einigen Monathen liefen die Leute nicht mehr so begierig auf den wohlfeilen Schuhmacher zu. Der eine hatte entdeckt, daß sein Leder nichts tauge; der andere, daß er schlecht arbeite. Wer tüchtige Waare haben wollte, ging zum Meister Stock. Brauns Absätze, hieß es, dauerten keine Woche; seine Stiefel hielten kein Wasser, und seine Sohlen müße er von Zuckerpapier machen. Auch dadurch vertrieb er sich viele Kundleute, daß er aller frühe Arbeit versprach, und keinem Wort hielt. Durch Lügen kann man ohnedem nicht lange sein Glück machen.

Braun war das, was man gewöhnlich einen guten Kerl nennt, das heißt: er lebte gedankenlos in den Tag hinein, und fühlte ein augenblickliches Mitleid, wenn er andere bekümmert sah. Aber er war unfähig, sich der geringsten

Unbequemlichkeit zu unterziehen, oder nur einen Schritt aus seinem gewöhnlichen Gleise zu gehen, oder ein einziges Vergnügen aufzugeben, um seinem besten Freunde einen Dienst zu erweisen. Er liebte Kurzweil und Spaß; aber jeder der zu etwas geneigt ist, sollte immer darauf sehen, daß sein Zeitvertreib unschädlich sey, daß er nicht mehr dafür aufopfre, als er werth ist. Ich bin keines Weges gesonnen, unschuldigen Zeitvertreib zu verdammen. Ich lieb ihn selbst; aber was das Sprichwort vom Golde sagt, das kann man auch auf den Scherz anwenden, er kann zu theuer bezahlt werden. Wenn ein lustiger Mensch merkt, daß sein vermeinter Spaß seinen Nebenmenschen beleidiget, seine Aeltern bekümmert, oder ein unschuldiges Mädchen roth macht; so kann er sicher glauben, daß sein Spaß strafbar sey, und daß er besser thun würde, wenn er ihn ganz bey Seite ließ.

Ein so guter Mensch Braun war, so wußte er doch nicht, was das heißt: sich selbst etwas versagen. Er war wirklich so gutherzig, daß er es nie in seinem Leben abschlagen konnte, einer lustigen Gesellschaft beyzuwohnen; aber er war nicht gutherzig genug, zu überlegen, daß die, mit welchen er ganze Nächte durchlärmte und lachte, und die im Wirthshause den Ruf

lustiger

lustiger Bursche behaupteten, zu Hause ihre Weiber und Kinder, und diese kein Brot und noch weniger Kleider hätten.

Eines Tages sah er seines Vaters Knecht im stärksten Galopp daherreiten und an seiner Thüre halten. Er bekam durch ihn Nachricht, daß seine Mutter auf den tod liege, daß ihm daher sein Vater das beste Pferd im Stalle, die schöne Liesel, schicke, damit er sich unverzüglich auf den Weg machen könne und keine Zeit verliere, um seine Mutter noch vor ihrem Ende zu sehen. Peter brach in Thränen aus, jammerte über die Gefahr seiner Mutter, und alle Leute in der Werkstatt priesen sein gutes Herz. Als der erste Ausbruch seines Schmerzens vorüber war, sandte er den Knecht mit der Weisung zurück, daß er ihm nachfolgen würde, sobald das Pferd ein wenig gefressen hätte. Denn er wußte wohl, daß ihm der Vater auch für die größte Eilfertigkeit wenig Dank wissen würde, wenn die Liesel darunter leiden müßte. Er reisete zur bestimmten Zeit ab, und ritt mit solcher Anstrengung biß zum nächsten Städtchen, daß er und sein Pferd Lust zu einer neuen Mahlzeit hatten. Er hielt im Sterne an. Unglücklicher Weise war gerade Jahrmarkt; als er sich nun da ein wenig umsehen wollte, weil die Liesel

ihren

ihren Haber noch nicht verzehrt hatte, überreichte man ihm einen Ankündzettel des Inhalts: daß auf einem bey der goldnen Kugel errichteten Gerüste eine Komödie gespielt werden sollte, in welcher der Hanswurst die lustigsten Streiche machen würde. Er las — stand still — ging weiter — "Es wird mich nicht zu lange aufhalten", dachte er, "die Liesel muß ausruhen, und ich kann meine Mutter eben sobald sprechen, ob ich indeß die Komödie mit ansehe, oder im Sterne hocken bleibe."

Die Zeit verging über den Späßen des Hanswursten sehr geschwind, und als das Stück zu Ende war, konnte er sich nicht versagen, in die Kugel hinein zu gehen, und die ganze ausgesuchte Bande mit einer Flasche Wein zu tractiren. Schon war man beym letzten Glas, als Peter von ohngefehr sagte, daß er einer der besten Kegelspieler in der Gegend sey. "Das ist herrlich", sagte der Hanswurst, "im Garten sind gerade die berühmtesten Kegler beysammen; nie können sie also eine schönere Gelegenheit finden, ihre Geschicklichkeit zu zeigen". Braun erklärte er könne sich dieß Mahl nicht aufhalten, er habe sein Pferd nur ein wenig im Sterne eingestellt, und müßte wegen einer dringenden Sache gleich abreisen. Sie stellten sich nun alle, als wenn

sie

sie seine Geschicklichkeit in Zweifel zögen; dieß weckte seinen Stolz, und er dachte ein halbes Stündchen länger würde nicht gleich den Kopf kosten; die Liesel hätte ein gutes Futter bekommen; er dürfe sie also nur ein wenig stärker antreiben; und so ging er zum Spiel.

Anfangs gewann er; dieß lockte ihn, und er spielte so lang, daß man vor Dunkelheit die Kegel nicht mehr sah. Er forderte noch eine Flasche Wein, und nun wurde Braun durch Setzen und Wetten nicht nur alles Geldes, das er gewonnen hatte, wieder los, sondern er verlohr auch noch sein eigenes Taschengeld. Er mußte in das Haus, wo sein Pferd stand hingehen und Geld borgen, um seine Zeche in der Kugel bezahlen zu können. Dieser Verlust brachte ihm seine arme kranke Mutter wieder in das Gedächtniß, und er ging mit ziemlich schweren Herzen in den Stern, Geld zu holen und zugleich sein Pferd zu bestellen. Der Wirth machte große Augen, als er ihn sah, und der Hausknecht erklärte, es sey keine Liesel mehr da; von ohngefehr zwey Stunden sey der Hanswurst gekommen, und habe gesagt, daß er auf Befehl des Herrn Braun dessen Pferd zur Kugel bringen und für dasselbe bezahlen sollte; er habe es ihm also gegeben. Dieß war ohnstreitig der feinste Streich, den
dieser

dieser Hanswurst je gespielt hatte, er wußte sich auch mit dem Pferd so listig hinweg zu stehlen, daß weder Peter noch sein Vater je wieder etwas davon hörten.

Es war Nacht. Niemand könnte sagen, welchen Weg der Pferd=Dieb genommen hatte, und es vergingen wieder einige Stunden, biß ein Steckbrief gegen ihn ausgefertiget und ihm nachgesandt wurde. Peter war zweifelhaft, ob er weiter gehen, oder wieder umkehren sollte. Er wußte, daß sein Vater die Liesel noch mehr liebe, als er die Frau fürchte. Endlich machte er sich durch ein Glas Branntwein Muth, und entschloß sich, seine Reise fortzusetzen. Er war genöthiget, für ein altes Mieth=Pferd, das nichts als Haut und Knochen war, und mit dem man in drey Stunden kaum eine Meile Weges machen konnte, seine Uhr und silbernen Schnallen als Pfand zurück zu lassen.

Morgens um fünf Uhr kam er vor seines Vaters Haus an. Die ganze Familie war schon auf. Er frägte den Knaben, der ihm die Thür öffnete, was seine Mutter mache? "Sie ist todt" war die Antwort, "sie starb gestern Abends." Hier entfiel Petern vollends aller Muth. Von Betrübniß durchdrungen, noch mehr aber von den Vorwürfen seines Gewissens gepeinigt, weinte er

laut

laut auf, denn er fand, als er ein wenig die Stunden berechnete, daß er zeitig genug hätte ankommen können, um noch seiner Mutter Segen zu empfangen, wenn er gerade fortgereiset wäre.

Jetzt rief der Vater im Zimmer: "Mich dünkt, ich höre die Liesel; ist Peter gekommen?" Ja, Vater, sagte Peter mit furchtsamer Stimme. "Nun so lauf alles, was Beine hat," schrie der Pachter, "und sorge für die Stute, Lört, geh und zäume sie ab! Michel, lauf und hohl ihr ein gutes Futter! Führ sie ja erst herum, Lört, daß sie sich nicht erkältet." Der junge Braun trat herein, wie ein armer Sünder. "Bist du nicht ein pflichtvergeßner Bube?" schrie ihm der Vater entgegen," schon vor zwölf Stunden hättest du hier seyn können. Deine Mutter konnte nicht ruhig sterben, weil sie dich nicht mehr sah.— Sie hätte einen schlechten Dank für alle ihre Liebe, sagte sie, daß du dich nicht ein Mahl ein wenig eiltest, um sie noch vor ihrem Ende zu sprechen. — Aber so war es immer; ihre andern Kinder hat sie verkürzt, um dir alles zuzustecken, das war nun ihr Dank dafür." Peter wollte ein Paar Worte heraus schluchzen; aber der Vater fuhr fort: "Heule nur nicht so gar sehr; der Knecht hat mir schon gesagt, daß du, die Liesel zu schonen, etwas länger ausgeblieben bist. War
gleich

gleich deine Besorgniß für sie etwas übertrieben; so ist doch kein großes Unglück dabey geschehen. Deiner Mutter hättest du doch nichts mehr helfen, dem Thiere aber hättest du schaden können."

Hier fuhr es Petern südheiß über das Gesicht. Er mußte, daß sein Vater der größte Geizhals sey, und mit seiner Mutter auf einem sehr schlimmen Fuß gelebt, daß er ihm also seine Lieblosigkeit gegen sie blos aus Liebe zu dem Pferde vergeben habe; wie durfte er es also wagen, ihm noch zu eröffnen, daß dieß geliebte Pferd durch seine Unvorsichtigkeit und Pflichtvergessenheit verloren gegangen sey. Indeß kam der Alte bald genug hinter die Wahrheit, und nun ließ er auch seinem Zorne, den keine Worte beschreiben können, vollen Lauf. Er vergaß ganz, daß er eine todte Frau im Hause habe, und stieß solche Schimpfreden gegen seinen Sohn aus, die nicht schicklich zu wiederhohlen sind. So sehr kurz zuvor sein Geiz Petern zu entschuldigen wußte, daß er den Besuch einer sterbenden Mutter versäumt hatte; so heftig schüttete er jetzt seine Galle gegen ihn aus, schalt ihn einen unnatürlichen Wechselbalg, den er ohne einen Groschen Vermögen verstoßen wolle, und befahl ihm, nie vor seine Augen mehr zu kommen.

Peter

Peter durfte nicht einmahl dem Leichenbegängnisse beywohnen, welches ihn wahrhaft schmerzte. Sein Vater versagte ihm sogar das wenige Geld, welches er zur Auslösung seiner unterwegs versetzten Sachen nöthig hatte. Voll Betrübniß trat er also auf seinem alten Miethpferde die Rückreise nach Hause an. Als er in seinem Städtchen ankam; fand er bald, daß die Geschichte mit der Liesel und dem Hanswursten ihm vorgelaufen sey, und er mußte im goldnen Hirschen manchen beißenden Scherz darüber anhören. Das Pferd lag ihm nicht lange am Herzen; allein das Betragen gegen seine Mutter, das quälte ihn sein ganzes Leben hindurch öfters, so viel Mühe er sich auch gab, es zu vergessen. Deßwegen änderte er aber seine Lebensart nicht im geringsten; auch wich er deßwegen keiner einzigen Gelegenheit aus, sich lustig zu machen.

Endlich fühlte er dennoch das Gegentheil von jenem Sprichworte: "Erhalte deine Werkstatt; so wird die Werkstatt dich erhalten." Er hatte seine Kunden vernachläßiget; sie verließen nun ihn. Das Quartal lief zu Ende; es gab da viel zu bezahlen, und wenig einzunehmen. Er war zweyjährigen Miethzinß schuldig; er war im Rückstand mit seinen Gesellen; er hatte eine große Rechnung bey dem Lederhändler abzuthun.

Vergeblich wendete er sich an seinen Vater; die Mutter war todt. Stock war noch der einzige wahre Freund, den er hatte, und der ihn schon aus mancher Verlegenheit gerissen hatte; aber er war auch überzeugt, daß ihm Stock in einer so mißlichen Lage kein Geld vorstrecken könne. Die Gläubiger gingen ihm immer stärker zu Leibe; er mußte ihnen einen nahen Zahlungstag festsetzen; aber kaum waren sie ihm aus dem Gesichte; kaum hatte er die Gefahr etwas entfernt: so vergaß er jedes Versprechen, war so leichtsinnig wie zuvor, und betrat dieselbe Laufbahn gedankenloser Fröhlichkeit. Stock vermied ihn nicht, wenn er in Verlegenheit war; denn er hielt dieß für die schicklichste Gelegenheit, einige gute Rathschläge bey ihm anzubringen. Eines Tages fragte er ihn: ob er denn diese Lebensart immer fortführen wolle? "Nein", sagte er, "ich bin entschlossen, mich zu bessern und ordentlich zu werden. Aber mein Gott, ich bin ja erst 25 Jahr alt, bin stark und gesund, und gedenke noch lange zu leben; ich kann also noch fromm und kopfhängisch genug werden."

"O Peter, täusche dich nicht mit dieser falschen Hoffnung", erwiederte Stock. "Was du thun willst, das thue bald. Hast du noch nicht gehört, daß das Herz immer verhärteter wird, je länger es dem Laster ergeben bleibt? Menschen, die immer gute Entschließungen fassen, und doch nicht anfangen, sie ins Werk zu setzen, rathen sich sehr übel und zeigen, daß sie es mit sich selbst gar nicht gut meynen. Daher sagte einst ein weiser Mann: "die Hölle sey mit lauter guten Vorsätzen gepflastert."

Michaelis kam heran. Der Hausherr erklärte, daß er nicht länger aufgezogen seyn wollte; und wenn er nicht an diesem Tage bezahlt würde, so würde er ihn setzen lassen, und auf alles, was er habe, Beschlag machen. Jetzt gerieth Braun in Furcht. Er ersuchte Stock, Bürgschaft für ihn zu leisten. Dieß schlug ihm Stock rund ab. Braun fing nun an, alles Peinliche eines Gefängnißes zu fühlen, und zeigte so viel aufrichtige Reue, that so viele Gelübde und Versprechungen, daß sich Stock endlich bewegen ließ, in Verbindung mit einigen Freunden so viel Geld herzuschießen, daß der Hausherr, dem er außer der Miethe noch eine ansehnliche Summe für Leder schuldig war, befriedigt werden konnte. Dafür mußte ihnen aber Braun sein ganzes Vermögen verschreiben und versprechen, sich künftig ganz von ihnen leiten zu lassen, ein ordentliches Leben anzufangen, und in allem sowohl Meister Stocks Beyspiel, als auch seinen Rathschlägen zu folgen.

Vielleicht hätte sich Stock von seiner Gutherzigkeit nicht so weit führen lassen, wenn er das Schlimmste gewußt und genau nachgeforscht hätte, wie weit es mit Braun schon gekommen sey. Dieser reisete voll Freuden gleich am Quartalstage nach der Stadt ab, wo sein Hausherr wohnte und einen starken Handel trieb, um ihm das Geld zu überbringen, welches sein Freund aus unzeitiger Güte für ihn erhoben hatte. Bey der Abreise erinnerte ihn Stock an die alte Geschichte mit der Liesel und mit dem Hanswurste; und er schwur bey seinem Leben, nicht eher ein Wirthshaus anzusehen, als biß er das Geld ausgezahlt hätte.

Er zeigte sich als ein Mann von Wort; triumphirend ging er bey verschiedenen Gasthäusern vorüber. Bey einem, wo das lärmende Getöse der Fröhlichkeit und des lauten Gelächters seine Ohren kitzelte, blieb er bloß ein wenig stehen. Aus einem andern erschallten die bezaubernden Töne einer Geige und das Stampfen der lustigen Tänzer. Hier hätte beynahe sein guter Engel ihn verlaßen; aber die Furcht vor dem Schuldthurme auf der einen Seite, und, was er fast eben so sehr fürchtete, Stock's Unwille auf der andern, riefen ihn wieder zurück; und er fühlte sich angespornt, weiter zu reisen. Er war auch nicht wenig stolz darauf, daß er über diese Versuchung

suchung gesiegt hatte. Er schätzte sich vollends ganz glücklich, als er sich an der Thür seines Hausherrn fand, ohne einer thörichten Neigung nachgegeben zu haben.

Er klopfte an. Die Magd, die ihm öffnete, sagte, ihr Herr sey nicht zu Hause. "Das thut mir leid," erwiederte er mit einer prahlenden Miene, "ich wollte ihm den Miethzinß bezahlen; er hätte überhaupt meinetwegen nicht so gar sehr in Sorgen seyn dürfen; ich wär' ihm nicht davon gelaufen." Die Magd, die wohl wußte, daß ihr Herr von ihm ganz andere Gedanken hege, bat ihn, sich ein wenig aufzuhalten; ihr Herr würde längstens in einer halben Stunde zu Hause seyn. "Ich werd wieder kommen", sagte er, "doch nein, er mag zu mir gehen, und je eher, desto besser; ich werde in der blauen Glocke zu finden seyn." Während dieses Gesprächs unterließ er nicht, seine Brieftasche heraus zu nehmen, sie zu öffnen und der Magd die darinn aufbewahrten Banknoten*) sehen zu lassen. Dann nahm er einen kurzen, abgebrochenen Abschied und ging in die blaue Glocke.

Er that sich nun auf sein Verfahren mächtig viel zu gute. Da er das Geld angebothen hatte, so war es nun bey ihm eine ausgemachte Sache,

*) Banknoten sind Stückchen Papier, die in England statt baaren Geldes kursiren; und deren Werth durch die darauf gedruckte Summe bestimmt ist.

daß es seines Hausherrn eigne Schuld sey, wenn es nicht ausgezahlt wurde. Im Wirthshause traf er herumziehende Musikanten an, die zu ihrem Spiele auch sangen. Dieß heiterte ihn bald so auf, daß er nicht mehr ruhiger Zuhörer bleiben konnte. Er stimmte sein Leiblied an und jene mußten dazu spielen. Die Musikanten bewunderten und lobten seinen Gesang so sehr, daß seine ganze Eitelkeit rege gemacht wurde; ja endlich ließ er sich durch ihre Schmeicheleyen dermaßen berauschen, daß er nicht weniger thun konnte, als sie zu einem Abendessen einzuladen; und sie waren viel zu hungrig, um eine solche Einladung auszuschlagen.

Er vergaß gleichwohl nicht ganz sein Geschäfte mit dem Hausherrn; aber die halbe Stunde war längst verflossen. "Ich weiß," sagte er, "der Kerl ist ein elender Filz, der ohnstreitig noch bey Tag zu Bette geht, um das Licht zu ersparen; es wird also zu spät seyn heute noch zu ihm zu gehen; und er kann ja auch zu mir kommen; die Sache geht mehr ihn, als mich an. Ich ließ zurück, wo ich zu finden sey. Das Geld ist bereit, und wenn ich es ihm heute nicht auszahle, so kann es morgen noch vor dem Frühstück geschehen."

Während er diesen, nach seiner Meinung, sehr vernünftigen Entschluß faßte, wurde das Essen auf aufgetragen. Nie wurde ein Abend fröhlicher zugebracht. Bier und Wein floßen, wie Wasser. Die Musikanten merkten bald, welch ein eitler Geck sie bewirthe; und da es ihnen um ein gutes Mahl, jenem aber um Schmeicheleyen zu thun war; so kamen sie bald ins Reine mit einander. Sie aßen, und Braun sang. Sie schienen über ihn entzückt zu seyn. Das Singen beförderte das Trinken, und jedes Glas brachte einen neuen Gesang auf das Tapet, oder ein Geschichtchen, noch drolliger, als das vorhergehende. Braun wurde endlich vom Wein und Schlaf überwältiget. Seine gefälligen Gäste verließen ihn, um ihm sein Schläfchen allein machen zu lassen. Lauter angenehme und lustige Traumbilder umschwebten ihn; und weil es im Hause ganz still wurde, so schlief er fest biß an den späten Morgen.

Als er gefrühstückt hatte, fiel ihm auf einmahl sein gestriges Geschäfte ein. Er ging nun wieder zu seinem Hausherrn, und war voll der heitersten Laune, indem er auf dem ganzen Wege einzelne Stellen aus den Arien trillerte, die er in der vorigen Nacht von seinen neuen Freunden aufgeschnappt hatte. Der Hausherr öffnete ihm selbst die Thür und machte ihm ziemlich derbe Vorwürfe, daß er nicht den Abend zuvor gekommen sey. Er müße vermuthen, setzte er hinzu, daß er wieder nur leere Entschuldigungen aufzuzählen habe. Braun nahm jetzt all das aufgeblasene Wesen an, welches manchen Personen eigen ist, sobald sie Geld im Sacke haben. "Sie hätten nicht nöthig gehabt," sagte er, "wegen ihres Geldes so gar ängstlich zu thun. Es war mit mir noch nicht biß zum Concurs, oder Davonlaufen gekommen." Der Hausherr schwieg; er wußte wohl, daß dieß die gewöhnliche Sprache derer sey, die beydem sehr nahe sind. Braun setzte übermüthig hinzu: "Sie sollen sehen, daß ich ein Mann von Wort bin; schreiben Sie mir eine Quittung." Der Hausherr hatte sie schon bereit und gab sie ihm.

Braun langte in die Tasche nach seiner Schreibtafel, worin die Banknoten waren; er durchsuchte, befühlte, durchsuchte von neuem, zuerst die eine Rocktasche, dann die andere, endlich die beyden Westentaschen — keine Schreibtafel war zu finden. Er sah ganz bestürzt aus. Es war die Miene der wahren Bestürzung. Der Hausherr sah darin nur die Miene der Schuld und machte ihm heftige Vorwürfe, daß er seine bekannten Streiche auch an ihm versuchen wollte. Er schwur, daß er sich nicht länger bey der Nase herumführen lasse — entweder Bezahlung, oder Schuldthurm — zwischen beyden habe er zu wählen.

Braun

Braun betheuerte, und dieß Mahl mit Wahrheit, daß er an keinen Betrug gedacht, daß er das Geld wirklich mitgebracht habe, und nicht wisse, was damit geschehen sey; aber man war weit entfernt, ihm den geringsten Glauben beyzumessen. Er erinnerte sich endlich, daß er auf dem Armsessel, der im Speisezimmer befindlich war, eingeschlafen sey. Dieß belebte seinen Muth wieder. Er zweifelte nicht daran, die Schreibtafel müße ihm da aus der Tasche gefallen seyn; er wolle geschwind in den Gasthof hinlaufen, sagte er, und sie suchen, und unverweilt zurück kommen. Der Hausherr glaubte von allem dem kein Wort; so übel ist man daran, wenn man sich ein Mahl in schlechten Ruf gebracht hat. Er schwur, Braun sollte ohne Wache nicht einen Schritt aus seinem Zimmer kommen. Dieser mußte daher so lange warten, biß darnach geschickt war. Nun ging er wieder nach der blauen Glocke in Begleitung der Wache, die den Auftrag hatte, ihn keinen Augenblick aus dem Gesichte zu lassen. Diese Vorsicht war unnöthig. Braun hatte nicht den geringsten Gedanken, davon zu laufen; so fest war er überzeugt, daß er seine Brieftasche wieder finden würde.

Aber wer kann seinen Schrecken mahlen, als von derselben keine Nachricht zu haben, und keine Spur zu finden war. Der Herr, die Frau, der Kellner, die Magd des Gasthofes, alle betheuerten ihre Unschuld. Sein Verdacht fiel bald auf die Musikanten, mit welchen er die Nacht zugebracht hatte; und hier machte er zum ersten Mahle die Entdeckung: daß auf einen lustigen Abend nicht immer ein fröhlicher Morgen folge. Er wirkte sich einen Verhaftsbefehl aus, und verschiedene Polizey-Diener wurden den Musikanten nachgesandt. Niemand glaubte jedoch, daß er etwas verlohren habe; und da ihm nicht ein einziger Groschen übrig geblieben war, das theure Nachtmahl, das er gegeben hatte, zu bezahlen; so war der Wirth mit dem Hausbesitzer der Meinung, daß er dieses Stückchen nur ausgesonnen habe, sie beyde zu betrügen. Braun blieb in strenger Verwahrung. Endlich kamen die Polizey-Diener mit der Aussage zurück, daß sie die Musikanten hätten wieder frey lassen müssen, weil sie keinen einzigen der Anklage schuldig finden konnten, und weil sich alle erbothen hätten, es gerichtlich zu beschwören, daß ihnen von der Brieftasche nichts zu Gesichte gekommen wäre.

Braun gebärdete sich gleich einem Rasenden; er riß sich die Haare aus, und schrie, daß er auf immer zu Grunde gerichtet sey. Die beleidigende Sprache seines Hausherrn, und seines neuen Gläubigers, des Wirthes, war eben nicht

dazu

dazu gemacht, seinen Kummer zu erleichtern. Der Hausherr wollte nicht länger aufgezogen seyn. Braun erklärte, er könne weder einen Bürgen schaffen, noch anderes Geld auftreiben. So bald also die Sache gerichtlich eingeleitet war, so wurde er in das öffentliche Gefängniß gebracht.

Hier hätte man erwarten sollen, daß schlechte Kost, Ungemächlichkeit der Wohnung, und Mangel der Arbeit ihn ein wenig zum Nachdenken über seine bisherigen Thorheiten geführt hätten. Aber die ganze Sache machte keinen bleibenden Eindruck auf ihn. Was ihn anfangs am meisten schmerzte, war dieses, daß er Stocks Freundschaft gemißbraucht, und sich in dessen Augen eines vorsätzlichen Betrugs verdächtig gemacht habe, da er doch nur leichtsinnig, eitel und unklug gewesen sey. Und hier kann man sich unmöglich der Bemerkung enthalten, daß Leichtsinn, Eitelkeit, ausschweifender Hang zum Vergnügen, schon manchen Menschen, der eben keiner Zuchthaus-Verbrechen fähig war, an Leib und Seele zu Grunde gerichtet haben; obgleich unverständige Leute jene Fehler nicht in das Verzeichniß grober Sünden setzen, und obgleich diejenigen, welche sich jenen Fehlern überlassen, oft unter die Zahl guter und ehrlicher Leute gerechnet werden.

So bald Braun in seiner traurigen Wohnung Platz genommen, und sich ein wenig von der ersten Bestürzung erhohlt hatte; so schrieb er an seinen Freund die ganze Geschichte, wie sie war. Meister Stock, der seinen ausschweifenden Leichtsinn und seine tolle Zerstreuungssucht schon lange kannte, fand die Erzählung so unwahrscheinlich nicht, als sie die übrigen Gläubiger fanden. Aber er war doch über das Geschehene zu aufgebracht, als daß er Brauns Brief sogleich hätte beantworten und ihm eine besondere Theilnahme zeigen können. Gleichwohl blieb er nicht ganz unthätig; er reisete ganz in der Stille zu Brauns Vater, dem alten hartherzigen Pachter, um bey ihm ein gutes Wort einzulegen, und zu versuchen, ob er etwas für seinen Sohn auswirken könnte. Stock unternahm es nicht, Petern zu entschuldigen; oder sein Vergehen auch nur zu verkleinern: denn es war sein Grundsatz, die Wahrheit nie zu verhehlen, und das Laster nie zu beschönigen. Sünde war Sünde in seinen Augen, mochte sie auch von seinem besten Freunde begangen werden. Doch wenn er gleich das Verbrechen nicht schonte; so hatte er doch Mitleid mit dem Verbrecher. Er hielt dem alten Pachter besonders den Umstand vor, daß seines Sohnes Leichtsinn und übrigen Fehler in dem Kerker neue Stärke gewinnen würden.

Er

Er zeigte ihm, daß die verdorbene und nichtswürdige Gesellschaft, die er dort haben würde, ihn im Laster ganz verhärten und einen unverbesserlichen Bösewicht aus ihm machen könnte.

Aber alle seine Vorstellungen waren in den Wind geredet. Der Pachter konnte zu nichts gebracht werden. Er behauptete und zwar mit einigem Rechte, daß er seine fleißigen Kinder nicht zu Bettlern machen könne, um einen Taugenichts vom Zuchthause zu befreyen. Meister Stock konnte der Stärke dieses Grundes nichts entgegen setzen; ob er gleich wohl sah, daß der Vater weniger von diesem Grundsatze der Gerechtigkeit als von Rachsucht wegen jener alten Geschichte mit der Liesel geleitet würde. Die Menschen sollten in der That genau Acht geben, ob die Handlung, die sie für eine Wirkung ihrer Gerechtigkeitsliebe ausgeben, nicht bloß eine Folge ihrer Rachsucht sey. Beßere Menschen, als Pachter Braun täuschen sich hierin öfters, und bilden sich ein, nach edlen Grundsätzen zu handeln, weil sie unterlassen, ein wenig schärfer in ihr Herz zu blicken, und jede ihre Handlungen auf ihre wahre Quelle zurückzuführen. Wenn wir uns gegen Betrug zu verwahren suchen; so sollten wir doch auch nicht vergessen, den Selbstbetrug mit in Anschlag zu bringen.

Endlich

Endlich schrieb Meister Stock dem armen Peter; nicht, um ihm Hülfe anzubiethen; denn davon konnte jetzt die Rede noch nicht seyn; sondern ihn zur Reue zu ermuntern, ihm die Vergehungen seines bisherigen Lebens vor Augen zu stellen, und ihm zu rathen, daß er die gegenwärtige Züchtigung in eine Wohlthat für sich verwandeln möchte. Er erbot sich, ihm behülflich zu seyn, daß er aus seinem jetzigen Kerker, in einen von jenen besser eingerichteten Gefängnißen versetzt würde, wo Einsamkeit und Arbeit schon Manchen auf beßre Wege brachten. Er schloß mit den Worten: daß, wenn er je einige zuverläßige Kennzeichen einer wahren Besserung an sich blicken ließ, er trotz allem, was geschehen sey, noch sein Freund seyn wolle.

Hätte Meister Stock ihm eine hübsche Summe Geldes geschickt, um sich die Freyheit zu erkaufen, oder auch nur eine Kleinigkeit, um sich mit seinen ruchlosen Spießgesellen einen lustigen Abend machen zu können; so würde ihn Peter für einen wahren Freund gehalten haben. Aber daß er ihm nichts als trockne Rathschläge und ein paar leere Trostworte zuschrieb, das war, seiner Meinung nach, ein gar zu wohlfeiler und armseliger Freundschaftsbeweis. – Unglücklicher Weise kam der Brief gerade in dem Augenblicke, da sich Peter zu einer von

jenen

jenen abscheulichen Saufgelagen niederseten wollte, welche von jedem neuen Ankömmlinge im Kerker erwartet, und die zwischen diesen düstern Mauern, oft mit viehischer Wildheit gehalten werden.*) Als die Köpfe vom Getränke erhitzt waren, sagte Peter: "Jetzt will ich euch mit einer Predigt, und mit einer gar erbaulichen Predigt unterhalten." Mit diesen Worten zog er Stocks freundschaftlichen und wohlmeinenden Brief heraus, las ihn vor, und ergötzte sich an dem lauten Gelächter das er dadurch bey der Gesellschaft erregte.

Braun gab bald noch mehr Beweise von der Gewalt böser Beyspiele und von den schnellen Fortschritten des Lasters. Es hatte ihm immer an Grundsätzen gefehlt; aber nun war er nahe daran, auch alles Gefühls des Guten beraubt zu werden. Er stimmte in das Gelächter mit ein, welches man gegen Stock erhob, und erzählte manche listige Geschichte, wie sie es nannten, um seine Ehrlichkeit, Bescheidenheit und Gutmüthigkeit lächerlich zu machen. Die kleinen Reste von Schaam und Wohlanständigkeit, die er in den Kerker noch mitgebracht hatte, verringerten sich mit jedem Tage immer mehr. Er fand endlich

sogar

*) Leute, die in England Schulden halber im Gefängniß sitzen, genießen daselbst einer großen, für sie selbst schädlichen Freyheit.

sogar Gefallen an dieser ruchlosen Lebensart, und der Mangel des Geldes schien ihm das größte Uebel in einem Gefängniße zu seyn.

Als Meister Stock von dem Schließer hörte, daß sein Brief dem Gespötte Preiß gegeben worden war, schrieb er nicht weiter an Braun, machte ihm keinen Besuch, und bot ihm keinen Beystand an. Er hielt es für das Rathsamste, ihn in der Noth, die er sich durch seine Laster selbst zugezogen hatte, ein wenig schmachten zu lassen. Allein da er immer noch auf einen Zeitpunct hoffte, wo das Gefühl seines Elendes in ihm erwachen würde; so gab er dem Schließer, der ein ehrlicher, menschenfreundlicher Mann war, den Auftrag, ein wachsames Aug auf ihn zu richten.

Braun brachte einen Theil seiner Zeit in Gedankenlosigkeit und Ausgelassenheit, den andern in Schwermuth und Traurigkeit zu. Die Gesellschaft gab seiner Lebhaftigkeit Nahrung, unter seinen neuen Freunden konnte er das Nachdenken verscheuchen; aber so bald er allein war; so fand er, daß selbst der lustigste Mensch, wenn es ihm an Gesellschaft und Getränke gebricht, das verlassenste und elendeste Geschöpf sey; daß alsdann auch er zum Lachen sagen müße, du bist toll, und zur Freude, du bist närrisch. Doch da er es immer so einzurichten wußte, daß er selten allein war, so behielt seine Munterkeit gemeiniglich die Oberhand. Dieß dauerte so lang, biß im Gefängniße ein ansteckendes Fieber ausbrach. Der Rädelsführer bey allen ihren Gottlosigkeiten wurde zuerst davon befallen. Peter konnte ihm nur kurze Zeit Beystand und Unterhaltung verschaffen; denn auch ihn ergriff das Uebel, und zwar mit einer so fürchterlichen Heftigkeit, daß sein Leben in großer Gefahr war. Kein Einziger von denen, welche gesund geblieben waren, kam ihm nahe, ob er gleich seinen letzten Pfennig mit ihnen getheilt hatte. Er war gerade noch bey so viel Verstand, um diese Unbarmherzigkeit in ihrer ganzen Stärke zu fühlen. Der arme Mensch! er wußte noch nicht, daß die Freundschaft der Zecher ein Ende hat, sobald es nichts mehr zu trinken gibt. Er befand sich in der bedauernswürdigsten Lage. Sein Körper wurde von einer qualvollen Krankheit gefoltert; seine Seele zitterte und bebte vor der Annäherung des Todes, eines Feindes, weit entfernt glaubte, und vor dem sich ein junger Bursche von 25 Jahren, wie seine Cameraden versicherten, nicht zu fürchten habe. Er war ohne Geld, ohne Freund, ohne Trost in Absicht auf das Gegenwärtige, und was noch schrecklicher ist, ohne Hoffnung in Absicht auf die Zukunft — unglücklicher Peter! wie könnt ich Dir mein Mitleid versagen?

C Bildet

Bildet euch nicht ein, junge Leser, daß Brauns mißliche Lage ganz allein in seinen veränderten Umständen ihren Grund hatte. Nicht seine Dürftigkeit, nicht seine Krankheit, nicht der Kerker allein machten ihn so unglücklich. Mancher Rechtschaffene, der unschuldig seiner Freyheit beraubt wurde, und sich seiner Unschuld bewußt war, empfand in seinem Gefängniße mehr Ruhe und Zufriedenheit, als der Gottlose auf dem höchsten Gipfel seines Glückes schmecken kann. Aber auf einen solchen Trost konnte Peter keinen Anspruch machen.

Ein wahrer Freund erscheint besonders dann, wenn falsche Freunde den Unglücklichen verlassen. Brauns Mitgefangene, welchen er so manche Unterhaltung verschafft, und die er nie beleidigt hatte, entfernten sich von ihm. Selbst sein leiblicher Vater fühlte kein Mitleid mit seiner traurigen Lage. Als Meister Stock diesem davon Nachricht gab, antwortete er: "Er leidet, was seine Thaten werth sind; wie mans treibt, so gehts; er hat sich selbst gebettet, er mag nun darauf schlafen". Der harte Mann hatte immer ein Paar Sprichwörter in Bereitschaft, die er zur Entschuldigung seiner Härte anzuwenden wußte.

Wie verhielt sich nun Meister Stock dabey? Auch er hatte seine Lieblings-Sprüche; aber sie

hatten

hatten immer das Gepräge der Güte, der
Barmherzigkeit, und andrer menschenfreundlichen
Tugenden. "Ich kann mich keinen Christen
nennen," sagte er, "wenn ich nicht im Stande
bin, Böses mit Guten zu vergelten." Als er
des Schließers Brief und die Nachricht von
Brauns trauriger Lage erhielt, rief er: "Nun
ist Braun genug gedemüthiget; nun ist es Zeit,
daß ich zu ihm gehe!" Was? sagte Wilhelm
Simson, sein Gesell zu dem Menschen, der ihn
um sein Geld geprellt hat? "Jetzt ist es nicht
Zeit, an Beleidigungen zu denken", erwiederte
Meister Stock. "Wie kann ich Vergebung für
mich hoffen, wenn ich sie andern versage?" Hierauf ließ er sich sein Pferd satteln, und ritt fort
zu dem armen Braun.

Als er in das Gefängniß trat, hätte ihn
beynahe alle seine Standhaftigkeit verlassen. Das
Stöhnen der Kranken und Sterbenden, und noch
mehr, die wilde Fröhlichkeit der Gesunden drang
ihm tief in die Seele. Im Fortgehen that er
manchen herzlichen Wunsch für die Beßrung dieser Unglücklichen. Der Schließer bemerkte sogar
daß ihm eine Thräne entfiel, und fragte nach
der Ursache "Ich kann es nie vergessen, daß
die verworfensten Menschen, immer noch meine
Mitgeschöpfe sind; sie haben mit mir einerley

C 2 Ursprung

Ursprung und einerley Natur; wie könnt ich sie also verachten, oder gar verdammen. In meiner Lage wären sie vielleicht noch besser geworden, als ich bin, ohne eine höhere Leitung, und ohne den Unterricht meines guten Pfarrers, wär ich vielleicht noch mehr verwildert, als sie".

Bey diesen Worten "öffnete der Schließer Brauns Kerker. Man hätte ein Herz von Stein haben müssen, wenn man bey seinem Anblick ungerührt geblieben wäre. Er lag auf einem elenden Strohbette; sein Gesicht war von Schmutz, von Mangel, von Schmerz und Gram so entstellt, daß man ihn kaum noch erkennen konnte, am allerwenigsten den ehemahligen lustigen Peter, wie er sich gern nennen ließ, in ihm zu sehen glaubte. Sein tiefes Stöhnen und Aechzen machte Stocks ganzes Mitleiden rege. Er nahm ihn freundlich bey der Hand, ob er gleich wußte, daß seine Krankheit ansteckend sey. "Was machst du, Peter? kennst du mich noch?" fragte er ihn. Braun nickte mit dem Kopfe, und sagte mit schwacher Stimme: "Wie sollt ich ihn nicht kennen. Ich habe ja nur einen Freund in der Welt, und das ist der, der mich in diesem Elende besucht. O Jacob, wie weit ists mit mir gekommen? Was wird aus meiner armen Seele werden? Sehe ich rückwärts, so erblicke

ich

ich nichts als Frevel-Thaten; schaue ich vorwärts, so zeigt sich mir nichts, als Elend und Jammer.

Meister Stock redete ihn freundlich zu; doch hütete er sich, ihm mit falschem Troste zu schmeicheln. "Ich schäme mich," fuhr Braun fort, "ihn an diesem schmuzigen Orte empfangen zu müssen." Wenn ihn dieser Ort, erwiederte der andere, zum Gefühl seiner ehemahligen Vergehungen verholfen hat, so ist es kein übler Platz für ihn. Ich will ihn lieber in dieser demüthigenden Lage, auf diesem Strohbette liegend, in diesem dunkeln Kerker eingeschlossen, als ihn im goldnen Hirschen mit schönen Kleidern behängt, mit voller Geldbörse bereichert sitzen sehen, und da als den Wortführer der Gesellschaft schreyen und lärmen hören.

Braun weinte bitterlich, und drückte ihm die Hand, aber zu reden, war er zu schwach. Meister Stock ließ durch den Schließer einige Erquickungen für den Kranken herbeyschaffen und bezahlte sie. Er verließ ihn auch nicht eher, als bis er ihm mit eignen Händen etwas kräftige Suppe und einige Arzeneyen gegeben hatte. Braun war über alle diese Freundschaftsdienste innigst gerührt. Er hatte gerade noch so viel Kräfte, um die Worte heraus zu schluchzen: "mein unnatürlicher Vater läßt mich verschmachten,

und

und mein beleidigter Freund ist mehr als Vater gegen mich." Stock sagte zu ihm, den ersten Beweis der Beßerung müsse er dadurch geben, daß er seinem Vater, der von ihm schwer beleidiget worden sey, aufrichtig verzeihe. Jetzt wolle er ihn ein wenig allein lassen, weil er der Ruhe bedürfe; er möchte indeß doch nicht versäumen, sein Herz zu Gott zu erheben. "Lieber Jacob," erwiederte Braun, "Bete er für mich! Ihn wird Gott hören; aber nie wird er auf das Gebet eines solchen Sünders, als ich bin, achten." Rede er nicht in diesem Tone, sagte Stock; wäre er im Stande zu glauben, daß ihm Gott nicht vergeben könne; so würde er zu seinen bisherigen Vergehungen, eine neue Sünde häufen.

Der arme Peter fühlte sich durch die stärkenden Sachen, die er zu sich genommen hatte, sehr erquickt; und daß Stock aus Freundschaft für ihn so weit hergekommen war, ihn zu besuchen, und ihm, als einem solchen Auswurf der Menschen, der noch dazu an einer ansteckenden Krankheit darnieder lag, und zwischen den Mauern eines finstern Kerkers für seine Verbrechen büßte, Vergebung und Beystand anzubieten; dieß gewährte ihm nicht wenig Beruhigung und Trost. Wahrlich, dachte er bey sich selbst, es muß eine höhere Kraft in einer Religion liegen, welche den Menschen

dazu

dazu bringen kann, schwere Beleidigungen zu vergeben und sich der Gefahr der Ansteckung auszusetzen: — Handlungen, die mit seinen natürlichen Neigungen so sehr streiten. Diesen Gedanken durch Worte auszudrücken, war er noch zu schwach. Er versuchte zu beten; aber er konnte nicht; endlich schlief er vor lauter Mattigkeit ein.

Als Meister Stock zurück kam, so fand er ihn zwar am Leibe viel besser, aber die Unruh seiner Seele, die er nun stark genug war, auszudrücken, die Betrübniß und Freude, die Schaam und Zuversicht, die Hoffnung und Furcht, die ihn wechselsweise bestürmten, sind nicht zu beschreiben. Ein Strahl des Trostes erhellte endlich sein verfinstertes Gemüth; er ward etwas ruhiger. Zwar bestürmte ihn noch immer die Furcht, er möchte bey wiederkehrender Gesundheit in seine vorigen Fehler zurückfallen; aber gerade diese Furcht hielt Meister Stock für ein gutes Kennzeichen einer gründlichen Besserung. Er unterließ auch nicht, jeden guten Vorsatz, den er in Brauns Seele aufsteigen sah, zu nähren und zu befestigen; besonders aber warnte er ihn vor Selbstbetrug und Heuchelen.

Auf Brauns völlige Genesung war nicht zu hoffen. Das Fieber verlohr sich zwar; aber die Krankheit setzte sich in die Beine, und es gewann

das

das Ansehen, daß er auf seine ganze Lebenszeit ein elender Krüppel bleiben würde. Doch hatte er sich durch Gebet und Nachdenken schon Geistesstärke genug erworben, um einer solchen traurigen Aussicht mit Ergebung entgegen gehen zu können.

Nach einigen Monathen starb sein hartherziger Vater, der sich nie bewegen ließ, seinen Sohn zu sehen, oder ihm die geringste Hülfe zu leisten, plötzlich an einem Schlage, und noch dazu, ohne ein Testament. Er gehörte zu den einfältigen, abergläubigen Leuten, welche sich einbilden, sie müßten früher sterben, wenn sie eins machten; und welche die Welt und ihre Angelegenheiten so sehr lieben, daß sie jedem Geschäfte ausweichen, welches sie an ihre Sterblichkeit erinnern könnte. Da auf diese Weise sein Vater die Drohung, ihn zu enterben, unerfüllt gelassen hatte, so erbte Peter mit seinen Brüdern in gleichen Theilen. Dieß Erbtheil war gerade hinreichend, ihn vom Gefängniß zu befreyen und alle seine Schulden zu bezahlen. Für ihn selbst aber blieb nichts. Die Freude seine Gläubiger befriedigen zu können, war bey ihm so groß, daß er dieß wenig achtete. Er suchte deßwegen keine einzige Schuld zu verhehlen, oder einen Groschen für sich selbst zu behalten.

Meister

Meister Stock übernahm das Geschäfte, seine Schuldsachen in Ordnung zu bringen. Nachdem alle Gläubiger bezahlt waren, blieb kaum so viel übrig, um ihn nach der Stadt fahren zu lassen. Meister Stock war daher so gütig, ihm seinen eigenen Wagen mit einem Bette zu schicken; denn er war viel zu schwach und lahm, als daß er hätte auf eine andere Art fortgebracht werden können. Meister Stock trug dem Kutscher noch besonders auf, die zärtlichste Sorgfalt für ihn zu tragen, nicht zu schnell zu fahren und den Wagen nicht einen Augenblick zu verlassen.

Meister Stock hätte ihn gern in sein eigenes Haus, wenigstens auf einige Zeit, genommen; so sehr war er von der aufrichtigen Besserung seines Herzens und Lebens überzeugt; aber Braun konnte sich durchaus nicht entschließen, seinem großmüthigen Freunde ferner lästig zu seyn. Er bestand darauf, daß er in das öffentliche Arbeitshaus gebracht würde; welches, wie er behauptete, ein weit besserer Aufenthalt für ihn sey, als er verdiene. Hier verschaffte ihm Stock ein eigenes Zimmer, versah es mit dem nöthigsten Geräthe und schickte ihm alle Tage von seinem Tische etwas zu Essen. Braun verlebte an diesem Orte noch mehrere Jahre in stiller Arbeitsamkeit, gab immerwährende Beweise einer ungeheuchelten Beßerung, vergaß nie, daß er sich durch seine Thorheiten und Laster in diesen Zustand versetzt hatte, und erinnerte oft sich und andere an das Sprichwort:

Wie mans treibt, so gehts.

In allen Buchhandlungen ist zu haben:

He d a!

Oder das neue Lottobüchlein, wagen gewinnt, wagen verliehrt, von J. G. D. Schmiedtgen   20 kr.

Wer gewinnen will lese dieß Büchlein und er trift die rechte Nummer, wird von goldenen Träumen nicht irre geführt und wird ein rechter Mann. Es enthält ein Arcanum, das einige kennen, ist eine wahre Goldtinktur und füllet das Herz und den Beutel.

H e d a!
oder:
das neue Lottobüchlein.

Wagen gewinnt, wagen verliert.

Von

J. G. D. Schmiedtgen.

Gedruckt in diesem Jahr.

Das erste Kapitel.

„Wer sollte den nicht kennen? Er wohnt etwa hundert Schritte links am Wege, wenn man von Arnstädtel nach Wohlsdorf geht."

So hieß es allgemein, wenn man nach David Krausen fragte; und gabs die Gelegenheit, so erzählte man sich auch die Geschichte, wie er nach und nach sich heraufgeholfen hatte. Vollends alte Leute, die es genau wußten, wie es ehedem in Wohlsdorf ausgesehen hatte, die thaten sich gewöhnlich darauf was zu gute, wenn sie von David Krausen erzählen konnten, und am Ende setzten sie hinzu: — das ist ein Mann!

Wem hätte aber auch sein schönes Haus, das wie ein Schlößchen aussahe, nicht ins Auge fallen sollen; und der schöne Garten und die allerliebsten Obstbäume, die rund ums Haus standen? Es war, wenn man über den Berg von Arndstädtel her durch die Fichten kam und Wohlsdorf vor sich liegen sah, gar nicht, als wenns noch das Dorf und die Gegend wäre. Ehedem standen die Häuser alle so kahl und so verlassen da, daß man eine Gans am andern Ende des Dorfs sehen konnte, wenn sie sich im Dorfbache badete; jetzt standen auf beiden

Seiten des Baches und um die beiden viereckigen Teiche, die man am Ober = und Unterende wegen Feuersgefahr ausgegraben hatte, Erlen und Weiden; die Gärten waren mit grünen lebendigen Zäunen eingefaßt; und Obst stand darin nach Herzenslust. Das war aber alles noch nichts gegen den ganzen großen Fleck, auf dem jetzt Davids Haus und sein schöner Garten war. Da hatten sonst nur Brombeersträuche und Schleedornen gestanden, mit wildem Hopfen und mit der weißen Weide belaufen. Wolfsmilch und Disteln in Menge, und hie und da eine Königskerze, mitunter auch Bilsenkraut. — Diesen Fleck hatte man nur die wilde Lehde genannt, und seit der Pestzeit, die vor vielen hundert Jahren im Lande gewüthet hatte, die aber — Gott sey dank — so vertrieben worden war, wie man jetzt die Pocken zu vertreiben anfängt, — seit der Zeit hatte niemand daran gedacht, den Fleck zu reinigen und zu etwas nützlichem anzulegen.

Anfänglich hatte David Krause mit seiner Frau in Wohlsdorf ein kleines enges Stübchen bewohnt. Er war im Sommer und so lange es die Witterung zuließ, als Lehmarbeiter auf Tagesarbeit gegangen, und sie hatte nebenher auch durch Spinnen und Handlangen etwas verdient; so daß sie, ohne Noth zu leiden, hatten leben können. Inzwischen waren jedoch ihre beiden Kinder George und Evchen so groß geworden, daß sie in die Schule ge=

gehen und etwas lernen sollten; und da hatte es nicht mehr recht zulangen wollen. David, wie man ihn mit der Zeit schlechtweg in der ganzen Gegend hieß, wünschte aber doch als ein vernünftiger und liebreicher Vater, daß seine Kinder so viel als möglich lernen möchten, und daß er auch ihren Lehrer dafür gut und rechtschaffen bezahlen könnte. Das hatte ihm nun das Herz oft recht schwer gemacht, und er war manchmal in der Feierstunde Abends bei Mondschein ganz niedergeschlagen umher gegangen. Ein Lehmarbeiter verdient zwar einen hübschen Groschen Geld, wenn er immer auf die Arbeit gehen kann; allein eben da fehlte es unserm David. Hie und da eine Lehmtenne und ein Aestrich zu machen oder auszubessern, darin bestand seine Arbeit; und bisweilen mußte er lange warten, eh' etwas der Art vorfiel, weil die Leute damals noch nicht glaubten, daß man mit dem Holze sparen müßte. Man ließ die Tennen noch häufig aus Bohlen machen, ob man gleich den Lehm in der Nähe hatte, und statt ein Aestrich zu schlagen, verwüstete man lieber die schönsten Spundbreter.

David, als ein kluger und eben so verständiger Mann, erwartete weder von abergläubigen Mitteln, von Drachen und andern Thorheiten der Art, Beistand und Hülfe, noch rechnete er auf Raub und Betrug, wodurch er sich unrechtmäßiger Weise bereichern könnte. Sein Dichten und

Trachten ging also dahin, wie er durch redlichen Fleiß und unermüdete Arbeit sich etwas mehr verdienen könnte, als bisher. Man höre nun wie er es anfing, staune, und mach' es ihm nach.

Er pflegte oft zu sagen: „Hat Gott alles gut erschaffen, so muß auch überall der Mensch leben können, wenn er das Gute, was da ist, nicht verdirbt, oder vernachläßigt, und so muß auch jeder Boden tragbar seyn, wenn man ihn vernünftig anbaut und behandelt." Daher konnte er es nicht leiden, wenn er einen wüsten Fleck Landes sah, oder ein Stück Feld, was nicht so benützt wurde, als es hätte geschehen können. Und so war dies auch der Fall bei der wilden Lehde, welche nicht nur völlig unbrauchbar, sondern überdies noch in Wohlsdorf und in der ganzen Gegend als eine böse Stelle verrufen war. „Wer dahin kommt, hieß es, der hat auch sicher was Böses zu erwarten." — „Ja, freilich, setzte dann gewöhnlich David hinzu; so lange auf dem Flecke nichts wie Dornen und Disteln und Bilsenkraut wächst, so lange kann man ihn auch keine gute Stelle nennen."

Da er nun auch eines Abends ganz niedergeschlagen ausgegangen war, und gleichwohl sehr vergnügt wieder nach Hause kam; so wunderte sich seine Frau darüber, und konnte sichs nicht erklären, woher das käme. Er sagte aber heute weiter nichts, als: „Anne, wenn Du mir wie bisher
treu

treu und fleißig beistehst, so weiß ich nun Rath, wie wir künftig unser gutes Auskommen haben, und zugleich auf unsre Kinder was wenden können." — Es war kaum Tag am andern Morgen, so ging er auf die wilde Lehde, kroch durch Dornen und Disteln, trat hier auf eine Kröte, dort auf eine Eidechse, bis er einige Oerter fand, wo er mit dem Grabscheite in die Erde konnte. Da fand er schönen feinen Sand, und tiefer unten den schönsten Lehm. Wer war froher, als er! Sein erster Gang von hier aus, war zum Dorfrichter.

Richter. Was bringt denn Er mir schon so früh?

David. So gar viel eben nicht; ich will eher was haben.

Richter. Nun, was solls denn seyn?

David. Ich wills kurz machen. Die wilde Lehde an der scharfen Ecke, wie wirs nennen, ist schon manchem ein Aergerniß gewesen, und mir auch. Es sind etliche Acker Feld, und helfen gleichwohl niemanden etwas; es wagt sich nicht einmal jemand hin, weils heißt: es ist nicht richtig da.

Richter. Und was soll denn mit der wilden Lehde werden?

David. Ich wollte darum anhalten, daß man sie mir überließe.

Richter. (lacht.) Hat Er nicht Einfälle!

David. Wie so?

Rich=

Richter. Was will Er denn mit der Wild=
niß anfangen? Sie ansehen oder sich gar den Tod
holen? Hettigs Kind ist kaum begraben und alle
Leute sagen, daß nichts anders Ursach an seinem
Tode wäre, als — weil der Junge auf der wilden
Lehde gewesen ist.

David. Wer weiß aber, was er gegessen
hat?

Richter. Das kann man nun gerade nicht
sagen. Und wollt' ich auch davon nicht reden, so
weiß Er ja, daß die Lehde der Gemeine gehört.

David. Das weiß ich, und darum wollt'
ich ihr eben die Vorstellung machen, ob sie mir
den Fleck gegen einen jährlichen billigen Grund=
zinns erb= und eigenthümlich überlassen wollte.

Richter. Ach laß Er doch das seyn; Er hat
ja ohnedem nichts weg zu schmeissen. Was
hilfts Ihm denn, wenn Er weiß, die Lehde ist
mein?

David. Mags seyn; ich habe nun einmal
meine Gedanken. Sey Er nur so gut, und trag
Ers der Gemeine vor. Sie kann ja das Geld mit=
nehmen; kann arme Kinder in die Schule gehen
lassen, oder wenn sie so was nicht will, so kann
sie es meinetwegen vertrinken.

Richter. J nun, wenn Er darauf besteht;
vortragen kann ichs wohl. Auf den Sonntag
kommt sie zusammen. Ich setz' aber den Fall, sie
wärs zufrieden; so muß es dann auch im Amte
ge=

gemeldet werden, denn das Dorf steht unterm Amte.

David. Recht gut. Was ich dabei zu thun habe, will ich ohne Widerrede thun.

Auf den Sonntag ging die Sache vor sich, und ob man gleich anfänglich darüber lachte; so wurde man doch zuletzt ernsthafter. Einige meinten, das Ding wäre bedenklich, denn die Schuld käme dann auf die Gemeine, wenn der Mann unglücklich würde; andere und beinahe die meisten sagten, die Lehde wäre ein Gemeinstück, man könnte es nicht veräußern; noch andere, das Geld könnte die Gemeine mitnehmen, es gäbe doch alle Jahre einen guten Bierabend; und dergleichen mehr. Ob nun gerade an dem Tage das Bier gut seyn mochte, daß dadurch mehrere zur Meinung derer traten, welchen der jährliche Grundzinns gefiel, läßt sich nicht bestimmen: kurz die meisten waren endlich dafür, ihm die Lehde gegen vier Thaler jährlichen Grundzinns zu lassen. Montags darauf ging David schon ins Amt, und meldete es beim Amtmann; man erstattete Bericht an die Landesregierung, und es kam das Urtheil, worin es hieß, „daß der bisher in Wohlsdorf zur Miethe gewesene Lehmarbeiter, David Krause, nach vorhergegangenem pflichtschuldigen Ansuchen, die auf der Mitternachtseite und am Wege nach Arndstädtel gelegene wilde Lehde mit Zustimmung der Gemeine zu Wohlsdorf, unter der Bedingung erb-

und eigenthümlich erhalten sollte; daß derselbe die nach Landesgesetzen verordnete Gewerbsteuer entrichtete, welche in Gemäßheit der nach Aeckern bestimmten Größe der Lehde jährlich ein Reichsthaler fünf Groschen und sechs Pfennige betrüge." — Zu alle dem fand sich David Krause bereitwillig, und so war die wilde Lehde sein Eigenthum.

Nun hätte man den Mann sehen sollen, wie er alle Tage früh, eh' er auf die Arbeit ging, und Abends, wenn er von der Arbeit kam, mit der größten Emsigkeit Dornen und Disteln und Brombeersträucher auszurotten suchte. Warlich keine geringe Arbeit! Denn ob ihm gleich seine treue Anne mit möglichster Anstrengung beistand, so war doch diese Arbeit für sie zu schwer, daß also er fast allein unter Schweiß und mit aufgerissenen Händen daran zu arbeiten sich gezwungen sah.

Was kann aber nicht Muth und Standhaftigkeit und Fleiß zu Stande bringen! In nicht gar langer Zeit hatte er einen großen Theil in der Mitte der Lehde und an denen Orten gereinigt, wo er den besten Lehm fand. Und nun schritt er auch sogleich zur Erbauung eines Wohnhauses für sich und seine Familie. Freilich konnte er dabei nicht alle Geschäffte ohne Hülfe betreiben; allein man kann doch mit Recht sagen, er legte den Grund, er grub den Lehm und bereitete ihn zu; er machte
die

die Lehmwände bis zum erſten Stocke: denn die Hülfe, die er bekam, war theils von ſeiner Frau, theils gelegentlich von den Einwohnern des Dorfs, die bisher nur ihren Spott mit ihm gehabt hatten, aber nun mit einer Art von Verwunderung ihm bei ſeiner Arbeit zuſahen und von ſelbſt ſich zu Gehülfen anboten, die er nicht bezahlen durfte.

Was ihnen aber beſonders auffiel, waren die Wellerwände. Bisher hatte man hier kein Haus bauen können, ohne von Grund aus Holz dazu nöthig zu haben. Er hingegen brauchte zum Erdgeſchoß kein Holz weiter, als was er zu den Thür- und Fenſterſtöcken nöthig hatte. Ei und wie war die Wand ſo veſt und dicht gearbeitet, ſo gut gebunden und ſo richtig nach dem Winkel geſtellt! Wer nur Augen hatte, dem mußte ſeine Arbeit auch gefallen.

Aber nun brauchte er Holz. So viel Geld hatte er nicht um welches zu kaufen; denn das wenige, was er ſich von ſeinem Arbeitslohne hatte erſparen können, brauchte er, um es beſchlagen und zurichten und abbinden zu laſſen, was er allein nicht machen konnte: was that er alſo? Er ging zum Amtmann, ſtellte ihm die Sache vor wie ſie war, gab ihm ein gutes Wort, und — David erhielt einige Stämme Holz geſchenkt, die übrigen aber auf ſein ehrliches Geſicht vorgeſchoſſen, bis er ſie nach und nach bezahlen könnte. So konnte er in Gottesnahmen das Holz anfahren laſſen.

Freilich ging jetzt der Bau nicht so rasch von Statten, weil sein erspartes Geld bald abnahm, und er erst wieder etwas sammeln mußte: allein er verlohr den Muth nicht, und brachte es doch in einiger Zeit dahin, daß er sein Haus konnte richten lassen. Einige Bauern hatten ihm aus Gutmüthigkeit auch etwas Holz geschenkt, andere aus Stolz, um es jenen gleich zu thun; und auf die Art hatte er nicht nur Holz genug um auch die Felder am Hause auszuflechten, sondern es blieb ihm noch so viel übrig, daß er vom Abgange einige Jahre brennen konnte.

Es wäre in der That der Mühe werth, daß man die Fortsetzung seines Baues noch weiter umständlich beschriebe, weil es ein seltener Fall ist, mit leeren Händen ein solches Unternehmen anfangen und glücklich ausführen zu können: aber das wenige, was davon gesagt worden ist, zeigt schon genug, wie klug und vorsichtig David dabei zu Werke ging. Kurz in zwei Jahren war sein Haus so weit fertig, daß er die eine Stube unten beziehen konnte, und das Gerede, es wäre Hoffarth von ihm, daß er sich ein übersetztes Haus gebaut hätte, ließ auch bald nach.

Nun hatte David gewonnen, da er es so weit gebracht hatte. Jeden Augenblick konnte er jetzt anwenden, um dies und jenes da und dort in vollkommenen Stand zu setzen, weil er in der Nähe war; und das that er auch unverdrossen, mit Hül-

Hülfe seiner Frau und Kinder. Schon im ersten Jahre hatte er auf den von Dornen gereinigten Stellen die schönsten Kartoffeln erzeugt; jetzt fuhr er fort auch das übrige zu reinigen und mit Kartoffeln zu bestecken, und seine Erndte war so gesegnet, daß er mehr daraus lösen konnte, als seine Abgaben betrugen. Der Boden war gut und fruchtbar, und durch seine Hülfe, besonders dadurch, daß er die sandigen Stellen durch Lehm verbesserte, wurde er es noch mehr.

Von Jahr zu Jahr, ja man könnte sagen von Woche zu Woche, nahm die ehemals wilde Lehde an Ordnung und Schönheit zu. Sein Haus wurde vollends ausgebaut, und Miethsleute fanden sich in Menge; er säete und pflanzte einen lebendigen Zaun um sein Grundstück; erzeugte nach und nach, da der Boden durch Bearbeitung und Dünger lockerer geworden war, feinere Gewächse, welche er alle in Arndstädtel verkaufte; er setzte Fruchtbäume, und legte eine Baumschule an, die ihm in einigen Jahren so viel einbrachte, daß er sich selbst darüber wunderte, und nach Verlauf von sechs bis sieben Jahren war aus der Wildniß der schönste Ort um ganz Wohlsdorf geworden.

Jetzt spottete man nicht mehr über David Krausen. Man nannte seinen Nahmen mit allgemeiner Achtung; die ältesten des Dorfes kamen zu ihm, und fragten ihn um Rath; man ahmte ihm nach, pflanzte Bäume, wozu er aus Dankbarkeit gegen die, welche ihn bei seinem Bau unterstützt hatten; das meiste aus seiner Baumschule hergab; und da der Richter des Dorfs aus Alter und Schwäche sein Amt nicht länger verwalten konnte, so wurde David einmüthig zum Richter gewählt.

Auf die Art konnte er nun die schöne Ordnung, welche er in seinem Hauswesen, in seiner Ehe und in der Erziehung seiner Kinder bewies, auch auf das allgemeine Beste durch gute Vorschläge anwenden. Mit Recht kann man sagen, daß die Verschönerung des Dorfs, die Anlegung der Teiche zur Vorsicht bei Feuersgefahr und ihre Bepflanzung sein Werk war; so wie auf sein Anrathen die Gemeine eine Spritze kaufte, und ein Spritzenhaus zwischen den Dorfteichen baute.

Zweites Kapitel.

Davids Ansehen war zu vest gegründet, als daß es sich mit der Zeit hätte verringern sollen. Hierzu kam, daß er ununterbrochen der fleißige Mann blieb, der er sonst gewesen war. Er blieb Lehmarbeiter nach wie vor; sein Wohlstand, — denn man kann im Ernst sagen, daß er sich in der Folge sehr wohl befand, — machte ihn weder geizig noch verschwenderisch; und sein Richteramt verwaltete er ohne Stolz und Eigendünkel. Man muß mußte den Mann lieben und ehren, man mochte wollen oder nicht.

Besonders war er liebenswerth von zwei Seiten. Als Vater und — wenn man ihn betrachtete, wie er mit sich selber umging. Wer ihn nicht recht genau kannte, der glaubte nicht, daß er eine sogar große Liebe zu seinen Kindern hätte. Aber wenn ihm diese gefehlt hätte, so ist es die Frage, ob er sich würde gewagt haben, ein solches Unternehmen auszuführen. Sie trug gewiß das meiste dazu bei. Demungeachtet sah man nicht, daß er seine Kinder weichlich erzog, ihnen gute Bißchen gab, sie schön und niedlich herausputzte, und sie der Handarbeit entzog, weil er vielleicht aus ihnen, wie man sagt, etwas bessers machen wollte. Er erzog sie bei der einfachsten Kost, kleidete sie äußerst reinlich aber nicht so, daß man hätte sagen können, man sieht's daß David Federn gekriegt hat, und arbeiten mußten sie von früh bis abends. Was ihn aber selbst betrifft, so ging er noch immer so wie sonst einher, und eben so wenig machte er im Essen und Trinken eine Aenderung.

Einmal ist er in der Baumschule und hört, daß ein Wagen vor dem Thore hält. Er sieht hin, sieht eine schöne Kutsche, und wer steigt heraus? Der Amtmann Amrich. David geht näher und der Amtmann kommt gerade auf ihn los. Beide Hände reicht ihm der Amtmann entgegen und ruft ihm zu: „Mein lieber Krause, ich freue mich herz-

herzlich, Ihn und seine vortrefflichen Anstalten zu sehen. Noch mehr freue ich mich aber, daß unser gnädiger Landesfürst mir den Auftrag gegeben hat, Ihm ein Zeichen seines besondern Wohlgefallens und seiner Gesinnungen zu überreichen." — David weiß gar nicht, woran er ist, und was der Amtmann damit sagen will. Endlich, da er ausgeredt hat, bringt er was aus der Tasche hervor, wickelt und wickelt aus einander; bis er ein prächtiges Goldstück Daviden mit den Worten übergibt: „Hier mein lieber Kranse, übersendet ihm der Fürst durch mich ein Andenken. Es ist eine Denkmünze mit der Ueberschrift: für Fleiß und edle Betriebsamkeit." Darauf geht der Amtmann mit ihm ins Haus, hält sich viele Stunden bei ihm auf, besieht sich seinen Garten, seine Veranstaltungen, die er in Ansehung der Gemeine getroffen hatte, und nimmt zuletzt wie ein Bruder vom andern von ihm Abschied.

David ging darauf wieder in seine Baumschule, arbeitete aufs neue emsig fort, und wer ihn jetzt gesehen hätte, würde nicht darauf gefallen seyn, daß ihm heute eine so große Ehre erzeigt worden wäre. „Nun was sagst Du wohl dazu, David?" sagte Anne, die ihm aus dem Hause nachgekommen war. „So was hätt' ich mir doch nicht träumen lassen."

David. Es hat mich sehr gerührt, daß der Amtmann so freundschaftlich gegen mich war. Ich ha=

habe ihm doch so vieles zu verdanken, denn wenn er nicht war, wo hätt' ich wohl Holz hernehmen sollen, als ich mein Haus baute?

Anne. Und das schöne Goldstück vom Fürsten.

David. Viel, sehr viel Gnade von ihm. Denn was ich gethan habe, ist doch nur meine Schuldigkeit gewesen; ich hatte ja für Dich und für unsre Kinder zu sorgen, und daher war mein Fleiß doppelte Pflicht für mich. Was ich aber für andere gethan habe, kommt mir ja als Menschen zu.

Anne. Ist's denn wirklich lauter Gold?

David. Ei freilich; drum soll mirs auch mit goldenen Buchstaben ins Herz geschrieben bleiben, bis an mein Ende arbeitsam zu seyn und meine Pflichten zu erfüllen.

Anne. J ja, das ist wohl wahr; aber Du solltest doch auch bedenken, daß Du durch Dein beständiges Arbeiten Deinen Körper angreifst; wir habens ja nun nicht mehr so nöthig.

David. Wie meinst Du denn das Anne? Willst Du damit sagen, daß ich dadurch meinen Körper schwäche; dann irrst Du sehr. In keiner Apothecke und bei keinem Arzt kann man ein so gewisses und sichres Mittel für die Gesundheit und Vestigkeit des Körpers erhalten, als in der Arbeit, die man in Gottes freier Natur verrichtet. Nein, hast Du mich lieb und willst Du mich gern lange behalten, so laß mich arbeiten. Nach und
nach

nach, wenn die Kräfte abnehmen, da zeigt sichs von selbst, wo man nachlassen muß. Wir haben ja darüber schon manchmal geredet.

Anne. Ich hab' Dich lieb, mein David, das weißt Du; drum red' ich immer, wie ich glaube, daß es für Dich gut ist. Wenn Du nun durchaus arbeiten willst wie bisher; so thu Dir nur wenigstens dann und wann ein Gütliches.

David. Das thu ich ja. Siehst Du nicht, wie mir eine Birne oder ein Apfel, den ich gezogen habe, so gut schmeckt, und eine Honigbemme von meinen Stöcken?

Anne. Du verstehst mich nicht, David; ich meine, Du könntest doch dann und wann ein Gerichte Fleisch mehr essen, und etwa zuweilen einen Kaffe trinken. Da bleibst Du nun früh immer noch bei Deiner Suppe.

David. Und das bis an mein Ende. Herzensweib, Du hast sicher wieder was gehört, daß der und jener Kaffe trinkt.

Anne. Das gerade nicht; aber es fiel mir heute ein, wie der Amtmann da war. Hättest Du letzthin das halbe Pfund Kaffe, das uns der Kaufmann Handrich aus Arndstädtel zum Geschenk mitbrachte, angenommen; so hätten wir ihm können einen Kaffe machen. So stand nun die kahle Milch und das Obst und das Honig da, und das schickt sich doch nicht für so einen Herrn.

Da=

David. Liebes Weib; ich hätte mich geschämt, wenn Du Kaffe gebracht hättest. Ein Landmann und Kaffe; ich kann mir gar nichts dümmeres denken. Honig und Milch und Obst, das sind die Dinge, die der Landmann vorsetzen muß; denn diese laben und machen ihm keine Schande. Wenn ich, der ich doch kein Vornehmer bin, bei einem Landmann die Tassen und die Kaffekanne im Fenster stehen sehe, so denk' ich allemal: hier ist auch Leckerei und Kränklichkeit zu Hause, aber nicht froher Muth und Lust zur Arbeit. Was muß nun erst so ein Herr denken?

Anne. Du machst es aber auch ärger, als es ist.

David. Nein nicht ärger. Bei Vornehmen da laß ich mirs gefallen, denn die sind schon an die hitzigen Getränke gewöhnt und haben auch Geld genug, um sich beständig vom Arzte wieder herstellen zu lassen. Ueberdies führen sie auch mehr eine sitzende Lebensart. Aber für den Landmann ist der Kaffe Gift; dabei bleibe ich. Es wären jetzt warlich nicht so viele Brüche in der Welt bei den Leuten, die mit dem Körper stark arbeiten müssen, wenn das Kaffetrinken nicht so überhand nähme. Denn es ist ja ganz natürlich, daß das weichliche Getränke, der Kaffe, der nicht einmal auf unserm Boden gewachsen ist, die Eingeweide erschlafft und dem Menschen die Kräfte mehr nimmt, als giebt.

Anne

Anne. Ich hör' Dich doch gar zu gerne, mein David; denn man muß Dir immer Recht geben.

David. Neulich redte ich auch mit dem Steuereinnehmer, als ich ihm die Steuern brachte, über dies Kapitel. Der sagte, der Kaffe wäre ehedem bloß als Medizin bei Krankheiten gebraucht worden. Und das ist auch sicher wahr; denn wenn ich ein Löffelchen voll in den Mund nehme, da ist es nicht anders, als wenn ich Magentropfen einnehmen sollte.

Anne. Aber Gift ist es doch nicht, wie Du vorhin sagtest.

David. Ja ja — Gift für die Gesundheit und für den Geldbeutel, dabei bleib' ich. Man nimmt ja Gift zur Medizin. Wenig genommen, kann dann und wann gut seyn, aber wenn er immer getrunken wird, so ist er schädlich, und für den Landmann Gift.

Anne. Nun so bleib bei Deiner Suppe, und ich will auch dabei bleiben.

David. So hör' ich's gerne; denn da seh' ich, daß Du noch immer meine alte Anne bist.

Mehr darf man wohl nicht über seine einfache Art zu leben sagen, bei der er gesund und fröhlich war; mehr wohl nicht über die Bescheidenheit, mit welcher er über sich selbst und über das viele Gute, was er vor andern voraus hatte, zu urtheilen pflegte. Und so suchte er denn auch seine

Kin=

Kinder nach diesen schönen Grundsätzen zu erziehen. Gelegenheit war da, daß er sehr leicht von seinen Grundsätzen hätte abweichen können; denn seine Vermögensumstände hätten es erlaubt, daß er seinen Sohn aus dem Stande des Landmanns in einen andern hätte versetzen können; George hatte viel Kopf; und außerdem fehlte es nicht an Personen, die David Krausen zuredeten, aus seinem Sohne einen großen Mann zu machen. Unter andern hatte er dann und wann Besuch aus Arndstädtel von einem dasigen Schullehrer, dem es in Wohlsdorf vorzüglich gefiel, und dieser sprach mit ihm beinahe von nichts anderm, als, daß er doch seinen Sohn sollte studiren lassen; es wäre Schade um seinen guten Kopf. Seine Antwort war gewöhnlich: „Ich glaube, die Herren wollen unser einem durch solche Reden nur eine Ehre anthun; sie meinen es vielleicht doch wohl anders. Und daß mein Sohn einen guten Kopf hat, ist ja recht gut; da wird einmal ein kluger Landwirth aus ihm." — Kurz er unterrichtete seinen George in allen Arten der Lehmarbeit, so wie in der besten Behandlung des Gartens; und beide — Vater und Sohn hatten vollauf zu thun, weil die Leute seit der Zeit, daß David sein Haus gebaut hatte, sein Beispiel bei ihren Gebäuden befolgten; und weil gern jeder ihn und seinen Sohn bei der Arbeit zu haben wünschte.

Drittes Kapitel.

In Davids Hause wuchs aber mit Georgen und Evchen noch ein dritter heran, und dieser war Heinrich, eine vater= und mutterlose Waise. Ein neuer Beweis von Davids gutem und edelm Her=zen. — Heinrichs Eltern hatten ehedem in Bro=bewitz, einem benachbarten Dorfe zwar nicht in Reichthum, aber doch übrigens in guten Umstän=den gelebt; und David Krause hatte damals seinen alten Bekannten, Heinrichs Vater, bei Evchens Geburth zum Gevatter gewählt. In der Folge hatte aber dieser Weidemann sein Haus, nebst allem was er besaß, bei einer entstandenen Feuers=brunst verlohren, und war durch die Erbauung eines neuen Hauses in beträchtliche Schulden ge=rathen. Zur Vermehrung seines Unglücks war noch der Tod seines Weibes gekommen, da Hein=rich kaum das vierte Jahr erreicht hatte; und aus Gram und Kummer hatte er sich selbst eine Krank=heit zugezogen, an welcher er auch gestorben war. Um die Schulden zu tilgen, wurde das Haus ver=kauft, und Heinrich, der verlassene Knabe, wäre ins größte Elend gekommen, wenn sich nicht Da=vid Krause seiner wohlthätig angenommen und ihn mit seinen Kindern erzogen hätte.

Schwerlich hätte er es so gut bei seinen El=tern haben können, als er es hier bei seinem Pfle=gevater hatte; denn David wendete auf ihn eben

die

die Sorgfalt, die er gegen seine eignen Kinder bewies. Er wurde nicht mehr, aber auch nicht weniger zur Arbeit angehalten, erhielt eben die Kost, eben die Behandlung, als sie, und das junge Kleeblatt wuchs einmüthig heran zur Lust und Freude aller, die es kannten.

George und Heinrich waren in einem Jahre gebohren, Evchen aber war ein Jahr jünger als sie. Jedes von ihnen war liebenswürdig, jedes ein lebendiger Zeuge von der Richtigkeit der Grundsätze, welche David bei seiner Erziehung ausgeübt hatte. George, von lebhaftem Temperament, aber gutmüthig, treu und fleißig; Evchen, ein Mädchen, daß man sie nur gern ansahe, so liebreich und gut und sanft, und so schön wie eine junge Rose: Heinrich aber von ruhiger Gemüthsart, fleißig in dem was er zu thun hatte, und sah aus wie die Gesundheit selbst.

Alle ihre guten Eigenschaften wurden zu der Zeit, da sie in die mannbaren Jahre traten, noch sichtbarer. George half seinem Vater mit der größten Treue bei der Lehmarbeit besonders; Heinrich aber schien mehr für die Gartenarbeit zu seyn, daher ihn auch David seinen Gärtner nannte, und ihm die Bearbeitung des Gartens, wenn er nicht zu Hause war, allein überließ. Evchen half ihrer Mutter bei ihren weiblichen Geschäften.

In den jüngern Jahren waren Heinrich und Evchen wie Bruder und Schwester mit einander um=

umgegangen; jetzt hingegen schien sich bei Heinrichen etwas mehr zu zeigen. Wenn Evchen in seiner Nähe war, wenn sie Wäsche im Garten aufhing, oder ihm pflanzen half; dann ging ihm die Arbeit weit leichter von Statten, er sahe sie jetzt so gern an, sprach gern mit ihr, und konnte doch nicht mehr so mit ihr umgehen, wie sonst, da sie beide noch Kinder waren. Er wurde roth, wenn sie ihm was im Vertrauen sagte. Kurz Heinrich hatte das Mädchen lieb — ach so lieb, wie sich selbst. Aber Evchen schien dies nicht zu empfinden. Sie ging so mit ihm um, daß man wohl sahe, sie wüßte es, daß er ein Jüngling und sie ein Mädchen wäre; aber daß sie ihn vor andern vorgezogen hätte, sahe man nicht. Sie hatte unter andern das Pfefferkraut, die Tausendschönchen und die vollen Veilchen so gern; daher Heinrich etliche Beete mit Pfefferkraut einfaßte, Tausendschönchen heimlich hie und da hin pflanzte, und aus Arndstädtel ihr eines Sonntags etliche gar sehr schöne volle Veilchenstöckchen mitbrachte. Dafür dankte sie ihm nun wohl; aber so wars doch nicht, wie es hätte seyn können. Mit einem Stöckchen Vergißmeinnicht, was sie am Mühlgraben ausgezogen und eingesetzt hatte, konnte sie weit zärtlicher umgehen. — Und so ging einige Zeit hin.

Wahr ist es, daß das Thal linker Hand am Ende des Dorfs, wo die Mühle lag, sehr anmuthig

thig war. Vorzüglich schön war die Stelle, wo das Wasser aus dem hohen Brunnen, auf dem Berge hinter Davids Hause, das durch seinen Garten floß, in den Mühlenbach fiel. Es rauschte so lieblich, es standen Blumen da wie hingesäet, die Vögel hatten da unaufhörlich ihr Fest, und so mußte freilich dieser Ort Evchen gefallen. Aber daß sie so oft hinging, auch im Herbst, wo keine Blumen, keine Vögel da waren, dazu mußte wohl bei ihr ein anderer Grund vorhanden seyn.

———

Als erb= und eigenthümlich gehörte die Mühle bei Wohlsdorf dem Müller Horn, der einen einzigen Sohn hatte, welcher künftig Besitzer der Mühle wurde. Und mit diesem Friedrich, so hieß der Sohn, war Evchen noch eine Zeitlang in die Schule gegangen. Merkt man nun wohl, was Evchen so oft zum Mühlgraben hinzog? — Friedrich war erwachsen, schön und groß, daß man ihn nur den schönen Friedrich nannte, für den sich so manche Mädchen putzten, von dem es hieß, daß er die Mühle übernehmen sollte und heirathen würde; er war es also, den Evchen zuweilen sahe und sprach, wenn sie an den Mühlgraben ging; denn so wie Evchen diesen Friedrich liebte, hat wohl noch kein Mädchen geliebt.

Friedrich liebte auch Evchen, und würde gewiß nicht angestanden haben, bei ihrem Vater um sie anzuhalten, wenn sein Vater nicht so rauh und hart gewesen wäre. Er sollte durchaus des Großbauer Käpkens Tochter aus Gräbernau heirathen, weil es hieß, daß sie reine funfzehn hundert Thaler mitbrächte; und Friedrich wollte nicht. Da entstanden nun oft Streitigkeiten zwischen Vater und Sohn, so sehr ihnen auch Eintracht nothwendig gewesen wäre, weil Friedrichs Mutter schon von mehrern Jahren gestorben war, und eine Hausfrau von Tag zu Tage nothwendiger wurde.

Inzwischen hatten sich Friedrich und Evchen Liebe und Treue versprochen, und beide wollten die Zeit abwarten. Doch was geschieht? Käpkens Tochter kommt in die Wochen, der Vater des Kindes ist eines Bauers Sohn aus Gräbernau, und so muß ihm Käpke der Schande wegen die Tochter geben. Wer war froher als Friedrich und Evchen! So seelenvergnügt wie sie den Abend vom Mühlgraben nach Hause lief, war sie noch nie gewesen. Mit einer Amsel in der Schürze, tritt sie in die Stube, in der niemand weiter ist als David.

„Ist es denn noch droben?" Ruft sie dem Vater entgegen.

„Was willst Du denn?" Ist seine Antwort.

Evchen. Ich meine, ob das Bauer noch droben ist?

Der

David. Ich glaube wohl. Haſt Du denn einen Vogel?

Evchen. Ei freilich. Hier hab' ich ihn, hier; eine Amſel iſt es, die viele Liedchen pfeift; auch das Trompeterſtückchen.

David. Haſt Du doch eine Freude, als wenn Du wer weiß was bekommen hätteſt. Du ſagteſt ja letzthin, als Dir Heinrich eine Nachtigall mitbrachte; Du möchteſt keinen Vogel haben. Von wem haſt Du denn die Amſel?

Evchen. (Beſinnt ſich gleichſam, und ſagt mit Schamhaftigkeit.) Müllers Friedrich hat ſie mir geſchenkt.

David. So.

Er ging ſelbſt in eine obere Kammer und fand das Bauer. Evchen ging ihm nach. Allein unter der Zeit, daß er ging und ſuchte, hatte der kluge Vater ganz andere Gedanken. Der Mond ſchien hell durchs Kammerfenſter, und er konnte hier, als Evchen die Amſel ins Bauer that, ſeine Beobachtungen noch weiter über ſie machen.

Evchen. Ein gar liebes Thierchen. Seh' Er nur, Vater, wie ſie ſo hübſch da ſitzt.

David. Wie kommt es aber, daß Du Dich gerade über dieſe Amſel ſo freuſt? Du warſt ja bisher immer ſo ſtille; nichts wollte Dir recht gefallen; und jetzt haſt Du über die Amſel eine Freude, wie ichs noch nie geſehen habe. Iſt ſie Dir

Dir vielleicht nur lieb, weil sie Dir, Friedrich gegeben hat?

Evchen. Ja lieber Vater, Friedrich ist ja auch gut; Darf ich ihm denn nicht gut seyn?

David. Mich wunderts sehr, meine Tochter, daß Du mir davon noch nichts gesagt hast.

Evchen. Vater, ich hätt' es Ihm gern gesagt, wenn ich nur gekonnt hätte, wie ich wollte. Friedrichen konnt' ichs leicht sagen, daß ich ihm gut wäre, aber wenn ichs Ihnen sagen wollte, da wars immer, als wenn mir jemand den Mund zuhielte. Und dann dacht' ich auch, wenn die Zeit kommt, so wirds Friedrich schon dem Vater sagen, daß wir einander lieb haben.

David. Es freut mich, daß Du wenigstens jetzt so sprichst; denn Du mußt wissen, daß ich genau auf Dich Achtung gab, und mich zu betrüben anfing, weil Du heimlich Deine Wege gingst.

Evchen. (Fällt ihm um den Hals.) Ach Vater, ich wollte nicht. Aber, wenn ich zuweilen Wasser zum Begießen holte, da hatten die Fahrmäuse den Damm durchgewühlt, oder der Graben hatte sich hie und da verstopft. Ich ging dann am Graben hin, und da wars immer, als wenns Friedrich gewußt hätte, daß ich da wäre; denn er war auch da. Wenn er mich nun fragte, ob ich morgen wieder käme, so konnt' ich doch nicht nein sagen. So verging die Zeit. Friedrich wäre

zwar

zwar gern gekommen, und hätte um mich ange=
halten, aber er sollte ja durchaus Käpkens Mar=
garethen nehmen, und das wollte er nicht. Ich
habe Dich einmal lieb, sagt' er zu mir, und
wenn ich Dich nicht nehmen darf, so mag ich gar
keine. Bleibst Du mir treu, so bleib' ichs auch.
Und ich sagte dann ja. Sieht Er lieber Vater,
so wars.

David. Aber was soll denn endlich daraus
werden

Evchen. Es ist ja nun schon geworden.
Margarethe hat ein Kind gekriegt, und da hat sie
ihren Liebsten nehmen dürfen; und Friedrich darf
nun auch nehmen, wen er will. Das erzählte er
mir eben heute, und brachte mir die Amsel mit.
Soll ich mich nun nicht freuen? Ehstens wird
Friedrich um mich bei Ihm anhalten.

Das geschahe denn auch am folgenden Tage.
Und da David aus Horns Munde selbst hörte,
daß er die Wahl seines Sohnes für gut fände, so
sagte er ihm Evchen zu, und die Hochzeit war
schon, ehe der Frost die Blätter von der Eiche
drückte, die am Mühlgraben stand, wo Friedrich
Evchen die Amsel gegeben hatte. Es war als
wenn sich das Thierchen mit ihnen am Hochzeittage freute; denn wenn die Musikanten nicht auf
dem Waldhorn und der Schalmeie bliesen, so
pfiff die Amsel ihr Trompeterstückchen.

Vier=

Viertes Kapitel.

Es war, als ob durch die Veränderung, welche Evchens Hochzeit im Hause ihres Vaters verursacht hatte, mehrere hätten entstehen müssen; wenigstens war diese Veränderung der Anfang zu andern, die theils aus Ursachen entstanden, welche man leicht einsehen konnte, theils zufällig waren. Die erste Veränderung, welche Evchens Verheirathung nach sich zog, betraf Heinrichen.

Man kann leicht denken, daß schon die Nachricht, Evchen ist Friedrichs Braut, ihn sehr niederschlagen mußte. Seine Arbeit wurde ihm schwer, er weinte oft, wenn er sie als Braut heiter und vergnügt sahe, und wenn er zuweilen seine Augen aufs Mühlenthal richtete, und dachte, daß Evchen dort als Frau leben würde, da wars nicht anders, als wenn er sein Grab vor sich sähe. — Aber noch weit niedergeschlagener war er am Hochzeittage selbst. Denn wie allerliebst sah sie als Braut aus! Wie schön stand ihr nicht der Brautkranz! Wie war sie nicht so frölich, daß sie nun ihren Friedrich bekäme! Wenn sie dann ihm bisweilen etwas sagte, ihn lieber Heinrich nannte oder ihm wohl gar die Hand drückte, dann mußte er sich von den frölichen Hochzeitgästen entfernen und es währte oft lange, eh' er seine rothen Augen wieder so trocknen konnte, daß man ihnen nichts ansahe.

Da

Da nun der Kaufmann Bärmann aus Arnd-städtel, so oft er bei Daviden zum Besuch gewesen war, über die Verlegenheit geklagt hatte, in die er eines Gartenarbeiters wegen gesetzt worden wäre; da er ihm sogar selbst schon einigemal den Vorschlag gethan hatte, als Gartengehülfe zu ihm zu ziehen: so dachte er jetzt ernstlicher darüber nach, und fand es für die beste Gelegenheit, wie er sich von diesem Orte entfernen könnte, wo er nach Evchens Entfernung unmöglich länger zu bleiben im Stande war. In der Absicht erkundigte er sich in Arndstädtel, ob der Kaufmann Bärmann schon mit einem Gartengehülfen versehen sey, und da er hörte, daß zwar schon einige von ihm angenommen worden wären, daß sie aber aus Unwissenheit nicht hätten gebraucht werden können; so bot er sich dazu an, wenn anders sein Wohlthäter David Krause seinen Entschluß billigte.

David wunderte sich freilich sehr über seinen Vorsatz; da aber Heinrich ihm die Ursache mit edler Offenherzigkeit mittheilte, so machte er ihm keinen Einwand weiter, sondern bedauerte nur seinen Verlust, weil er ihn liebte, und weil gerade ihn der Zufall betroffen hatte, daß seine verschwiegene Liebe zu Evchen vergeblich gewesen war. Uebrigens aber war die Stelle als Gehülfe im Bärmannischen Garten sehr vortheilhaft für ihn. Er hatte daselbst nicht nur einen sehr guten

Lohn,

Lohn, sondern auch die Hofnung, künftig in die Stelle des Gärtners, der schon weit in die Jahre war, einzurücken. Daß aber Heinrich auch wie die andern fortgeschickt werden möchte, durfte David bei Heinrichs Geschicklichkeit, Fleiß und Erfahrung in Behandlung eines Gartens nicht befürchten. Mithin war in einigen Tagen alles in Ordnung gebracht; Heinrich zog nach Arndstädtel, und David sah sich genöthigt, seine bisherige Arbeit durch Tagelöhner besorgen zu lassen. Wer es jetzt Heinrichen hätte sagen sollen, da er übern Berg ging und weinte: — Hieher wirst Du künftig mit noch größerer Angst des Herzens zurückkehren!

Zwei wichtige Personen waren also nun aus Davids Hause, welche man beide sehr vermißte. Heinrich hatte die Gartenarbeiten so besorgt, daß David nicht erst jede Kleinigkeit hatte angeben dürfen; und Evchen war im Hauswesen ihrer Mutter überall zur Seite gewesen, sie hatte nur sagen dürfen, — das und jenes muß gemacht werden. Inzwischen wußte sich doch David weit leichter in die Veränderung zu finden, als Anne, theils weil er selbst noch bei vollen Kräften war, und viele Arbeiten aufs neue über sich nehmen konnte, theils weil sich seine Geschäffte leichter durch andere verrichten ließen, als die weiblichen Geschäffte des Hauses.

Es

Es war überhaupt als wenn Anne ihre bishe＝
rige Munterkeit verlohren hätte, seitdem ihr Ev＝
chen das Haus verlassen hatte. Die Lust zur Ar＝
beit war nicht mehr so bei ihr wie ehedem, und
ihre Kräfte nahmen gleichsam zusehends ab. Ihr
liebster Gang war in die Mühle zu ihrer Tochter,
und war sie auch zu Hause, so ging sie doch sehr
häufig vor die Hausthüre und horchte. Wenn sie
dann die Mühle in der Ferne klappern hörte, so
war sie wieder auf einige Zeit beruhigt.

Wäre nun ihr Hauswesen nicht schon ehedem
in eine solche Verfassung gebracht worden, die
jetzt nur noch unterhalten werden durfte; so wür＝
de es wahrscheinlich gelitten haben. So gut sich
auch ihre Magd unter ihrer vernünftigen Behand＝
lung anließ; so fiel doch dann und wann etwas
vor, was Anne nicht gern sah. Daher wünschte
sie von Tag zu Tage, daß ihr Sohn eine Frau
finden möchte, der sie hinfort ihre Stelle im Hau＝
se ohne Bedenken anvertrauen könnte. In der Ab＝
sicht suchte sie manchmal das Gespräch darauf zu
bringen, und fragte ihren Mann verschiedenemale,
ob er noch nichts an Georgen gemerkt hätte.

Mit ihm zugleich war David seit einiger Zeit
in Brodewitz auf Arbeit, wo sie theils an neuen
Gebäuden arbeiteten, theils einige Tennen zu ma＝
chen hatten. Einmal kommen sie auch beide von
der Arbeit, und wollen nach Hause, da es schon
zu dämmern anfängt. Sie gehen über den grü＝

nen

nen Rücken, wie man die eine Buschecke nannte, nicht weit vom Försterhause vorbei, und George bemerkt es nicht, daß er sein Taschenmesser verlohren hat. Nicht weit von Wohlsdorf wird er es erst gewahr. Nun will er zurück, aber es ist schon zu dunkel. Am andern Morgen geht er daher früher aus als sein Vater, um das verlohrne Messer jetzt zu suchen. Und so kommt er bis ans Försterhaus, ohne es gefunden zu haben. Er sucht und sucht, hat die Augen beständig auf der Erde, und wird Försters Hannchen nicht gewahr, die ihm jetzt zuruft, ob er was verlohren hätte? Er richtet sich auf, und weiß nicht ob er seinen Augen trauen soll, so schön ist das Mädchen. „Das ist sie gewiß" — denkt er bei sich selbst; denn er hatte schon viel von Försters Hannchen gehört, nur sie gesehen noch nicht, weil sie sehr eingezogen lebte. Ans Messer denkt er jetzt nicht mehr, denn daß er Hannchen bei der Gelegenheit gesehen hat, ist ihm lieber, als vier Messer. Gleichwohl weiß er nichts zu reden, und will doch gern; schlägt die Augen nieder, sucht und sucht auch nicht. Indem spricht Hannchen: „Ich habe eines gefunden, vielleicht ist es das seinige; es hat schildkrötene Schalen." Sie geht ins Försterhaus zurück und George sieht ihr nach, so voll von Gedanken von ihr, daß er wie eine Bildsäule auf einem Flecke stehen bleibt. Endlich kommt sie wieder; es ist sein Messer. — Alles was er thun kann,

kann, ist, daß er ihr die Hand drückt und spricht: "nun soll mir das Messer dreimal lieber seyn, als vorher." Das Mädchen wird roth, und indem sie aus einander gehn, schielt sie einigemal zurück und bleibt hinter der Thorsäule am Fliederstrauche stehen, wo sie ihm unbemerkt nachsieht. — Seit der Zeit singt George kein Liedchen mehr, was er sonst zu thun pflegte, hat immer seine Gedanken vor sich, und fast allemal, wenn er mit seinem Vater von dem Försterhause vorbeigeht, spricht er zu ihm: hier wars, — hier hat sie mirs gegeben. — Aber Hannchen sieht er nicht wieder.

Nach diesem Vorfall vergingen etliche Wochen, in denen David nicht nach Brodewitz gehen konnte, weil er einige Arbeit in Wohlsdorf hatte, die er zuvor machen wollte. Georgen war das nicht recht, denn das Försterhaus und noch mehr das Mädchen in dem Hause, kam ihm nicht aus dem Sinne. Gern hätte er sich einen Weg in die Gegend und in die Nähe des Hauses gemacht, wenn er nur gewußt hätte, wie; er ging zwar auch einmal vorbei und noch einmal, aber das Mädchen sah er nicht. Nun traf sichs eines Sonntags, da er Nachmittags im Garten einige Baumpfähle, die der Wind losgerissen hatte, bevestigte, daß er seiner Mutter Stimme und noch eine andere hörte, die ihm bekannt war, und auch nicht, die ihm so äußerst wohlgefiel, und von der er doch nicht wußte, warum. Er stieg geschwind von der Lei=

C ter

ter hinab, warf Hippe und Wieden weg, ging näher zum Hause, sah durch die Bäume, und wen sieht er? Försters Hannchen. — Wie ein Hammer pocht' es jetzt in seiner Brust; er wußte nicht, ob er vor oder rückwärts gehen sollte. Indem kam seine Mutter, und sagte, da sie ihn sahe: „Es ist gut, daß Du kommst. Försters Hannchen ist da und will wissen, ob ihr morgen wieder nach Brodewitz auf die Arbeit gehen werdet? Haschke hat gestern mit ihr geredt, und da sie heute in die Stadt geht, so hat er sie gebeten, bei uns anzufragen. Rede doch lieber selbst mit ihr." — Ja gute Mutter, hätt' er sagen mögen, wenns hier nur nicht so laut klopfte. Doch er ging, sprach mit Hannchen, die ihm heute noch dreimal schöner vorkam, ging mit ihr zur Pforte hinaus, fand Gelegenheit zu sprechen, und da ein Wort das andere gab, und sich ihre Herzen schon zu verstehen schienen, so wäre er fast mit ihr in Gedanken durchs Arndstädter Thor gegangen, denn bis zum Gerichte war er schon gekommen.

Was sie unterwegens mit einander gesprochen hatten, läßt sich aus dem errathen, was darauf erfolgte, als George wieder nach Hause kam. „Wo bleibst Du denn so lange?" war seiner Mutter Frage. Allein, statt einer weitläuftigen Antwort fragte er sie: „Mutter, wie gefällt Ihr wohl das Mädchen?" — Sie verstand ihn, die Sache wur-

wurde ernstlich besprochen, und in einiger Zeit hieß es in Wohlsdorf und Brodewitz: Krausens George nimmt Försters Hannchen.

Fünftes Kapitel.

Das waren also die Veränderungen, welche in kurzer Zeit in Davids Hause vorgegangen waren. Zwei Personen waren daraus entfernt, und eine war dagegen hineingekommen. Aber wer hätte nicht wünschen sollen, diese Personen in ihrer herzlichen Eintracht beisammen zu sehen? Hannchen war als Georgens Gattin, ein so gutes und gefälliges Weib, daß die Mutter Anne nur wenig an ihr fand, was sie nicht billigte. Hannchen fand sich so glücklich in sie, war nicht eigensinnig in gewissen Dingen, die so oder anders seyn können, und ließ ihr allemal das Recht, wie sie die Sache einrichten wollte, weil sie der Meinung war, Anne hätte länger gewirthschaftet, als sie, und überdieß käme es ihr nicht zu, ihre Schwiegermutter zu meistern, wenn sie auch manches besser machen könnte. Auf die Art hatte alles den besten Fortgang. Drollich hörte sichs bisweilen zu, wenn die beiden jungen Weiber Evchen und Hannchen mit einander scherzten; jene meinte, diese hätte ihr die Mutter abspännstig gemacht, denn sie käme nicht mehr so oft in die Mühle. Und wenn sie dann ein Weilchen mit einander auf die

Art gescherzt hätten, so sagte Anne gewöhnlich:
„Laßts nur gut seyn, ich hab' euch ja beide
lieb."

Daß es Scherz war, sah man sehr deutlich
aus ihrem Betragen gegen einander. Was eine
wußte, wußte die andere; wenn einer was fehlte,
so half ihr die andere aus; und so waren sie fast
täglich beisammen, zumal da Evchen ihrer baldi=
gen Niederkunft entgegen sah. Daß Hannchen
Pathe werden würde, war so gut, wie ausge=
macht.

Was nun die Weiber gegen einander waren,
das waren auch ihre Männer und ihre Väter.
Wenn es auch nicht eine Sache von Wichtigkeit
war, so sprachen sie doch zuvor darüber und theil=
ten einander ihre Meinungen mit. Widersprach
einer dem andern, so geschah' es ohne Beleidigung
und auch nur dann, wenn Grund dazu da war,
nicht aus bloßem Eigensinn oder aus Rechthabe=
rei. Vorzüglich musterhaft aber war die Eintracht
der drei Väter. David Krause, Müller Horn
und Förster Heinze, waren mit Recht ein Kleeblatt
zu nennen; waren sie nicht hier, so waren sie da,
des Sonntags aber doch gewiß beisammen, denn
auch der Müller Horn, so halsstarrig er sonst ge=
wesen war, wurde durch die allgemeine Friedfer=
tigkeit und durch die Leutseligkeit der andern gebes=
sert; auch er ging mit ihnen einen Weg. Kurz
diese Familienverbindungen waren so glücklich,

daß

daß die Tage, wo sie zusammenkamen, wahre Festtage für sie waren. Nur der einzige, der arme Heinrich in Arndstädtel, der konnte Evchen nicht vergessen, so wenig er übrigens Ursache hatte, über Mangel zu klagen. Aeußerst selten kam er nach Wohlsdorf; denn es war ihm immer ein Stich ins Herz, Evchen zu sehen, und den Ort, wo er ehedem mit ihr gelebt hatte.

―――――

Ordnung hilft haushalten, pflegt man zu sagen, und dies sahe man sehr deutlich an der getroffenen Einrichtung, welche David in Ansehung seiner täglichen Geschäfte gemacht hatte, die nun von seinem Sohne fortgesetzt wurden. Es war alles mit einer so vernünftigen Ueberlegung angelegt, daß Haus und Garten mit geringen Kosten erhalten werden konnten. Die Mittel der Erhaltung hatten sie aber größtentheils in den Händen, und da sie durch ihren Wohlstand sich zu keinem Uebermuth hatten verleiten lassen, so wußten sie auch selbst diese Mittel anzuwenden, ohne so lange zu warten, bis diese und jene Ausbesserung eine große Geldausgabe oder viele Helfershelfer erfordert hätte.

Es ist gewiß, daß ihre doppelte Handthierung ihnen auch einen doppelten Gewinn bringen mußte. Da sie durch die Güte und Gewissenhaftigkeit in hrer Arbeit vollauf mit Lehmarbeiten zu thun hatten,

ten, so hätten sie davon eben so gut allein leben können wie von ihrem Garten. Was nur immer von Gartengewächsen und Obst nach Arndstädtel gebracht wurde, das wurde auch sogleich verkauft, denn die Gewächse waren alle gut und schön, unverfälscht, vollkommen reif und so wie sie die liebe Natur giebt *). — Kurz sie waren im Stande von ihrem reichlichen Ueberflusse einen schönen Thaler Geld für die Zukunft und für ihre Nachkommen hinzulegen.

Be=

---

*) Es ist fast nicht zu glauben, wie weit sich die Menschen von der Habsucht zu den niederträchtigsten Mitteln verleiten lassen. Um Obst und andere Früchte recht zeitig um einen hohen Preiß verkaufen zu können, nehmen sie viele unreif ab, und bringen sie durch Schwitzen und durch andere Treibmittel dahin, daß sie die Farbe des reifen Obstes erhalten. Ja noch mehr, man mahlt sie sogar, wie dies besonders bei den Borsdorfer Aepfeln der Fall ist, welche auf die Art verfälscht haufenweise z. B. auf den Leipziger Messen verkauft werden. Ob doch solche Menschen gar nicht denken, daß sie dadurch geheime Mörder an andern werden? — Und ob es denn der Policei nicht möglich wäre, durch gewissenhafte Aufsicht dergleichen zu verhindern?

Besonders aber hatte sichs David zur Regel gemacht, sich weder mit den Städtern in zu große Verbindungen einzulassen, noch weniger ihnen in Kleidung und andern Dingen nachzuahmen. „Ich thue dies nicht, sagte er gewöhnlich, wenn er auch seinem Sohne die Warnung gab, weil ich sie verachte, denn dies wäre ebenfalls Hochmuth; sondern weil man durch zu große Bekanntschaften mit ihnen, sehr leicht in seiner Ordnung gestört wird. Sie kommen oft zu einer Zeit, die zur Arbeit nöthig ist, und dabei bleibts nicht, sondern sie wollen sich dann auch erkenntlich beweisen und bitten wieder. Gewöhnlich schickt sich aber ein Landmann nicht in ihre Gesellschaften, hat Langeweile, kann nicht recht vergnügt seyn, und von vielen Witzlingen wird er vielleicht gar ausgelacht. Das thut dann weh, und entweder bekommt ein solcher Mensch einen Haß auf sie, den er nicht haben sollte, oder er sucht ihre Art und Weise anzunehmen, ohne zu wissen, wie er sie anbringen soll. Ich habe zwar auch dann und wann Besuche von ihnen; aber ich sags ihnen ganz offenherzig, wenn ich nicht Zeit habe, ohne sie zu beleidigen. Der Vernünftige nimmt mir das nicht übel; der aber, dem es nicht gefällt, mag wegbleiben."

Und diese Regel hatte auch George bisher befolgt. Man liebte und ehrte ihn allgemein als einen guten, geraden und offnen Landmann. Nur selten kam er nach Arnbstädtel, nicht einmal zu den Jahrmärkten, wenn er nicht dies und jenes ins Haus kaufen mußte; Hannchen aber war mit der Magd die Woche zweimal in der Stadt, um die Gartensachen zu verkaufen.

———

Es traf sich, daß in Arndstädtel der Kirch=
thurm gebaut worden war. Mehrere Jahre hatte
man dabei zugebracht, jetzt war er fertig, und
Knopf und Fahne sollten aufgesetzt werden. Nun
weiß man, daß bei solchen Gelegenheiten, weil
sie nur selten vorfallen, verschiedene Dinge sich
ereignen. Die Schüler müssen singen, mit Trom=
peten und Pauken wird vom Thurme geblasen,
der, der den Knopf aufsetzt, hält gewöhnlich vom
Gerüste herunter eine Rede, und schon vorher sind
allerhand Zeremonien. Die Rathsherren, die
Geistlichkeit und andere Herren kommen zusam=
men, man legt verschiedene gangbare Geldsorten,
und ein Schreiben auf Pergament, worin der re=
gierende Landesherr, die Rathsherren, der Bau=
meister und so weiter genennt, die Getraidepreise
angegeben sind und dergleichen, in ein zinnernes
Kästchen, was man in den Knopf thut, ehe er
hinaufgezogen wird. Mit einem Wort, es geht
bei solchen Fällen verschiedenes vor, was man
nicht alle Tage sieht, und daher kann mans den
Leuten nicht verdenken, wenn sie neugierig sind,
und eine solche Sache mit ansehen wollen; zumal
den jungen Leuten. Und

Und so wars denn auch hier in Arndstädtel. "Auf den Donnerstag, früh und acht Uhr gehts an;" so hieß es in der Stadt und auf den Dörfern. Man redte hin und her, besonders unter den Landleuten, wie man zusammen gehen wollte; der Gevatter sagt' es dem Gevatter, die Muhme dem Vetter, das Mädchen ihrem Liebsten; eine Menge Volks mußte zusammen kommen.

Da Sonntags zuvor David, Förster Heinze, der Müller und ihre Söhne und Töchter in der Wohlsdorfer Mühle beisammen waren; so wurde von der Sache auch gesprochen, und Evchen und Hannchen, die beiden jungen Weiber hatten große Lust die Sache mit anzusehen. Evchen meinte, ihre kleine Marie könnte unterdessen bei der Großmutter bleiben; Hannchen aber, welche ihr Kind sechzehn Wochen nach der Geburt verlohren hatte, hielt noch weniger etwas davon ab. Ihre Männer, der junge Horn und George waren auch nicht abgeneigt, und man beschloß, — auf den Donnerstag gehen wir.

Es war ein herrlicher Tag. Kein Wölkchen war am Himmel, kein Lüftchen rührte sich, und doch wars auch nicht so entsetzlich heiß. Um halb sieben gingen die vier jungen Leute aus, und um halb achte waren sie schon in der Stadt. Da war alles lebendig, die Leute liefen hin und her, und auf dem Kirchhofe, standen sie wie eine Mauer so dichte beisammen. Es hatte noch nicht achte geschlagen, da ging die Sache schon vor sich, alles lief gut ab; nur konnten Evchen und Hannchen nicht hinschen, wie der Zimmermeister Häberling den Knopf und die Fahne aufgesetzt hatte; denn nun trat er auf den Knopf, hielt mit der linken Hand die Fahne und mit der rechten nahm er das Glas Wein, was ihm zugereicht wurde, trank es aus, und warf es dann hinterrücks vom Thurme herunter. Das that er dreimal, und hielt dann eine Rede, die sich aber nicht gut anhören ließ. Erstlich war alles wie Kraut und Rüben unter einander, denn er fing bei Adam an und hörte bei der Offenbahrung Johannis auf; zweitens war er zu verwegen, denn daß er auf die Fahne trat, hätte er können bleiben lassen. Es sah gar zu gefährlich aus, daß auch die Leute, besonders die Frauenzimmer nur wünschten, er möchte herunter gehen. Unten merkte man freilich den Wind nicht sehr, aber in der Höhe ging er doch, und spielte mit seinen Hemdeärmeln, weil er den Rock ausgezogen hatte. Mit einem Wort, es sah und hörte sich nicht gut zu.

Von dem langen Stehen, und zugleich von der Angst, die sie des Zimmermeisters wegen empfunden hatten, waren sie müde geworden, da die Sache vorbei war, besonders die beiden Weiber. Sie änderten daher ihren ersten Entschluß, sogleich nach Hause zu gehen. „Wir können ja erst ausruhen und was zu uns nehmen," sagte Horn,

Horn, und Hannchen setzte hinzu: „da wollen wir doch in die grüne Tanne gehen; denn die liegt uns gleich am Wege, und die Hablern ist mir ohnedem noch zwanzig Groschen für Sellerie und für andre Gartensachen schuldig." Nun gut, hieß es, und so gingen sie in die grüne Tanne.

Kaum konnten sie noch eine Stelle finden, um sich nieder zu setzen; so viele Menschen waren hier. Sie setzten sich, und indem sie aufs Essen warteten, das sie bestellt hatten, hörten sie den Leuten zu, was sie mit einander sprachen. Einige redeten von der zweiten, von der dritten und vierten Klasse; der sprach von 16, 37 und 68 und meinte, das wären faule Nummern; noch ein anderer sprach von einer Ambe und Terne; und so hatte jeder etwas von der Art zu reden. Evchen fragte: „was haben denn die?" und ihr Mann erklärte es ihr, daß sie von der Lotterie und vom Lotto sprächen. Die Leute waren ihnen aber fremde; denn sie waren alle aus den Dörfern, die auf der andern Seite vor Arndstädtel lagen.

Endlich kam das Essen, Rinderbraten und saure Gurken. Da fragten sie nun nicht mehr nach den Reden der Leute, zumal da die Frau Hablern das Essen selbst brachte, sie gar freundlich willkommen hieß, und sich bei Hannchen, die sie kannte, nach ihrer Gesellschaft erkundigte. Sie hatten alle guten Appetit, und sahen den Rinderbraten und die sauern Gurken nicht erst lange an.

Mit=

Mitten im besten Essen trat Herr Habler zur Thüre herein, ein Mann, dem man es gleich ansahe, daß er ein Gastwirth war; denn wohlgenährt und dick und fett war er vom Kopfe bis zu den Füßen. „Nun das ist doch ein Wunder, fing er schon an, da er die Thüre noch heranzog, daß man den Herrn Müller Horn und Herrn Krause aus Wohlsdorf einmal bei uns in der Stadt sieht. Ja wenn sie nicht den Knopf aufgesetzt hätten, da säh' man sie noch nicht. Ganz schön willkommen; lassen sie sichs recht wohl schmecken! (Indem er ihnen die Hand giebt und sich zu ihnen setzt.) Aber sagt mir nur, Ihr Herren, habt ihr Euch denn beide beredt, die schönsten Weiber aus der ganzen Gegend zu nehmen. Tausend hat man nicht seine Freude! Die Frau Krausen kenn' ich zwar schon; aber allemal wenn ich sie seh', denk' ich, wenn du doch keine Frau hättest, und die Frau Krausen keinen Mann, zu der gingst du auf die Heirath. Ich wäre gern eher gekommen, da mirs meine Frau sagte, daß sie mit ihrer Verwandtschaft da wäre; aber heute wars gar arg. Ich habe nicht gewußt, wo mir der Kopf steht."

George. Einmal ist nicht immer. Da gerade heute die Sache vorgegangen ist, so —

Habler. Ja, die hat viele Leute hereingelockt. Indessen würde es bei mir nicht so voll gewesen seyn, wenn ich nicht neben meiner Wirthschaft noch kleine Lotteriegeschäfte hätte. Es bringt

bringt zwar nicht viel ein; aber lieber Gott, heut'
zu Tage muß man alles mitnehmen.

Friedrich. Sie sind wohl ein Kollekteur,
wie mans nennt?

Habler. Ganz recht. Und weil mir der
liebe Gott so gnädig gewesen ist, daß mir einige
Hauptgewinne zugefallen sind, die ich auszuzah=
len hatte; so haben die Leute nun ein Zutrauen zu
mir.

George. Die Leute sind aber wohl nicht aus
der Wohlsdorfer Gegend?

Habler. Nein. Aus Kleinrade, aus Ne=
mitsch, aus Kirchbach und aus den Dörfern. Ei
ich habe gar schöne Auszahlungen in die Gegend
gehabt. Der eine kriegte neun hundert Thaler,
der andre viere und noch einer sechs hundert.

Evchen. Es ist zwar ein schönes Geld;
aber ich spreche doch, wie gewonnen, so zer=
ronnen.

Habler. Mags seyn, Herzensfrau, wenns
nun auch wieder drauf geht, so hat mans doch ge=
habt, und hat das Seinige nicht so angreifen
dürfen.

George. Aber was man hereingesteckt hat;
das muß man doch auch rechnen.

Habler. Ja lieber Gott, aus nichts kann
nichts werden. Indessen muß man doch auch be=
denken, daß man mit ein paar Thalern, zehn,
zwölf, zwanzig Tausend und noch mehr gewinnen
kann.

kann. Da läßt sich doch wohl so eine Kleinigkeit leicht übersehen und vergessen.

Evchen. So viel Geld auf einmal?

Habler. Ja wohl. Hundert, ein paar Hundert bis Tausend, das sind immer noch kleine Gewinne.

Hannchen. Ich wüßte nicht was ich mit alle dem Gelde machen sollte?

Friedrich. O zu gebrauchen wärs wohl.

Habler. Nicht wahr? Ja das sprech ich wohl auch. Wo Geld ist, da ist auch was anzufangen, und die Weiber habens doch auch gerne, wenn der Mann zu einem hübschen kattunnen Anzuge, zu einem hübschen Tuche und dergleichen was hergeben kann. Wart ich will doch die Plane herholen.

George. Nein, machen Sie sich keine Mühe.

Habler. Das ist keine Mühe, ich hab' sie ja gleich hier im Schranke. (Holt sie.)

Evchen. Wir wollen nun machen, daß wir wieder nach Hause kommen. Meiner Marie möchte doch die Zeit zu lang werden.

Hannchen. Ja du hast recht. (Sie stehen beide auf.)

Habler. (Kommt zurück.) Da; das Ansehen hat man ja umsonst ihr guten Leutchen. Das ist die Ahrenstädter, das die Webenburger, das die Winkelsteiner, und das hier die Auenbrücksche.

In

In den ersten beiden ist das große Loos zwanzig Tausend, in der Winkelsteiner funfzehntausend und in der Auenbrückschen zehntausend.

George. Ja das ist alles sehr gut, wenn man nur wüßte, daß man gewönne.

Habler. Dafür setzt man ein, daß man gewinnen will. Und wie herrlich sind sie eingerichtet. Alle haben sie Prämien, und Vor= und Nachgewinne. Es kann einem fast gar nicht fehl gehn.

Hannchen. Aber man verstehts ja nicht, wie das ist, und was das heißt.

Habler. J da stehts ja klar und deutlich gedruckt, Ihr dürft nur lesen.

Hannchen. Und wenn man sein Geld hingibt, da wird man vielleicht betrogen.

Habler. Mein schönes Kind, man hörts, daß Sie die Sache nicht weiß. Wenn die Lotterien nicht von der Landesobrigkeit privilegirt wären, so würde ich mich als ein ehrlicher Mann und als ein ansäßiger Bürger nicht damit abgeben. Da kann kein Pfennig davon kommen, meine liebe Frau. Ein anderes ist es, was einer gutwillig dem Kollekteur für seine viele Mühe vom Gewinn geben will.

George. Seyd Ihr denn fertig, so wollen wir uns auf den Weg machen.

Habler. Einmal trinken müßt ihr doch noch. (Will noch einmal einschenken.)

Ge=

George. Nein Herr Wirth, wir haben keinen Durst mehr. Sagen Sie uns was wir schuldig sind.

Habler. (Spricht heimlich zu ihnen, daß es die andern Leute nicht hören.) Da wollen wir bald aus einander kommen. Fürs Essen und trinken verlange ich nichts; denn die Freude, daß Ihr einmal zu mir gekommen seyd, laß ich mir nicht bezahlen.

Alle. Nein Herr Wirth, sagen Sies uns.

Habler. Horcht nur. Was ich sage dabei bleibts; ich nehme nichts. Aber einen kleinen Spas will ich mir mit den hübschen Weiberchen machen. Da häb' ich ein paar halbe Loose von der Ahrenstädter-Lotterie unterschrieben, denn die wird in vierzehn Tagen zum erstenmal gezogen. Eins nimmt Meister Horn für seine Frau und das andre Herr Krause für die seinige. Solche hübsche Weiber, die müssen gewinnen.

George. Ich habe keine Lust Herr Wirth.

Friedrich. Und ich auch nicht.

Habler. Was Ihr für Leute seyd! Ich mag ja gar kein Geld haben; ich thu's bloß aus Freundschaft. Es ist wahrhaftig, als wenn man Euch das Glück aufzwingen sollte. — Ja, was ich sagen wollte, — meine Frau ist der Frau Krausen zwanzig Groschen schuldig; mehr als zwölf zeitliche Groschen macht das Loos nicht, ein

Gro=

Groschen Einschreibegeld, ist dreizehn, — so geb'
ich also noch sieben Groschen heraus.

Friedrich. Aber mein Loos Herr Wirth,
nehmen Sie wieder zurück. Ich bezahle meine
Zeche, und damit gut.

Habler. Was das für Umstände sind! Ich
will nur nicht gern laut reden; denn so freund=
schaftlich geh' ich nicht mit jedem um.

Hannchen. Nun, so nehmt's doch nur,
daß wir fort kommen.

Habler. Recht junge Frau. Wie schon ge=
sagt, wär' ich nicht verheirathet und wäre mir
Herr Krause nicht in den Weg gekommen, die Frau
müßt ich haben.

Und so bezahlte Friedrich dreizehn Groschen
für das Loos und sechs Groschen fürs Essen,
welche aber Habler durchaus nicht nahm. Er
blieb bei seiner Rede, daß er sich die Freude nicht
bezahlen ließe, die hübschen Leute bei sich zu sehen.
Fort wollten sie gern, und so mußten sie sichs ge=
fallen lassen, wie ers haben wollte. Er drückte
ihnen beim Abschiede die Hände, als ob er der
beste Freund von ihnen wäre, gab ihnen die Lotte=
rieplane mit, und begleitete sie mit seiner Frau
bis vor die Thüre.

Auf dem Heimwege wurde nun verschiedenes
über das Aufsetzen des Knopfes und über die Lot=
terie gesprochen. Evchen meinte, das Geld wäre
so gut wie weggeworfen, und setzte hinzu: „Ich

D   den=

denke mirs gerade so, als wenn die Marktschreier und Wurmdokter mit dem Hanswurst herumziehen; denen schmeißen die Leute auch das Geld zu, ohne daß es ihnen was hilft. Und noch wär' es gut, wenns ihnen nur nicht obendrein Schaden brächte; aber gemeiniglich machen sie sich ein Loch in den Beutel und sich selbst ungesund, wenn sie den Plunder einnehmen." Dagegen wandte nun Hannchen ein, daß die Lotterie doch nicht damit zu vergleichen wäre; sie hätte schon verschiedenes gehört, daß die Leute hie und da gewonnen hätten; es käme auf Glück an, und dergleichen. Die Männer sagten auch dies und jenes dazu, redten vom Privilegium und von andern Dingen, wußten aber doch eigentlich nicht, was sie dazu sagen sollten. Nur darin kamen sie mit einander überein, daß sie es bei sich behalten und weder den Vätern noch den Müttern sagen wollten, weil sie damit nicht zufrieden seyn möchten, besonders David. Dabei blieb es vor jetzt, und so kamen sie nach Hause.

Sechstes Kapitel.

Nicht weit hinter Evchen hatte Heinrich gestanden, als Häberling den Knopf aufgesetzt hatte. Schon auf der Gasse war sie mit ihrer Gesellschaft bei ihm vorbeigegangen ohne ihn zu sehen, weil das Volk hin und her lief. Er aber war ihr nachge-

gegangen, und hatte sie nicht aus den Augen ver=
lohren. Allerdings war auch ihm der heutige Vor=
fall etwas neues, aber wenn er hätte wählen sollen, ob er mit Evchen reden, oder den Knopf
wollte aufsetzen sehen: so würde er gewiß das erste
dem andern vorgezogen haben. Man durfte ihm
nur zusehen, wie er hinter ihr stand; er hatte seine
Augen mehr auf sie gerichtet, als auf den Thurm,
und seine Ohren hörten ein Wort von ihr, was
sie zu den ihrigen sagte, viel genauer, als die
Trompeten und Paucken. Demungeachtet war er
nicht zudringlich. Er war zufrieden, daß er her=
nach, da die Sache vorbei war, sie mit der Hand
in der Stadt bewillkommnen, einige Worte mit
ihr reden, und ein paar Schritte mit ihr gehen
durfte. Diese Bescheidenheit war ein rühmlicher
Beweis von seiner Herrschaft über sich selbst. Er
mußte wie viel es ihm kostete, Evchen aufs neue
zu sehen; daher suchte er selbst die Gelegenheiten
zu vermeiden, und wenn er sie sah und sprach,
wenigstens sich bald wieder von ihr zu entfernen.

Er steht sich aber doch im Lichte, daß er Ev=
chen nicht vergessen kann. Wenn er Lorchen näh=
me, so bekäme er jetzt einen schönen Thaler Geld
mit ihr und könnte was damit anfangen. — So
würde vielleicht mancher sagen, der genauer mit
seinen Umständen und seinen Bekanntschaften in
der Stadt bekannt wäre. Da es Heinrich ver=
dient, daß man ihn ferner beobachtet; so mag
jetzt

jetzt das Folgende etwas über ihn und seine jetzigen Bekanntschaften mittheilen.

Der Kaufmann Bärmann, in dessen Garten er als Gehülfe arbeitete, sah' bald, daß er an ihm einen sehr thätigen und treuen Menschen gefunden hatte, und suchte nicht nur durch Lob und Vergeltung seine Dienste zu belohnen, sondern faßte auch den Vorsatz, Heinrich Weidemann künftig als Gärtner zu behalten, wenn der jetzige, der schon weit in die Jahre war, mit Tode abginge. Er sahe, daß Heinrich mit der Baumzucht und mit den Küchengewächsen sehr gut umzugehen wußte, und daß er das Uebrige, was zur feinen Gärtnerei gehört, sehr leicht begriff und Lust dazu hatte.

So wie nun Bärmann seine guten Eigenschaften erkannte, und um deswillen ein Wohlgefallen an ihm hatte; so gefiel er ebenfalls den Mädchen in der Stadt, weil Heinrich eine angenehme Gesichtsbildung und einen schönen Wuchs hatte. Vorzüglich bemerkte dies Lorchen, welche als Köchin im Bärmännschen Hause diente, ein flinkes Mädchen war, und gar nicht übel aussah. War sie sonst nur aus Zwang nach grünen Sachen in den Garten gegangen, die ihr der alte Gärtner gab; so ging sie jetzt desto lieber und so oft als möglich. Warum? Jetzt war ja Heinrich da, mit dem konnte sie doch ein Wörtchen reden. Wenns weiter nichts war, so holte sie eine Hand
voll

voll Petersilie. Neckten sie die andern Mädchen mit dem schönen Heinrich, so that sie sich was darauf zu gute, vollends wenn sie sah, daß es aus Neid geschah.

Indessen stand die Sache nicht so, wie vielleicht andre Mädchen dachten, und wie sie es selbst wünschte. Heinrich blieb gleichgültig bei ihrer Freundlichkeit, schien es nicht bemerken zu wollen, daß sie sich um seinetwillen mehr als sonst putzte, und auf ihre schönen Reden antwortete er nur wenig. Dadurch aber wurde ihre Neigung zu ihm nur noch größer, sie wurde, was man sagt, ganz und gar in ihn verliebt und Heinrich sah sich genöthigt, sie einigemal in allem Ernst von sich zu weisen.

Lorchen wußte nicht, woran es lag, und dachte daher, wie leider so viele von ihrer Art denken, daß Heinrich sich vielleicht um deswillen nicht mit ihr einlassen wollte, weil er ein reiches Mädchen zu haben wünschte. Hatte sie nun schon vorher gewünscht, daß sie in der Lotterie gewinnen möchte, so wünschte sie es jetzt, um Heinrichs willen noch mehr; denn ob sie gleich als Köchin nur zehn Thaler Lohn und vier Thaler zu Weinachten erhielt, womit sie auch sehr gut ausgekommen wäre; so trug sie doch das meiste davon zum Kollekteur, wovon aber ihre Herrschaft nichts wußte.

Jeder vernünftige Mensch weiß nun, wie unter so vielen Tausenden, die in die Lotterie setzen, nur sehr wenige gewinnen können; daher ist es desto auffallender, daß gerade dies Mädchen einen Gewinn erhielt, einen Gewinn von hundert und sechzig Thalern, wodurch das Mädchen in ihrer Art reich wurde. Wer war froher als Lorchen; „nun soll dir Heinrich gewiß nicht entgehen," dachte sie bei sich selbst, und bot sich ihm samt ihrem Gelde gerade zu an. Was that aber Heinrich? Er wieß sie aufs neue ab, und sagte ihr zugleich, daß er sich bei der Herrschaft Ruhe verschaffen würde, wenn sie ihn noch ferner mit ihren Anträgen störte.

Das war ihr nun in ihren Augen zu arg. Ein schönes Gesichtchen und hundert und sechzig Thaler, schienen ihr zwei Mittel zu seyn, wodurch sie jeden Mann anlocken könnte. Sie hielt daher Heinrichen für einen einfältigen Menschen, suchte ihn nun bei jeder Gelegenheit zu verkleinern, und an die Stelle ihrer vorigen Wünsche Bosheiten zu setzen. „Da kannst du ja wohl andere kriegen," dachte sie bei sich selbst.

―――――

Weidemann! Weidemann! rief eines Tages der Gärtner, da Heinrich eben beschäftigt war, die Krone von einem sauern Kirschbaume zu beschneiden. Er antwortete und der Gärtner kam. „Weiß

„Weiß Ers denn schon?"

„Was denn?" Antwortete Heinrich.

Gärtner. Von der Lore.

Heinrich. Kein Wort.

Gärtner. Nun da will ich ihm was erzäh=
len. Ich trug heute die Monathsrechnung zum
Herrn. Er war oben in seiner Stube. Wir ste=
hen da, und reden zusammen über die neuen
Baumpfähle, die wir haben müssen; auf einmal
gehts unten im Hause los, daß wir beide erschrä=
cken. Der Herr gleich zur Thüre hinaus; ich nach.
Wer kommt die Treppe herauf? Die Frau, wie
ein weißes Tuch. Der Herr fragt gleich, was
giebts? aber die Frau kann nicht antworten. End=
lich erzählt sie es uns. Die Lore nämlich soll ein
Fleckchen Thee, der in die Stube gegossen ist, auf=
trocknen; da spricht sie, das käme ihr nicht zu,
sie wäre keine Scheuermagd. Die Frau lacht an=
fänglich darüber und fragt sie; wie ihr denn das
auf einmal einfiele, sie hätte es ja sonst auch ge=
macht? Da fängt sie an zu schimpfen, meint —
sie brauchte sich nicht mehr so dumm kommen zu
lassen, und schmeißt die Möhren, die sie abputzen
soll, aufs Küchenfenster, trift das Glas, und
die Scherben fliegen der Frau gerade ins Gesicht.
Darauf giebt ihr die Frau eine Ohrfeige, — denn
die Hitze überläuft sie auch — und sagt, sie sollte
den Augenblick aus dem Hause.

D 4   Hein=

Heinrich. Es ist doch entsetzlich.

Gärtner. Nun geht der Lärm erst recht an. Lore tritt vor sie hin, stemmt die Arme unter und stößt die niederträchtigsten Reden heraus. Ob sie denn allein dächte, daß sie eine reiche Frau wäre; sie hätte auch so viel, daß sie leben könnte; sie dankte für den lumpichten Dienst, und dergleichen, und fährt der Frau mit der Hand immer vor dem Gesichte herum. Kurz, sie muß machen, daß sie fortkommt.

Heinrich. Da kann man doch recht sehen, daß der Mensch zum Narren wird, wenn er auf einmal Geld in die Hände kriegt, das er nicht ehrlich und redlich verdient hat. Ihre Hundert und sechzig Thaler sind schuld daran.

Gärtner. Und wie konnte sie sich stellen. O ich hab's recht gut gemerkt, daß sie Ihn gern ins Garn gehabt hätte. So was hätt' ich aber doch nicht in ihr gesucht.

Heinrich. Ja ich glaube der beste Mensch kann nicht für sich gut sagen, daß er auch dann vernünftig und ohne Hoffart bleiben würde, wenn er jählings viel Geld und Reichthum bekäme. Lore denkt mit hundert und sechzig Thaler kann sie die Welt umstürzen.

Gärtner. Es kann aber doch seyn, daß sich einer blenden läßt, und nimmt sie der paar Thaler wegen; und dann soll man sie erst reden hören.

Hein=

Heinrich. Ach nur Geduld; die Zeit wirds vielleicht lehren, was aus ihr geworden ist.

Jungfer Lorchen war also von nun an nicht mehr im Bärmannischen Hause und so war Heinrich vor ihren Anträgen gesichert. Sie zeigte sogleich den Leuten, daß sie Geld in den Händen hätte; denn sie miethete sich eine Stube, ließ sich ein paar ganz neue Auszüge machen, und lebte so in den Tag hinein; denn das bischen Nähen, was sie zum Zeitvertreib that, wollte nicht viel sagen und brachte auch nicht viel ein.

Lange Zeit konnte Heinrich diese Geschichte nicht vergessen. Er dachte oft an Lorchens Verstellung, und kam dann in Gedanken am häufigsten auf Evchen zurück, auf ihr gutes Herz, und wie glücklich er mit ihr würde gelebt haben. Aber bei der Gelegenheit fiel ihm doch auch die Lotterie und das Lotto ein, zumal wenn er an die Zukunft dachte. Heirathen wollte er nicht, dabei war er aber doch arm, hatte nichts als was er durch seinen Fleiß sich verdiente; wer sollte sich nun wohl, wenn er alt würde, seiner annehmen?

Er war zu vernünftig, als daß er sich geradezu von andern zu einer Unternehmung hätte bereden lassen sollen, die er nicht zuvor reiflich überdacht hätte, und dies war denn auch der Fall mit der Lotterie und dem Lotto. Es fehlte nicht an Personen, die ihn dazu zu bereden suchten, die die Sache genau zu verstehen vorgaben, und ihm unter andern Lorchens Beispiel vorhielten. Allein gerade dies Beispiel machte ihn nachdenkender, als er es vielleicht ausserdem gewesen wäre. "Es kann unmöglich gut seyn, wenn der Mensch mit einemmal eine Menge Geld in die Hände bekommt; denn wenn auch nicht Hochmuth und Eigendünkel sein Gemüth dadurch einnehmen, so ist er doch nicht so auf den Besitz desselben vorbereitet, als wenn er es nach und nach durch Arbeit, Fleiß und Sparsamkeit erhält. Daher kommt eben das Sprichwort: Wie gewonnen, so zerronnen. Die Wünsche, die der Mensch gehabt hat, die sucht er nun mit einemmale zu befriedigen, seine Sinne reizen ihn mehr als je, und so geht gemeiniglich das Geld wieder fort; und wenn dies auch nicht ist, so kommt er doch nun in ein anderes Leben, das mehr Aufwand kostet. Wie viele Menschen sind aber wohl, die sich das wieder versagen können, was sie sonst hatten? Man spricht zwar wohl, "wenn ich das Geld nur hätte, ich wollte es ganz anders benützen;" aber kein Mensch darf sich in den Fällen Klugheit genug zutrauen. Jeder Mensch hat Wünsche, und die Wünsche spielen dann größtentheils den Herrn, wenn er auf einmal zu Vermögen kommt, er selbst mag wollen oder nicht." Wer hätte es wohl Heinrichen ansehen sollen, daß er so klug und so vernünftig wäre?

Indessen gingen doch bei ihm immer die Gedanken hin und her, bis er auf einen ganz eignen Einfall kam. Er wollte sich im Lotto vier Nummern wählen, und auch von der Winkelsteiner Lotterie eine Nummer. Anstatt aber das Geld dafür zum Kollekteur zu tragen, wollte er es in eine Sparbüchse thun, und auch den Groschen, den er jedesmal fürs Einschreiben hätte bezahlen müssen. Dieser Lotterie wollte er einen Nahmen geben, sie sollte heißen: privilegirte Lotterie zum Besten meines Alters; weil er auf den Lotteriezetteln gefunden hatte, daß es hieß, zum Besten des Zucht= und Armenhauses, zum Besten einer Kirche und dergleichen. Und so fing er wirklich damit an, suchte sich einen Winkelsteiner Lotterieplan und einen Lottokalender zu verschaffen, setzte im Lotto auch noch auf eine Terne und Ambe, und gab genau Achtung wie die Nummern herauskamen und wenn er sie wieder besetzen müßte.

Aber die Sache hinkte doch. Wenn er zuweilen Geld nöthig hatte, oder nicht warten wollte, bis er sein Monathgeld vom Herrn erhielte, so ging er zu seiner Sparbüchse, und nahm unterdessen etwas von seiner Lotterie. Dies herausgenommene Geld that er zwar wieder hinein; aber dann, wenn er zugleich aufs neue einsetzen sollte, so wurde es ihm schwer. Freilich für ihn tausendmal besser, als wenn er das Geld beim Kollekteur wirklich verlohren hätte; denn wenn es ihm auch

Mü=

Mühe kostete, es aufzubringen, und vielleicht nothwendigen Dingen zu entziehen, so war es doch immer noch sein; allein eine Verbesserung zu treffen, hielt er dennoch für nöthig. „Ich darf das einmal eingesetzte Geld gar nicht mehr in meiner Verwahrung haben, dachte er, sondern muß thun, als ob es für mich eben so verlohren wäre, als diejenigen leider denken müssen, welche ihr Geld mit tausend andern in den weiten Schlund der Lotterie werfen. So wie alle die Menschen und wenn sie auch schon zu Bettlern geworden sind, keinen Pfennig vom Kollekteur wieder erhalten, so darf ich auch nichts wieder davon nehmen; und dann erst kann ich sehen, welchen Gewinn ich dabei habe." Die Frage war also bloß, wen er für seine Lotterie statt seiner zum Kollekteur machen sollte?

Er hatte lange darüber nachgedacht, bis ihm endlich sein Herr, Kaufmann Bärmann, einfiel; sonst war niemand, dem er mit gegründetem Vertrauen seinen Vorsatz hätte mittheilen können, denn es mußte ein Mann seyn, der Redlichkeit und Treue genug hatte, und zugleich ein Mann, der nicht in solchen Umständen lebte, daß er aus Noth verleitet worden wäre, sein Geld anzugreifen. Eines Sonntags Nachmittags, da Bärmann mit einer Gesellschaft im Garten war, sah er den Zeitpunkt ab, wo er ihn allein sprechen konnte.

„Ein

„Ein einziges Wort im Vertrauen, Herr Bärmann, sagte er zu ihm, das Sie mir nicht übel auslegen werden. Ich möchte mein Glück auch gern in der Lotterie und nebenher im Lotto versuchen." Da läßt sich nun Bärmanns Gesicht schwerlich beschreiben, wie ihm Heinrich das sagte; denn er war ein abgesagter Feind von allem, was Lotterie und Lotto hieß, hatte schon so oft und viel bei jeder Gelegenheit darüber gesprochen, und als ein deutscher und gerader Mann gesagt, daß es eine wahre Pest des Landes wäre, daß Schurken und Betrüger sich dabei bereicherten, daß ein Gewinn in der Lotterie oder im Lotto wahres Blutgeld wäre, weil das Mark und Blut der ärmsten im Volk daran hinge. Kurz er sahe Heinrichen mit Verachtung an, sagte weiter nichts, als: „Du willst also auch zum Narren, oder zum Diebe und Mörder werden?" und wollte fortgehen. Heinrich aber fing sogleich wieder an: „So mein' ichs nicht, wie Sie es denken, Herr Bärmann. Ich will für mich allein eine Lotterie zum Besten meines Alters einrichten," — und nun theilte er ihm seine Gedanken darüber mit. Herr Bärmann sah ein Weilchen vor sich hin, lächelte und sagte: „Ja wenn das so ist, da will ich Dein Kollekteur werden."

Siebendes Kapitel.

Es ist recht sonderbar, daß man von gewissen Personen gar nicht gern spricht. So wenig man auch sagen kann, daß sie Betrüger oder Diebe und dergleichen sind, so weiß man doch auch nicht recht woran man ist, wenn man sagen soll, wovon sich die Personen nähren, was sie für ein Gewerbe treiben und wie sie reich geworden sind. Dies ist nun auch der Fall bei Hablern. Ganz Arndstädtel wußte, daß er sonst ein Fleischhauer gewesen war, in sehr kümmerlichen Umständen gelebt, nachher aber Lotterieloose gehabt hatte. Gleichwohl hatte er sich die grüne Tanne gekauft, und man sagte, daß er sein Vermögen dazu nicht ganz verwandt hätte. Wie er nun dazu gekommen war, das mag jeder selbst errathen; denn wie gesagt, von manchen Personen spricht man nicht gern.

Einige wollten von ihm sagen, daß er keinen Pfennig ausgäbe, wenn er nicht Thaler damit gewinnen könnte, und daß er recht dazu gemacht wäre, Lotterieloose unter die Leute zu bringen; denn er spräche immer so gottesfürchtig, hätte immer Gottes Segen im Munde, und spräche von der Sache, die in seinen Augen die wichtigste wäre, wie von einer Kleinigkeit. Dem scheint aber doch sein Betragen gegen den jungen Krause und seine Anverwandten zu widersprechen. Er nahm

ja

ja nichts von Krausen und vom Müller Horn fürs Essen, und wenn man gleich denken wollte, daß er sich schon auf andere Art bezahlt machen würde; so sieht man doch nicht wodurch. Sollt es durch die beiden Loose geschehen? Es waren ja nur zwei, also zwei Groschen Einschreibegeld; und überdies that er es nur wie er sagte aus Freundschaft, wahrscheinlich um dadurch in nähern Umgang mit ihnen zu kommen. Wenigstens sagte er zu seiner Frau, da sie sie begleitet hatten und mit einander ins Haus zurückgingen: „ein Dukaten wäre mir nicht so lieb, als daß ich die beiden nun habe; sie sollen mir schon öfterer kommen."

Die kleine Marie war recht froh, wie ihre Mutter wieder nach Hause kam; denn sie hatte bei der Magd bleiben müssen, weil die Großmutter so starkes Seitenstechen bekommen hatte, daß sie nicht außerm Bette hatte bleiben können. Diese Krankheit hatte die gute Frau dann und wann schon gehabt, war aber immer wieder geschwind davon befreit worden, daher man auch jetzt Hoffnung hatte, daß das Seitenstechen bald nachlassen würde. Aber es nahm immer mehr und mehr zu, es gesellten sich noch andere Uebel hinzu und obgleich David den sehr geschickten und vernünftigen Doktor Brehme aus der Stadt befragte und ihn zur Kranken holte; so fand doch Doktor Brehme die Umstände sehr bedenklich, und verschwieg es Daviden nicht, daß er sich auf ihren Tod gefaßt machen sollte. Dieser erfolgte auch wirklich den vierten Tag darauf.

Jeder Gatte, der mit der Gehülfin seines Lebens eine glückliche Ehe führte, und sie durch den Tod verlohr, wird sich den bittern Schmerz denken können, den David beim Tode seiner treuen Anne empfand. Die veste und beständige Liebe, die unermüdete Sorgfalt für ihn, die zärtliche Anhänglichkeit und ihre anderweitigen guten Eigenschafften, — schon diese hatten sie ihm werth und liebenswürdig gemacht; aber noch weit mehr, ihre vernünftige Art zu handeln, die schöne Tugend, sich von etwas besserm überzeugen zu lassen und nicht halsstarrig und widerspenstig zu seyn, die Arbeitsamkeit, die sie immer mit Heiterkeit und frohem Muthe bewiesen hatte, und die treue Handreichung in allen Schwierigkeiten, mit denen er hatte kämpfen müssen. Wie hatte das redliche Weib sich so thätig bewiesen, da er noch in Wohlsdorf als Miethsmann gelebt hatte! und was hatte sie durch ihre Hülfe beigetragen, die wilde Lebde zu der Schönheit und Vollkommenheit zu bringen, in der sie jetzt war! Das alles überdachte er an ihrem Sarge. Gerecht waren daher seine Thränen, und die Thränen ihrer Kinder und Anverwandten; gerecht das Lob, das bei ihrer Beerdigung aus dem Munde aller Begleiter einmüthig floß.

Aller-

Allerdings war durch diesen Tod in Davids Hause eine große Veränderung vorgegangen. Die glückliche Eintracht, in welcher Hannchen mit ihr gelebt hatte, war zerrissen, die treue Rathgeberin nicht mehr da, und überhaupt fielen nun so manche Geschäffte auf andere Personen, welche sonst Anne verrichtet hatte. Folglich dachte man nicht an Nebendinge, sondern nur auf das, was wesentlich nothwendig war, und so war auch die Lotterie völlig in Vergessenheit gekommen.

Indem aber Friedrich eines Tages sein Loos zufälliger Weise in die Hand bekam; so sprach er den Abend darauf mit Georgen, und sie entschlossen sich, bei der ersten Gelegenheit nach Arnostädtel zu gehen und mit Hablern darüber zu sprechen. — Dies geschah, und Habler war aufs neue so freundschaftlich, wie das erstemal. „Ihr Herren, sagte er, fangt es gleich so an, wie es seyn muß, wenn man was rechtes gewinnen will. Ihr wollt die großen Gewinne haben; drum sind eure Nummer bei der ersten und andern Ziehung nicht herausgekommen." Sie bedauerten darauf, daß sie häuslicher Umstände wegen die Sache vergessen und versäumt hätten. „Was Ihr da nicht redet fuhr er fort. Denkt Ihr denn, daß ich nicht so viel Freundschaft haben und die paar Thaler für Euch auslegen werde? Das wäre ja unchristlich, wenn man einem Menschen nicht beistehen wollte, wenn er sein Glück machen kann.' Nein so bin ich nicht.

nicht. Es hat schon alles wieder seine Richtigkeit. Lieber Gott, wäre mirs bei allen so gewiß, wie bei Euch, da würde ich mit meiner Rechtschaffenheit nicht so oft übel ankommen." Sie fragten hierauf, was er für Auslage gehabt hätte, und da hieß es; — so viel als im Plane stünde, für die beiden Ziehungen machte es mit dem Einschreibegelde einen Thaler und vierzehn Groschen; — sie brauchten ja die Kleinigkeit jetzt nicht zu bezahlen, man käme ja wieder zusammen, und was dergleichen Reden mehr waren. Allein George und Friedrich bezahlten, jener legte zwei ganze Gulden und dieser einen Species und ein Achtgroschenstück hin, worauf Habler jedem zwei Groschen herausgeben sollte. Habler griff in die Tasche, brachte ein paar Laubthaler hervor, klopfte auf die andre Tasche und sagte: „daß doch das kleine Geld so selten ist; auch nicht einen Dreier hab' ich bei mir und meine Frau ist gerade nicht da. Wißt ihr was, meine Herren; ich werde die vier Groschen, die ich herausgeben sollte, für Euch ins Lotto setzen. Ihr müßts nicht übel nehmen, daß ich nur so eine Kleinigkeit setzen will; aber weil sichs gerade so trifft, es ist ja nur zum Spaß." Das wollten aber beide nicht, denn die Zahlung für die Lotterie war ihnen ohnedies schon groß genug. Habler hingegen ließ nicht nach, und brachte sie endlich dahin, daß sie ihm vier Nummern sagten. Da hätte man den Mann sehen

hen sollen, wie er aufsprang, nach seinem Schranke lief und den Lottokalender herholte. Sie hatten nämlich unter den vier Nummer 15, 27 und 41 genannt, da meinte er nun, es wäre nicht anders, als ob sie schon mehrere Jahre mitgespielt hätten, denn das wären die aller fleißigsten Nummern. Die 15 wäre allein in dem Jahre schon viermal herausgekommen. Er suchte darauf lange und stampfte einigemal mit dem Fuſſe, daß er sie nicht gleich finden könnte. „Ich weiß gewiß, viermal!‟ rief er nach, da George und Friedrich schon zum Hause hinaus waren.

Diesmal waren sie mit ihrer Zahlung nicht so zufrieden, als das erstemal. Jeder hatte einen Thaler und sechzehn Groschen bezahlt, also weit mehr als dreizehn Groschen. Allein eben weil ihnen diese Auszahlung unangenehm war, so erhielt die Lotterie in ihrem Herzen mehr Reitz, da sie nur allein es war, wodurch sie wieder zu ihrem Gelde gelangen konnten. Es lag ganz in der Natur der Sache. Dreizehn Groschen ließen sich leicht übersehen, zumal da sie das Geld an einem Tage gegeben hatten, der des Thurmbaues wegen etwas ungewöhnliches hatte; aber einen Thaler und sechzehn Groschen zu geben, das verlangt schon mehr Aufmerksamkeit. Folglich konnte man mit Gewißheit voraussehen, daß sie nun die Ziehung nicht wie das erstemal vergessen würden. Das geschahe auch, sie stellten sich zur gehörigen Zeit,

Zeit, fanden aber wieder, daß ihre Loose noch nicht herausgekommen waren. Anstatt dies zu bedauern und mit nenem Widerwillen den fernern Einsatz zu geben, zahlten sie vielmehr jetzt gern, weil nun schon die Begehrlichkeit nach einem großen Gewinn, was man eigentlich Spielsucht nennt, bei ihnen Wurzel gefaßt hatte. Dazu kam noch, daß sie im Lotto einen kleinen Gewinn von etlichen Groschen erhielten, welches ihren Wunsch, daß ihre Nummern in der Lotterie bis zur letzten Klasse zurückbleiben möchten, nur noch erhöhte. Dieser Wunsch ging auch in Erfüllung, beide kamen in der letzten Klasse erst heraus, George bekam eine Prämie von fünf Thalern, Friedrich aber eine Niete; folglich hatte jener fünf, dieser aber zehn Thaler verlohren.

Um sie zur Einlage aufs neue zu bereden, dazu hatte theils Habler Fertigkeit genug, theils lag in ihnen der Gedanke, einer muß es doch kommen. Kurz sie spielten in der Lotterie und im Lotto fort, nur mit dem Unterschiede, daß sie nicht halbe sondern ganze Loose nahmen und im Lotto ungleich höher setzten. An das Geldgeben waren sie jetzt schon gewöhnt; überdies spielten sie nun aus zwei Ursachen, — zu gewinnen und ihren Verlust wieder zu erhalten. Das alles geschahe jedoch heimlich, ohne Wissen ihrer Väter und Weiber, und Habler meinte, sie machtens recht, denn es würde oft von solchen Personen,

die

die das Spiel nicht verstünden, zu viel geredt, und das Glück gestört.

Achtes Kapitel.

„In die Wochen, ist sie gekommen?" fragte Heinrich den alten Gärtner noch einmal, und dieser blieb dabei. Jungfer Lorchen hätte ein klein Mädchen. Wer der Vater eigentlich dazu wäre, wüßte man nicht, und sie würde es vielleicht selber nicht wissen, weil gar zu viele bei ihr aus und ein gingen. — Und der Gärtner hatte recht.

Lorchen hatte, wie schon gesagt, sich eine Stube gemiethet, hatte sich niedliche Kleider machen lassen, und lebte so in der Meinung hin, daß sie nun bloß unter den Heirathsanträgen würde wählen können. Wirklich hatte es auch dazu den Anschein; denn daß sie in der Lotterie gewonnen hätte, wurde bald hie und da bekannt, wozu Lorchen selbst durch Prahlen das ihrige beitrug. Die gewöhnliche Art der Menschen, das Gerücht zu vergrößern, kam ihr auch zu Statten, und so hieß es bald bei dem dritten und vierten: — sie hat viel in der Lotterie gewonnen; obgleich ihr Geld bei ihrer Art zu leben schon sehr geschmolzen war.

Wo ist aber wohl das Land, die Stadt oder das Dorf, in welchem nicht Menschen wären, die sich durch Geld blenden ließen? Leider ist es noch nicht dahin gekommen, daß man Arbeitsamkeit und Tugend höher achtet; und so war es auch in Arndstädtel. Es suchten bald einige mit ihr bekannt zu werden, unter welchen ein gewisser Funkel war, der Sohn eines Tuchmachers; diesen begünstigte Lorchen, und man trug sich schon mit der Rede, er würde Meister und würde sie heirathen. Funkel brauchte Geld, denn so hübsch als er von Person war, so liederlich war er zugleich.

Weil Lorchen allein lebte, oft mit Mannspersonen ausging, und in Kleidern sich hervorthat, so suchten auch andere ihre Bekanntschaft, in keiner andern Absicht, als — — doch man weiß ja wohl warum. Vorzüglich that dies ein Accis= Einnehmer. — Lorchen, die ohnedies schon viel Eitelkeit besaß, ließ sich bald von dem Gedanken blenden, durch ihn eine vornehmere Frau zu werden, und so wurde Funkel zwar nicht gleich abgewiesen, weil er ihr weit besser gefiel, als der Accis=Einnehmer, aber sie suchte doch mehr Schwierigkeiten zu machen. Der Einnehmer hatte seine Ursachen, warum er auch andere in ihre Bekanntschaft ziehen wollte, sie war also bald einigen Kaufmanns Söhnen das, was sie ihm gewesen war, und — Lorchen kam in die Wochen, ohne daß einer dem Kinde seinen Nahmen geben wollte.

Der Gärtner und Heinrich sprachen darüber vieles hin und her, und jener meinte, er hätte das alles vorhersagen wollen. Sie hätte schon
sonst

sonst ein verliebtes Blut gehabt, das Geld hätte sie dann vollends bethört, und so hätte es unmöglich anders kommen können. Da sie aber nun schon so weit gekommen wäre, so würde es schwer halten, daß sie sich wieder in den Weg der Zucht und Ordnung finden würde. Erstlich hätte sie doch nun den öffentlichen Schandfleck, zweitens wüßtens so viele, wozu sie sich hätte brauchen lassen, drittens wären ihre Begierden schon zu sehr aufgeregt, und viertens würde ihr Geld auch, zumal bei dem jetzigen Vorfall, gar sehr in die Enge gekommen seyn, daß sie also in der Folge, um ihr müssiges Leben fortzusetzen und ihre Eitelkeit zu befriedigen, ihre bisherigen Besuche annehmen würde, ohne erst zu fragen, ob sie den und jener nehmen wollte.

———

Indem sie noch so sprachen, kam der Hausknecht und brachte Heinrichen die Nachricht, daß er zu Mittage um ein Uhr zum Herrn kommen sollte. Er ging zur gesetzten Zeit hin, und Herr Bärmann verlangte drei Thaler sechs Groschen von ihm. „Das ist doch ein bischen viel, sagte Heinrich, ich habe jetzt das Geld nicht."

Bärmann. Wer in die Lotterie setzt, muß auch bedenken, wo er's hernehmen will. Du hast jetzt zwei ganze Loose, eines in der Webenburger und das andere in der Winkelsteiner; und wenn

Du die Nummern im Lotto, die nun so lange zurückgeblieben sind, nicht weiter besetzen willst, so sind sie verfallen. Also drei Thaler sechs Groschen.

Heinrich. Ja wenn ich nur einmal gesehen hätte, daß ich mit einem kleinen Gewinn herausgekommen wäre; so könnt' ich doch berechnen, daß ich auf eine gewisse Zeit den Einsatz hätte, und ihn nicht baar geben müßte, denn so haben wirs ja ausgemacht.

Bärmann. Das geht mich nichts an, Du willst einmal in die Lotterie setzen, hast mich gebeten, Dein Kollekteur zu seyn; und da thu ich meine Pflicht. Wie müssen andere thun, die Weib und Kind haben, die vielleicht ihr Geld am Spinnrade verdienen, und demungeachtet in die Lotterie setzen. Wo nehmens denn die her?

Heinrich. Das weiß ich nicht; sie müßten denn borgen oder stehlen.

Bärmann. So borg' oder stehle Du auch.

Heinrich. Lieber Gott, wer sollte mir borgen? und zum Stehlen bin ich zu ehrlich. Wollten Sie so gut seyn, und mir das Geld jetzt vorschießen, sonst wüßt' ichs nicht zu kriegen.

Bärmann. Das hab' ich Dir gleich gesagt, ich borge nicht.

Heinrich. So wollen wir lieber die ganze Sache seyn lassen.

Bär-

Bärmann. Wenn Du das willst, gut! Aber das versichere ich Dir, so wahr ich vor Dir sitze, daß Du von dem ganzen Gelde, was Du schon eingesetzt hast, auch nicht einen Pfennig wieder bekommst. Es muß Dir gerade so gehn, wie allen andern, die in die wirkliche Lotterie setzen. Ich habe Dir es selbst versprechen müssen, daß ich so verfahren will; ich halte also mein Wort. Nach sechs Jahren, denn diese Zeit ist, wie Du weißt, festgesetzt worden, da kannst Du es dann halten wie Du willst. Hast Du bis dahin in Deiner Lotterie fortgesetzt, so bekommst Du dann das Geld von mir, was Du hineingesteuert hast: aber willst Du unter der Zeit aufhören, so ist das Geld schlechterdings für Dich auf immer verlohren.

Heinrich. Aber Herr Bärmann.

Bärmann. Ich kann Dir nicht helfen. Nur nimm Dich in Acht, daß Dir das Stehlen nicht einfällt, es möchte Dir sonst sehr übel bekommen.

Heinrich. Herr Bärmann, eher sterben, als mich an anderer Leute Gute vergreifen.

Bärmann. Nun so mache wie Du denkst.

Heinrich. Ich wüßte wohl einen Vorschlag. Wie wär's, wenn Sie so gut wären, und mir mein Monathsgeld vorausgäben.

Bärmann. Das geschieht nicht. Wie würde Dirs gefallen, wenn ein anderer Kollekteur bei mir Dein Monathsgeld holte, und was würdest Du von mir denken, wenn ichs ihm gäbe.. Fast

so wäre es nun, wenn ich Dir jetzt Dein Monaths=
geld gäbe. Ich bin jetzt bloß Dein Kollekteur,
und bin noch ehrlich genug, Dir die Loose und
Nummern nicht so aufzuschwatzen, wie es andere
thun. Bis morgen hast Du Bedenkzeit, und nun
laß mich allein.

Heinrich sahe wohl, daß es Bärmanns völli=
ger Ernst war, denn er war ein Mann von Wort
und scherzte selten, ja selbst im Scherz gab er kein
Versprechen. Nun hatte er doch in der That so
manchen Thaler schon in die Lotterie gegeben; soll=
te er denn das Geld auf einmal verlieren? Er hatte
schon seit einiger Zeit sehr räthlich mit dem umge=
hen müssen, was ihm zu seinen nothwendigen
Ausgaben übrig geblieben war, und das mühsam
ersparte Geld sollte er in den Wind gegeben haben?
Borgen mußte er schlechterdings; aber wo? und
wie aufs neue bezahlen? Der einzige, bei dem er
glauben konnte, daß er es ihm leihen würde, war
der Gärtner; aber er schämte sich fast es ihm zu
sagen, und wie dann, wenn auch er kein Geld
vorräthig hätte? Die Zeit war jedoch zu kurz, um
lange zu überlegen, er sprach mit dem Gärtner,
konnte ihn aber vor Scham nicht ansehen. Glück=
licher Weise hatte der gute Mann einige Thaler,
und aus Liebe zu Heinrichen, lieh er ihm das Geld
bis zum ersten des folgenden Monaths, wo er es
auch wieder erhielt.

Neun=

Neuntes Kapitel.

„Er ist das gar nicht mehr, was er sonst war," sagte David nach etlichen Jahren, welche seit dem Tode seiner Frau vergangen waren, zum Förster Heinze, als sie beide mit einander allein auf der Bank saßen, die sich David in der Baumschule gemacht hatte. Es war eben Sonntag und zugleich in Wohlsdorf Kirmes, daher Vater Heinze zum Besuch gekommen war.

„Gar das nicht mehr," sagte David noch einmal.

Förster. Aber warum? Er hat ja keine Ursache mißvergnügt zu seyn, und war es auch anfänglich nicht.

David. Ja Gott weiß es; ich weiß es nicht, so sehr ich auch hin und her denke. Wenn ich ihn frage: sage mir nur, George, was Dir fehlt? — Da ist es, als wenn er erschräcke, und — weiß mir nichts zu antworten. Ach Gott, Du kannst nicht glauben, wie mir dabei zu Muthe ist. Ich habe so gern fröliche Menschen um mich her, und jetzt vollends, da ich mit jedem Tage älter werde, und meine Kräfte abzunehmen anfangen. Gerade nun ist er niedergeschlagen, und manchmal wenn ich ihm zusehe, ist er wie nicht zu Hause. Es wundert mich, daß Du mir nicht eher was davon gesagt hast.

För=

Förster. Ich hätt' es gethan, aber theils ist mirs nicht so aufgefallen als jetzt, theils dacht' ich auch, er wäre kränklich; aber nun, da mirs meine Tochter so ernstlich klagt —

David. Ja wohl, auch gegen die ist er so, und bei alledem hat er sie doch lieb. Mit einem Wort, ich weiß mirs nicht zu erklären. Hier auf dem Fleckchen sitz ich manchmal, und denke darüber nach. Da möcht' ich dann weinen, wenn ich sehe, wie mich alles anlacht, wie meine Bäume so frisch und gesund dastehn, wie meine Arbeit so gut an alle dem belohnt ist, was ich pflanzte und anbaute. Könnte denn mein Sohn nicht auch sich mit mir freun; und sollte er mir nicht durch Heiterkeit unter allen andern die meiste Freude machen? So denk' ich, steh' dann auf, und will sehn wo er ist. Find' ich ihn, so ist er allein, find ich ihn nicht, so ist er in der Mühle.

Förster. Recht, das sagte mir eben auch meine Tochter, daß er so oft in der Mühle wäre. Wird er denn dadurch nicht ein wenig vergnügter?

David. Ja wenn das wäre; aber so wie er ist, so ist auch Friedrich, und gerade die beiden sind beständig beisammen. Du weißt, wie wir zu Lebzeiten des seligen Horns, immer beisammen waren, wie wir Alten so vergnügt waren und die Jungen auch; wenn ich nun bisweilen zu ihm sage, wir wollen uns doch' zusammen bereden,

daß

daß wir einmal deinen Schwiegervater besuchen, so hat er allerhand Ausreden.

Förster. Du sagst, Friedrich wäre auch so wie er; kann denn da Evchen nicht ihrem Manne auf die Spur kommen?

David. Auch nicht. Die beiden Weiber wissen gar nicht, woran sie sind, und sind doch beide so gut, hängen mit so ganzer Seele an ihren Männern.

Förster. Es ist doch besonders. Wenn ich gleich glauben wollte, daß George deswegen mißvergnügt wäre, weil seine Frau das erste Kind nicht beim Leben erhielt, und jetzt keines gekommen ist; aber da Friedrich auch so ist, so kann das die Ursache nicht seyn.

David. Nein, auf keinen Fall. Es ist etwas, was sie beide angeht.

Förster. Schulden haben sie beide nicht.

David. Wo sollten sie herkommen?

Förster. Oder sind sie etwa über ein Buch gerathen, das ihnen die Köpfe verwirrt hat? — Ich weiß aus meiner Jugend, daß mirs auch einmal so ging. Es war einer, der mit ein geschriebenes Buch brachte, worin allerhand Mittel zu Freischüssen standen, Mittel wie man sich kugelfest machen könnte, und dergleichen Thorheiten mehr; da war ich auch beinahe darüber närrisch geworden, denn ich dachte, wenn das Menschen hingeschrieben haben, so müssen sie doch ihren Verstand

da=

dazu brauchen, sonst wären sie ja keine Menschen, denen Gott Vernunft gegeben hat. Mit der Zeit aber lernt ich freilich einsehen, daß es viele Menschen giebt, die die Vernunft nicht brauchen, die mehr wissen wollen, als dem Menschen möglich ist, und daher auf die unsinnigsten Thorheiten fallen. Es kann immer seyn, daß es mit ihnen beiden so ist; denn solche Bücher sind ja da über das Goldmachen und andre Dinge, selbst über unsre Religion.

David. Ich will Dir Deine Meinung nicht ganz widerlegen; aber wenn ich bedenke, daß ich meine Kinder von allem Anfange an vor Aberglauben und was dem anhängt, zu bewahren gesucht habe, so kommt mir so etwas unglaublich vor.

Förster. Ja ich muß gestehn; ich bedaure Dich und meine Tochter, so wie die Evchen.

David. Das ist noch mein Trost, daß die beiden Weiber wie Schwestern mit einander leben und umgehn; aber wenn ich auch wieder sehe, wie sie so von ihren Männern verlassen werden, dann thut mirs in der Seele weh. Heute zum Beispiel, da wir alle vergnügt beisammen seyn könnten, da sich das ganze Dorf jung und alt freut, auch heute haben sie keine Ruhe.

Förster. Wo sind sie denn?

Da=

David. In Arndstädtel, wo sie immer hin= gehen; denn entweder hat mein Sohn Schulden wie er spricht einzufordern, oder Friedrich.

Indem kamen die beiden Weiber Hannchen und Evchen aus dem Hause und suchten die Alten. Der kleine Gottfried, Evchens zweites Kind und Marie, beide hatten nicht länger in der Stube bleiben wollen, weil die Musikanten in der Dorf= schenke zum Tanze geblasen hatten. Ueberdies war ihnen selbst die Stube zu enge geworden, denn ihre Klagen hatten sie einander mitgetheilt, und viel Trost konnten sie einander nicht geben, weil die eine eben die Leiden hatte als die andere. Sie fragten die Väter, ob sie wohl ein wenig mit ihnen gehen wollten, die Kinder hätten so gar große Lust ins Freie. Und so gingen sie zusammen am Bache hin bis zum Mühlgraben.

In der That, die Frölichkeit, die sonst in Da= vids Hause eben so wie in der Mühle geherrscht hatte, war wie verschwunden. Die Arbeit wollte keinem mehr so von Statten gehen als sonst, und wenn man mit einander sprach, so wars, als wenn man dafür bezahlt würde. Wie konnte es daher anders kommen, als daß man die Folgen davon nicht nur dem Hause und Garten ansah; daß man bemerkte, wie dieß und jenes nicht mehr so als ehedem behandelt würde; sondern daß sie auch selbst die angenehmen Leute nicht mehr wa= ren? Nimmt man auch an, daß ein ausschwei=
fen=

fendes müßiges Leben die Ursache zu einem frühzeitigen und mürrischen Alter ist, ehe man sichs versieht; so war ja dies nicht der Fall bei Daviden gewesen: — und will man sagen, daß oft die schönsten Mädchen, wenn sie Weiber werden, wegen übertriebener Genüsse in der Ehe, in einiger Zeit ganz unkenntlich sind und frühzeitig veraltern; so läßt sich dies auch nicht auf Evchen und Hannchen beziehen. Und gleichwohl hätte man eine Unwahrheit gesagt, wenn man sie jetzt die schönsten Weiber in Wohlsdorf hätte nennen wollen. Die vollen runden Arme waren schwach und die rothen Backen blaß geworden; die Lebhaftigkeit war nicht mehr in ihren Augen, und wenn sie sprachen, so war ihre Stimme kleinlaut. Ans Singen kam es vollends nicht mehr. Selbst das, was sie hätte aufheitern können, und ihnen sonst angenehm gewesen war, selbst das war ihnen zuwider. Wenn Hannchens Stieglitz singen wollte, da winkte sie mit der Hand, daß er schwieg, und pfiff bei Evchen die Amsel, so hing sie ein Tuch übers Bauer, zumal wenn er das Trompeterstückchen anfing.

————

Schon hatten sich die Kirmesgäste an dem Sonntage Abends größtentheils wieder verlohren, selbst in der Schenke war es nicht mehr so voll, und George und Friedrich waren noch nicht zurück.
Man

Man wartete, wartete ängstlich, Evchen schickte zwei Boten zu ihrem Vater und kam endlich selbst; aber sie kamen nicht. Keines von ihnen konnte die Ursache errathen. Endlich, da es beinahe um zwölfe ist, treten sie ins Haus. Hannchen fragt ihren Mann, warum er so lange bliebe; aber sie bekommt eine schnöde Antwort, und fast eben so geht es Evchen. Die eine sieht ihren Mann an, die andre auch, und beide wissen nicht, was sie aus ihnen machen sollen. Sie sehen so verstört aus, die Haare hängen verwirrt umher, und die Augen stehen wie gläsern am Kopfe, daß die Weiber ein Schauer überläuft, besonders Evchen, die ihren Friedrich so gar sehr liebte. Sie geht von ihm fort, legt sich zu Bette, aber sie kann nicht einschlafen, bis sie sich erst recht satt geweint hat. Es war ihr unmöglich, daß sie ihrem Friedrich harte Vorwürfe hätte machen sollen; denn sie hatte sich in ihrem Leben mit niemanden gezankt, sollte sie nun wohl zuerst mit ihrem Manne anfangen? Das war ihrem sanften Herzen unmöglich. Hannchen hingegen ertrug Georgens Antwort nicht so gelassen, sie warf ihm seine Ungezogenheit derb vor; er hingegen wollte das nicht leiden, und so kam es zu dem heftigsten Wortwechsel, daß der gute David darüber erwachte, und kaum im Stande war, sie zur Ruhe zu bringen.

War nun die Unzufriedenheit schon vorher groß gewesen, so war sie es jetzt ungleich mehr,

F

zu=

zumal da George und Friedrich die nächsten Tage
darauf noch weit ärger waren, als vorher. Es
war fast kein Wort aus ihnen zu bringen, und
wenn sie ja was sagten, so wars weder halb noch
ganz. Aber beständig hatten sie was mit einander
zu reden, und wenn sie dann zurück kamen, und
in Gedanken vor sich da saßen, da war es zuwei=
len, als wenn sie jemand jähling anpackte, so
fuhren sie zusammen.

Am dritten Tage darauf, da Evchen in ihren
häuslichen Geschäften ist, kommt ein Mahlgast
und fragt sie, da er kaum den Schubkarren nieder=
gesetzt hat, ob sie was neues wüßte? Sie sagt
nein, und nun erzählt er ihr, daß man einen Ju=
den gleich über der scharfen Ecke nicht weit vom
Wege nach Arndstädtel rechts in einem Dickicht
gefunden hätte. Er wäre schon ins Amt gebracht,
Balbier und Doktor hätten ihn untersucht und
hätten gefunden, daß er mit einem Messer vielmal
in die Brust und in den Hals wäre gestochen wor=
den. Evchen läuft es bei der Geschichte eiskalt
über den Rücken; sie geht hinein um es ihrem
Manne zu sagen, aber er ist nicht da; sie sieht
hinaus auf den Mühlgraben, und da sieht sie
Friedrichen oben herkommen, denn er war wieder
bei Georgen gewesen. Wie sie ihm die Nachricht
sagt, so erschrickt er auch dermaßen, daß er wie
eine Leiche aussieht und am ganzen Leibe zittert.

Er

Er sagt aber weiter nichts als — so! — und geht gleich wieder fort.

Es ist bekannt genug, wie sich das Gerücht bei solchen Vorfällen äußerst schnell verbreitet, wie es einer dem andern sogleich erzählt, wie man nach den kleinsten Umständen fragt, und dergleichen. So war's nun auch hier, zumal da die Mordthat in so großer Nähe geschehen war. Vorzüglich geschahe dies in der Mühle, theils weil es zuerst dahin gebracht worden war, theils weil dies ein Ort war, wo die Mahlgäste immer ab- und zugingen.

Gleichwohl nahm Friedrich an dem Gespräch fast gar keinen Antheil, hielt sich immer entfernt, und wenn er auch etwas dazu sagte, so waren es nur einige Worte, daß es selbst etlichen Mahlgästen auffiel. Sie wußten zwar wohl, daß er schon seit einiger Zeit nicht viel gesprochen hatte; aber bei einer solchen Begebenheit, die die Menschheit so sehr empört, wird doch gewöhnlich jeder Mund beredt, wenigstens hört man neugierig zu. Und so mußte auch Evchen, das arme Weib, sich ihren Mann gar nicht zu erklären, sie weinte in jedem einsamen Winkel, wo sie ungestört war; denn in ihren Thränen fand sie den einzigen Trost, den sie noch hatte, weil jetzt auch Hannchen von Georgen und Friedrichen nicht mehr reden wollte. Sie meinte, ihr Mann wäre gerade so; sie möchte aber gar nichts mehr von seinen Sachen wissen,

denn sie sähe, daß er von Tag zu Tage schlimmer
würde. Mittlerweile ging das Gerücht unter den
Leuten weiter; man erzählte und ließ sich er=
zählen.

Nach einigen Tagen war Evchen im Begriff
den kleinen Gottfried zu baden. Es war in der
kleinen Stube. Auf einmal tritt ein baumlanger
Mann herein. Evchen erschrickt, und weiß nicht
was sie aus ihm machen soll, und warum er so
geradezu hereinkommt. Er sieht sich überall in
der Stube um, fragt nach ihrem Manne, da er
ihn nicht bemerkt, und sagt, daß er was noth=
wendiges mit ihm zu sprechen habe. Darauf weiß
sie nichts anders zu antworten, als daß sie es
nicht wüßte. Er fragt dann ferner nach dem Kir=
messonntage, ob sie viel Gäste gehabt hätten und
dergleichen, und da ihm Evchen sagt, daß ihr
Mann nicht zu Hause gewesen wäre, und sie ihre
Schwägerin besucht hätte; so fährt er noch weiter
fort über die Sache zu sprechen, und Evchen beant=
wortet ihm ohne allen Verdacht die Fragen, die
er ihr vorlegt. Er geht hierauf fort, und da ihm
Evchen nachsieht, bemerkt sie, daß mehrere in
seiner Gesellschaft sind. Sie wundert sich über
diesen Besuch, fährt jedoch fort ihr Kind zu ba=
den, und geht dann in die gewöhnliche Wirth=
schaftsstube. Starr sehen sie die Gäste alle an,
da sie eintritt, und schüchtern fragen sie einige,
was die Gerichtsdiener gewollt hätten. „Wer?
die

die Gerichtsdiener?" fragt sie jetzt erstaunt, und die Mahlgäste bestätigen aufs neue ihre Aussage.

Indem sie noch voll Verwunderung über diesen Vorfall da steht, hört sie von außen die Stimme ihres Vaters. "Ach Gott, ach Gott! mit den Worten tritt er herein, ich alter unglücklicher Mann, wo find' ich Trost. Meine Tochter, Dich hab' ich zwar noch, aber keinen Sohn mehr. Wo ist Dein Mann? — O komm Du doch wenigstens und steh' mir bei, meine Schwiegertochter ist außer sich und liegt da ohne Bewußtseyn!" Aber um Gottes willen Vater, sagt Evchen, was ist denn vorgegangen? "Ich habe keinen Sohn mehr, fährt er fort, er ist in den Händen der Gerichtsdiener. Sie nahmen ihn von meiner Seite weg, da ich mit ihm auf die Arbeit gehen wollte. O Gott, wer sagt mir, was er begangen hat! Sein Verbrechen ist groß, ich sah' es auf seiner Stirn. Giebts denn keinen Trost mehr auf der Welt!" Er will fort, und Evchen weiß vor Schrecken nicht, was sie thun, ob sie ihrem Vater beistehen, oder Hannchen zu Hülfe eilen soll. Zitternd am ganzen Leibe greift sie ihm unter die Arme, aber einer von den Mahlgästen erbietet sich mit ihm zu gehen, und so eilt sie voraus.

Hannchen war zwar von ihrer Betäubung wieder zu sich selbst gekommen; aber ihr Zustand war dennoch bejammernswerth. Ihre vorige Liebe zu ihrem Manne, die öffentliche Schande, die auch auf sie kommt, die Vorstellung — du hast einen Verbrecher zum Manne, der Gedanke an den begangenen Mord, der ihr wider Willen einfällt; — das alles vereinigte sich jetzt in ihr und schlug ihre Seele nieder. Man jammerte und klagte und obgleich Evchen jetzt am standhaftesten war, und sagte, man müßte die Zeit abwarten, George würde wohl unschuldig seyn, es wäre vielleicht ein Irrthum vorgegangen; so waren doch alle ihre Gründe zu schwach, um ihre Herzen aufzurichten, und ihren eignen Kummer aus ihrer Seele zu entfernen.

Dieser Kummer wuchs allerdings bei ihr, da sie am Abend darauf vergebens auf ihren Mann wartete. Er kam nicht und sie quälte sich die ganze Nacht mit unruhigen Gedanken. Der Morgen kam, der folgende Tag verging, sie hatte überall nach ihrem Manne gefragt; aber vergebens. Was war nun die Ursache seiner Entfernung? Hatten ihn die Gerichtsdiener auch ergriffen? War er entsprungen? War er in Sicherheit? Und wenn er unschuldig war, — warum kam er nicht nach Hause? Wo sollte wohl das arme Weib über alle diese Fragen Antworten erhalten! Die Zerrüttung im Hause ihres Vaters schien doppelt und dreifach auch auf sie zu fallen.

Zehn-

Zehntes Kapitel.

Evchen rang in der kleinen Stube die Hände, da sie schon am andern Abend ihre Kinder zu Bette gebracht hatte. Es war noch in der Dämmerung. Sie will weinen, aber sie kann nicht mehr; jede Hoffnung, die Spur ihres Mannes zu entdecken, ist ihr entrissen, und gleichwohl, wenn sie darüber klagt, daß sie ihn nicht weiß, scheint es ihr gut zu seyn, daß er verborgen ist, und ihn andere nicht wissen. Endlich öffnet sich die Thüre und — vielleicht ihr Mann! nein; Förster Heinze bietet ihr einen guten Abend. Das schreckliche Gerücht von der Verhaftnehmung seines Schwiegersohnes hatte ihn eher nach Wohlsdorf gebracht, als der Bote nach ihm abgeschickt worden war.

Seine erste Anrede an sie war, wie man wohl denken kann, nicht herzstärkend, auch ihn traf der Vorfall als Schwiegervater sehr heftig. Während dessen, daß er spricht, zieht er einen Brief aus der Tasche, giebt ihn Evchen und sagte, daß ihn jemand gebracht habe, als er schon hier gewesen wäre. Er hätte in einem andern gelegen, der an ihn gerichtet gewesen wäre, darin hätte aber weiter nichts gestanden, als daß er so gut seyn und diesen Brief an die Müllerin Horn in Wohlsdorf so bald als möglich bestellen möchte. Wo dieser Brief also herkäme, wüßte er nicht.

Evchen nahm den Brief, und ihr erster Gedanke war: er ist sicher von meinem Manne. Sie vergaß nun alles, vergaß selbst den Förster Heinze, holte Licht, riß den Brief auf und las:

Mein liebes Weib!

Wenn mir das jemand vor fünf Jahren hätte sagen sollen, was ich nun weiß, ich hätte geglaubt, der Mensch wäre rasend; aber da ichs jetzt an mir selbst erfahren habe, so muß ichs wohl glauben. Wie das nach und nach so geworden ist, kann ich jetzt nicht einsehen, weil ich keine Zeit zum Nachdenken habe, und weil mir überhaupt keine ruhige Stunde in der Welt mehr übrig bleibt.

Ich hab' es wohl seit einiger Zeit gesehen, daß Du mit mir keine so glückliche Ehe führtest, als anfänglich, und das that mir zuweilen herzlich leid; aber mein Gemüth war so voll, weil sich meine Schulden immer vergrößerten, daß ich nicht wußte, was ich thun sollte. Dir wollt' ichs nicht sagen, weil ich immer dachte, ich würde endlich in der Lotterie was gewinnen, und doch kam nichts. So gings von einer Zeit zur andern, und — ach Gott! nun mußte es gar so mit mir werden. Wenn ich Dir es nur nicht selber sagen müßte. Ich weiß zwar wohl, daß ich ein armer Sünder bin, aber ich fürchte mich nur, daß Du zu sehr erschrecken möchtest, wenn ich Dirs gerade=

zu

zu sage. — Wie wir damals zusammen in Arnd=
städtel waren, und den Knopf aufsetzen sahen,
sieh, da fing sich mein Unglück an. Du weißt
nämlich, daß George und ich dreizehn Groschen
in die Lotterie setzten, die verlohren wir, und weil
wir bei den andern Ziehungen weit mehr Einsatz
geben mußten, so dachten wir, es wäre besser,
wenn wir Dir und Hannchen und Deinem Vater
nichts davon sagten. Ach hätten wir es nur ge=
than, vielleicht hätte uns euer Zureden abgehal=
ten. Kurz, wir spielten fort, und am Ende hat=
ten wir über zehn Thaler verlohren. Das Geld
wollten wir doch gerne wieder haben, und darum
setzten wir höher ein und auch ins Lotto. Nun
waren wir einmal im Spiel, und da versichere ich
Dich, es gingen zwanzig, dreißig, funfzig bis
hundert Thaler hin, daß ich nicht weiß wie. Ein
paarmal wurde uns zwar angst und bange; aber
Habler redte uns immer wieder zu, meinte, daß
es zuletzt gewiß wieder reichlich herauskommen
würde, und sagte, wir dürften nur zu seinem
Schwiegervater, dem Seiler Wäbler gehen, wenn
wir das baare Geld nicht gleich hätten, er wollte
selbst ein gutes Wort für uns einlegen. Das nah=
men wir mit Freuden an, und nun setzten wir in
alle Lotterien und ins Lotto, weil wir die Sache
mit Gewalt zwingen wollten. Einigemal kamen
wir auch mit ein paar Thalern heraus, aber die
langten nicht einmal zu, um die Interessen von

F 5   un=

unsern Schulden zu bezahlen. So ging es die Jahre hin, und am Ende waren wir mit den Interessen über zwei tausend und fünf hundert Thaler schuldig.

(Evchen zittert so stark am ganzen Leibe, daß sie kaum den Brief halten kann; weil sie aber doch gern wissen will, wo er ist, so liest sie weiter.)

Mit der größten Hoffnung, aber auch mit Furcht und Angst gingen wir daher am Kirmessonntage nach Arndstädtel. Wie uns da zu Muthe war, da Habler sagte: das Glück neckt euch doch immer noch, kann ich Dir gar nicht sagen. Es war, als wenn uns jemand in den Abgrund der Hölle stürzte, auch weiß ich bis diese Stunde noch nicht, wie wir aus Arndstädtel herausgekommen sind, und ob uns jemand gesehen oder gehört hat. So kamen wir in den Wald, und nicht weit von der scharfen Ecke begegnete uns ein Jude" — —

Bei dem Worte Jude wars als ob jemand Evchen das Herz aus dem Leibe risse. Sie sprang wie wüthend vom Stuhle auf, fuhr mit Ungestüm auf den Förster Heinze los, daß er zurücktaumelte, und schrie in ihn hinein: „gemordet — ja ja gemordet!" Heinze sieht, daß das unglückliche Weib ihre Sinne verliert, will sie auffassen und um Hülfe rufen; aber sie reißt sich los, stürzt zur Thüre hinaus und auf den Hof. Heinze eilt so gut er kann ihr nach, nimmt aber doch zuvor den Brief geschwind zu sich, damit ihn andere nicht

nicht finden sollen. So kommt er hinaus, sieht und hört aber von Evchen nichts mehr. Konnte sie sich nicht in den Mühlgraben gestürzt haben? Zum Unglück ist niemand da; also er fort, am Mühlgraben hin, und findet Evchen unter einer Eiche, wo sie den Stamm vest mit ihren Armen umklammert. Ach Gott! es war die Eiche, wo Friedrich ihr als Braut die Amsel geschenkt hatte.

Der ehrliche Förster macht Versuche, sie nach Hause zu bringen, aber sie lacht laut, und spricht: „Nein, ich laß ihn nicht, ich habe meinen Friedrich gar zu lieb," daß dem gutmüthigen Alten die Thränen vor Wehmuth aus den Augen stürzen. Er sieht, daß ihr Verstand völlig zerrüttet ist, und doch kann er sie nicht allein lassen, um jemanden zu Hülfe zu holen. Glücklicher Weise kommt noch Krausens Magd, welche ihn zum Abendessen rufen soll, diese schickt er fort, und unter dem Beistande anderer weiß er sie endlich zurück in die Mühle zu bringen.

Es war, als ob das Maaß des Elends durchaus voll werden sollte. Verschuldet war also auch Davids Haus, das er mit so vieler Mühe, mit so viel edler Thätigkeit, und dem rühmlichsten Fleiße erbaut hatte! Verschuldet alle Bäume, die er gepflanzt hatte, und sein ganzer Garten! Verschuldet die Mühle, die jetzt keinen Herrn mehr hatte! Zerrüttet die häusliche Zufriedenheit und das Glück, welches sonst Arbeitsamkeit in diese

Woh=

Wohnungen gebracht hatte! Und nun noch ausser der Schande, welche den rechtschaffnen David nebst seinen gut gebliebenen Angehörigen traf, das schreckliche Elend, in welches Evchen, das schuldlose Weib fiel!

Gewiß wird jeder, der das Gute an andern schätzt, und Theil an ihren Leiden nimmt, Mitleid mit diesen guten Menschen fühlen; ja es ist Pflicht. Aber wenn man bedenkt, daß Evchen mit ihrem sanften Herzen vielleicht nicht stark genug gewesen wäre, alles das mit einemmal zu erfahren, was wirklich geschehen war, und was sie noch nicht wußte; so möchte man fast sagen, es war gut, daß sie in eine völlige Bewußtlosigkeit fiel. In ihrer Seele lebte Friedrich als Bräutigam, und sie war seine Braut. Wenn sie daher die Leute in ihrer kleinen Stube besuchten, wo sie bewacht werden mußte, da saß sie freundlich da, lächelte vor sich hin, hatte gewöhnlich Blumen um sich her, und machte einen Kranz, den sie ihren Brautkranz nannte. „Wird sich nicht Friedrich freuen, wenn er mich sieht? sagte sie dann, und betrachtete den Kranz, oder sprach von Blumen, die sie noch haben müßte. Fiel ihr zuweilen ein, daß Friedrich nicht da wäre, dann ging sie hin an die Eiche, umfaßte sie, und sagte zu denen, die sie begleiteten: „sagt' ichs nicht, daß Friedrich hier wäre; o Friedrich ist gut!" — Nicht einer konnte von ihr gehen, der nicht Thränen über
ihren

ihren Zustand vergossen hätte, zumal wenn die verlassenen Kinder zu ihrem Vater oder zur Mutter wollten.

Förster Heinze, der ein Zeuge gewesen war, daß der Brief, den er ihr gegeben hatte, die Zerrüttung ihres Verstandes hervorgebracht hatte, hielt es bei den jetzigen Umständen für nöthig ihn zu lesen, um dann zu überlegen, welche Wege man am besten wählen könnte. Daß er überdieß schreckliche Nachrichten enthielte, könnte er aus Evchens Worten sehen, mit denen sie auf ihn zugekommen war. Hier also noch das übrige des Briefes:

„So kamen wir in den Wald, hieß es im Zusammenhange, und nicht weit von der scharfen Ecke begegnete uns ein Jude, der uns fragte, ob wir ihm nicht Spitzen und schöne feine Tücher abkaufen wollten. Wir sagten beide, — nein, und gingen unsern Weg fort. Aber kaum waren wir einige Schritte gegangen, als George anfing: „der hat vielleicht Geld genug bei sich, und wir haben Schulden." Gott weiß nun, wie uns da beiden auf einmal die Mordgedanken ankamen, kurz das Geld lag uns im Sinne, und so war auch unser Entschluß fertig. Wir riefen dem Juden wieder zu, und sagten zu ihm, wir wollten uns seine Waare doch ansehen. Er legte sein Bündel auf die Erde, indem er aber daneben kniete, schlug ihn George mit einem Steine, den er

ins

ins Tuch gewickelt hatte, so gewaltig auf den Kopf, daß er betäubt war und umfiel. Ach Gott, ach Gott! ich kann fast nicht weiter schreiben, es ist als wenn er vor mir da stünde mit der blutigen Brust, da wir ihn ins Dickicht geschlept hatten. Fünf Thaler Kreuzer und Dreier hatte er bei sich; aber es ist als wenn höllisches Feuer in meinen Händen brennte, in denen ich das Blutgeld gehabt habe. Gott sey meiner Seele gnädig!

Von der Zeit an wars immer als wenns nach mir griffe. Wo ich ging und stand, war auch der Jude vor mir, wie er noch das letztemal röchelte und zuckte. Es war als ob er mir zuriefe: Du mußt nun auch sterben! Und doch sollte ich mich dann verstellen, als die Leute von unsrer Mordthat mit mir sprachen. Sie müssen mirs an der Stirne angesehen haben, daß ich ein Mörder war. Ich hätte mich gewiß auch gutwillig von den Gerichtsdienern greifen lassen, da ich sie eines Tages im Garten kommen sah; aber bloß um Deinetwillen, damit Du nicht zu sehr erschrecken solltest, versteckte ich mich im Garten und entsprang, da ich sicher zu seyn glaubte. Nun war ich zwar frei, aber desto ärger quälte mich mein Gewissen, vor dem ich mich nicht verbergen konnte, bis ich den Entschluß faßte, mein Leben zu endigen. Ja ich muß, ich muß; denn mein Leben ist mir zur Quaal; ich muß mich selbst tödten, da ich

nicht

nicht unter Henkershänden sterbe. Ich bin mein
eigner Scharfrichter.

Ach ich weiß, wie sehr Dein Herz brechen
wird, wenn Du dies liest; aber ich habe zu schreck=
lich gehandelt, warum soll ichs nicht sagen. Du
hätteft ja wohl noch mehr gelitten, wenn Du ge=
wußt hätteft, daß man mich hinrichten würde.
Bete für meine Seele, wenn sie noch Barmherzig=
keit bei Gott finden kann, und fluche mir nicht,
ob ich gleich Deinen Fluch verdient habe, daß ich
mich zum Spiele verleiten ließ, was schon so viele
tausend Menschen unglücklich gemacht hat. Ich
wäre gewiß kein Mörder, wenn ich nicht durch die
Lotterie mich in so große Schulden gestürzt hätte.
Noch einmal bitt' ich Dich, fluche mir nicht; denn
das weiß ich, daß Du mich als einen Mörder und
Betrüger, der Dich heimlich unglücklich gemacht
hat, nicht mehr lieben kannst. Gottes Barm=
herzigkeit mach es nun mit mir, wie ichs ver=
diene!

Diesen Brief schreib' ich beim Leutritzer Schul=
meister, der mich nicht kennt. Ich werde ihn an
den Vetter Heinze schicken. Wenn Du ihn aber
erhältst, bin ich nicht mehr auf der Welt. Leb
tausendmal wohl! Gott vergelte Dir Deine Liebe
desto reichlicher, da ichs nicht gethan habe! Ich
muß schließen, sonst fang' ich an, zu weichmüthig
zu werden, wenn ich an Dich und an meine Kin=
der denke, und so viel Kraft brauch' ich noch, um

den

den Mord des unschuldigen Juden an mir selbst zu rächen.

Friedrich Horn.

Was Heinze dachte, da er den Brief gelesen hatte, darf man nicht erst sagen. Aus Schonung gegen den rechtschaffenen David verbarg er ihn vor jetzt; erkundigte sich aber bei Personen, die aus der Gegend um Leutritz her waren, und erfuhr, daß man ihn todt in einem Teiche gefunden hatte.

Eilftes Kapitel.

Unter denen, welche an Evchens traurigem Schicksale den innigsten und herzlichsten Antheil nahmen, war gewiß Heinrich einer der ersten. Wie erstarrt waren alle seine Glieder, als es hieß: „Sie haben den Mörder, es ist der junge Krause aus Wohlsdorf." Er wollte sprechen, aber seine Zunge war wie gelähmt. Endlich aber, da der erste Eindruck dieser schrecklichen Nachricht vorüber war, und er über den Zusammenhang nachdenken konnte, schien ihm die Gewißheit der Sache völlig unmöglich zu seyn. Er war ja mit Georgen aufgewachsen, und wußte, wie ihn David so sorgfältig erzogen, ihn zu den edelsten Beschäftigungen angehalten und in einen solchen Zustand gesetzt hatte, daß er über keinen Mangel klagen durfte. Es ist also ein ungegründeter Verdacht, der auf

ihn

ihn gefallen ist, so dachte er. Indeß blieb doch so viel wahr, daß man ihn gerichtlich eingezogen hatte, daß dadurch seine Familie aufs bitterste gekränkt worden war, und daß auch Evchen bei der Sache viel gelitten hatte. Folglich bedauerte sie Heinrich eines Unfalls wegen, der bei weiten noch nicht so schrecklich war, als derjenige, der sie wirklich betraf.

Bei der Gewissenhaftigkeit, mit welcher er bisher seinen Beruf erfüllt hatte, stand er mit seinem Herrn nicht nur immer noch in einem so guten Vernehmen wie ehedem; sondern Bärmanns Wohlgefallen an ihm, war noch mit jedem Jahre vergrößert worden. Uebrigens aber war er immer noch Gartengehülfe, weil der alte Gärtner noch lebte, hatte bis jetzt in seine Lotterie gesetzt, und war ziemlich am Ende der Zeit, die er und Bärmann dazu vestgesetzt hatten, denn die sechs Jahre waren beinahe um. Daß er viel eingesetzt und daß es ihm oft viel Mühe gemacht hatte, das Geld dazu zu ersparen, das wußte er; wie es aber eigentlich damit stünde, wußte er nicht, das war Herrn Bärmanns Sache, seines Kollekteurs.

Da er sich überzeugte, daß ihm Evchen nicht aus dem Herzen kam, und in seinem ganzen Leben nicht kommen würde, so hatte er nach seinen Grundsätzen alle Gelegenheiten vermieden, sie zu sehen, und war daher in den verflossnen Jahren nur einigemal in Wohlsdorf gewesen. Jetzt hingegen hielt ers für Pflicht, seinen Pflegevater David zu besuchen, und Evchen bei Gelegenheit zu sehen. Die Erlaubniß erhielt er von seinem Herrn, und des andern Tages war er in Wohlsdorf.

Es war natürlich, daß er sich allemal wenn er in Davids Haus und Garten trat, an seine frölichen Jugendjahre erinnerte. Da war dies, da war jenes Fleckchen, was er noch genau wußte; da hatte Evchen ihre Beete gehabt, dort hatte sie einmal Aepfel aufgelesen, die er geschüttelt hatte, und dergleichen. Gewöhnlich fand er auch gleich jemanden vom Hause im Garten, oder sah Evchens Kinder; man kam ihm entgegen, freute sich ihn einmal zu sehen, bot ihm die Hand, und führte ihn dann freundlich herein. Wie ganz anders aber war es jetzt! Schon der Ort bei der scharfen Ecke, wo die Mordthat geschehen war, hatte bei ihm die widrigsten Empfindungen erregt; und als er dann an Davids Garten kam, da stand alles so muthlos. Hier hatte der Wind einen Pfahl umgerissen, und das Bäumchen schwankte ohne Stütze hin und her; dort war ein Ast abgebrochen, und lag noch neben dem Windbruche; die Beete waren voll Unkraut, das abgefallene Obst lag noch unaufgelesen da, dort steckte ein Spaden in der Erde, aber kein Arbeiter war zu sehen, und hier lag ein Rechen mit abgebrochenen Zinken. O das alles war sonst nicht! Und da er endlich ins Haus trat, und Hannchen sah und den

Va=

Vater David, mit ihren bleichen Gesichtern; da David zu ihm sagte: „Ach! Heinrich, willst Du uns auch in unserm Elende sehen?" — wie preßte die Wehmuth Heinrichs Herz so enge zusammen!

Und doch erschütterte das alles sein Herz noch nicht so, als der schreckliche Zustand, in dem er Evchen fand. Der unglückliche Vater ging mit ihm hin. Das ehemals so blühende Mädchen — das schönste Mädchen des Dorfes, saß hier in der kleinen Stube auf einer Strohmatte, abgezehrt vom Gram, und von der zerstöhrenden Zerrüttung ihres Gehirns. Sie lächelte zwar, aber fürchterlich war für jeden Zuschauer das Lächeln, denn aus dem schönen sanften Auge leuchtete nicht die holde Fröhlichkeit mehr hervor; ihr Blick war stier. Es ist unbeschreiblich, was Heinrich empfand.

Gleichwohl schien es, als ob seine Erscheinung auf sie einen Eindruck machte, und als ob sie auf einige Augenblicke ihres Verstandes mächtig würde. Er nannte sich, und sie sah ihn an und sagte: „Du bist Heinrich? Ich bin ganz allein. Willst Du nicht bei mir bleiben? Friedrich will gar nicht mehr wieder kommen." Aber auf einmal fiel sie in ihren Zustand zurück, schlug in die Hände und rief: „ich bin eine Braut!" Unmöglich konnte Heinrich lange ein Zeuge ihres Elendes seyn; denn sein Herz litt zu viel dabei. Mit bebenden Knien verließ er diese Jammerstätte, so groß hatte er sich das Elend nicht gedacht.

Was sollte er nun Daviden zum Troste sagen? o! er bedurfte selbst des Trostes nur zu sehr. David erzählte ihm noch, daß der Amtmann selbst aus Mitleid zu ihm gekommen wäre, daß er sich nach den Umständen seines Sohnes erkundigt, und daß er hingegen ihm alles das gesagt hätte, was er wußte. Er erzählte ferner, daß man ihn und Hannchen schon einmal vor Gericht verhört hätte, und sie mit vielem Bedauern vom Amtmann und von den übrigen Herren empfangen und entlassen worden wären. Heinrich trennte sich hierauf mit einem Herzen, das die Größe seines Schmerzes nicht kannte.

Der Tag neigte sich als er aus dem Walde kam, und die Sonne war zum Untergange bereit. Tiefsinnig ging er einher, denn tausend Gedanken erfüllten seine Seele. Er suchte, ob er ein Mittel fände, um seinem rechtschaffenen Pflegevater beizustehen, und Evchen — ach! Evchen zu retten, aber wo war Hülfe? Er war arm, was konnte er thun? Vergebens waren seine Seufzer; vergebens die Thränen, mit denen er gen Himmel blickte.

Indem er so hingeht, hört er auf einmal auf der linken Seite des Weges ein ängstliches Geschrei. Er geht hin, kann aber nichts deutlich erkennen. Das Geschrei hingegen dauert fort, und so ist er auch schon zur Hülfe bereit, und geht quer übers Feld nach der Stimme zu. Er kommt näher und findet, daß ein Wagen umgeworfen ist, und daß eine Frauensperson auf der Erde liegt, die der Fuhrmann allein nicht in die Höhe bringen kann. Er flucht, sie winselt. „Was giebts denn hier?" fragt Heinrich.

Fuhrmann. Umgeworfen hab' ich, und nun mag man sich alleine plagen.

Sie. Ach Gott! Heinrich! ach Heinrich!

Heinrich. (Indem er sie mit aufrichten hilft und sie näher im Gesicht betrachtet.) Um Gotteswillen! ist Sies denn wirklich?

Sie. Ja wohl bin ichs. Ach wenn ich doch von der Welt wäre!

Heinrich. Was fehlt ihr denn?

Sie. Krank bin ich, und nun hab ich noch dazu den Arm gebrochen.

Heinrich. Aber wie kommt sie denn in dem Zustande hierher?

Fuhrmann. Eine Landstreicherin ist sie, und die Fuhre eine Bettelfuhre *), das sieht Er doch wohl.

---

*) So wohlthätig auch die in manchen Gegenden getroffene Einrichtung ist, daß sieche und kranke Arme durch Fuhren von Dorf zu Dorf bis an den Ort

Heinrich. Und wo will Er sie denn hinbringen?

Fuhrmann. Nach Arndstädtel ins Lazareth, wo solche Menschen hingehören.

Das Stroh war unterdessen wieder zwischen die elenden Breter auf dem Wagen geworfen, und sie darauf gelegt worden. Mit den Worten: — „Da hat man seine Noth mit solchen Menschen, die in Sünd' und Schande gelebt haben, und kriegt doch keinen Dreier zum Lohne;" — hieb er schon mit der Peitsche auf das Pferd los, der Wagen schmiß hin und her, und sie schrie zum Erbarmen: da rief Heinrich dem Fuhrmanne zu, bot ihm einige Groschen, und sagte, daß er langsam im Schritte fahren möchte, ihre Schmerzen wären sonst zu groß. Jetzt war er erweicht und fuhr langsam.

Hein=

Ort ihrer Verpflegung gebracht werden; so ist doch oft die Art der Behandlung grausamer als der Tod. Um solche elende Menschen nicht des Nachts zu behalten, sucht man sie so schnell als möglich fortzuschaffen. Es sind Gemeinefuhren, die nicht bezahlt werden, und der Reihe nach geschehen müssen; und so kann man leicht denken, wie selten die Menschlichkeit solche Fuhren begleitet.

Heinrich ging hinter dem Wagen her. Seine Gedanken, die er vorher gehabt hatte, waren durch diesen Zufall mit einemmal verändert worden. Der Anblick der Person war zu widrig, ihr vertrocknetes Gesicht, ihre elende Kleidung, die sie kaum bedeckte, und die eckelhaften Pflaster im Gesicht, alles das konnte er mit dem glänzenden Zustande, in dem sie vorher gelebt hatte, nicht in Verbindung bringen. Und so machte er seine Betrachtungen hin und her, dachte zuweilen nach Wohlsdorf an Evchen, zuweilen an diese elende Person, wenn er sie aufs neue winseln hörte, bis er an die Stadt kam.

Es war ihm bekannt, daß Lorchen vor vier Jahren noch in Arndstädtel großes Aufsehen gemacht hatte. Freilich nicht auf eine ehrenvolle Art; denn sie hatte nach ihrer Niederkunft, um ihr müßiges Leben fort zu setzen und ihre wollüstigen Begierden zu stillen, sich nicht nur jedem um Geld preiß gegeben, sondern hatte auch durch ihr schändliches Gewerbe und durch ihre Verstellung manche friedliche Ehe zerrüttet, manchen unschuldigen Jüngling verführt. Dies Leben gefiel ihr so lange, bis die Policey sich ins Mittel schlug. Diese Einschränkung gefiel ihr nicht, sie konnte ihrer Eitelkeit nicht mehr wie bisher öffentlich Genüge thun, und — da Funkel in Ansehung ihrer Ausschweifung ihr am meisten gleich gekommen, und er selbst in zu große Schulden gerathen war, von denen seine Eltern nichts wissen wollten; so war Lorchen einmal mit ihm verschwunden, wahrscheinlich um an einem andern Orte ihr Wesen gemeinschaftlich fort zu treiben.

Und eben die Lorchen wars, die jetzt auf dem Bretwagen, auf Stroh, in der größten Armseligkeit und gequält von nahmenlosen Schmerzen des Körpers und wahrscheinlich auch der Seele, ins Lazareth nach Arnbstädtel gebracht wurde. Mußte also nicht dieser schreckliche Abstand von ihrem vorigen üppigen Leben, Heinrichen veranlassen, darüber nachzudenken, und sich zu erkundigen, wie sie so schnell durchs Laster gestürzt worden war? Er erfuhr es durch den Arzt, der das Lazareth zu besorgen hatte, dem Lorchen ihre Geschichte mittheilte, ja vielmehr mittheilen mußte.

Schon in Arnbstädtel hatte die gräßliche Krankheit, welche die Folge der wollüstigen Ausschweifungen ist, und die man jetzt, der schrecklichen Verbreitung wegen, mit Recht die Pest der Menschheit nennen muß, ihren Körper ergriffen. Noch kämpft eine Zeitlang ihre jugendliche Kraft gegen dies wüthende Gift; aber durch die Fortsetzung ihrer Lebensart und durch die Zügellosigkeit ihrer Begierden, die sie durch ihren Funkel und durch andere zu stillen sucht, kommt es bald zum Ausbruch, sie will sich selbst helfen, nimmt Gegengifte zu sich, sinkt immer tiefer und tiefer unter die Menschheit hinab, Funkel verläßt sie,

sie

sie bettelt, erreicht als Scheusal für andere das
Lazareth in Arndstädtel, und — stirbt. Aber
weg von dieser Geschichte. Denn welcher Mensch,
der Mensch seyn will, könnte ohne Abscheu und
Widerwillen eine solche Geschichte in ihrer Aus-
führlichkeit lesen? Heinrich aber dachte am meisten an ihre hundert und sechzig Thaler in der Lotterie.

Zwölftes Kapitel.

Im ersten Verhör hatte zwar George Krause
noch nicht geradezu gestanden, daß er der Thäter
sey; indeß waren doch seine Aussagen von der Art,
daß der Verdacht nur noch stärker auf ihn fiel.
Besonders verrieth ihn seine Bitte, daß man die
Seinigen vorzüglich seinen rechtschaffenen Vater
schonen möchte. Im zweiten Verhör gestand er,
und sein Geständniß kam ganz mit dem überein,
was aus Friedrichs Briefe an Evchen schon bekannt ist. Es wurde verschickt und das erste Urtheil war, daß er gerädert werden sollte; doch
wurde diese Todesstrafe in die Enthauptung durchs
Schwert gemildert. Dabei blieb es.

Während der Zeit hatte Doktor Brehme nach
seiner bekannten Gewissenhaftigkeit alles gethan,
um Evchen wieder herzustellen; und seine Bemühungen schienen nicht vergeblich zu seyn. Sie hatte
nach und nach weit öfterer lichte Augenblicke, und
diese Augenblicke verlängerten sich allmählig.

Freilich war dabei die größte Behutsamkeit anzuwenden, daß sie dann nicht die schrecklichen Nachrichten vom Tode ihres Mannes und von der bevorstehenden Hinrichtung ihres Bruders mit einemmal erfuhr. Da jedoch jeder an ihrem Schicksal Theil nahm, da jeder sie ihrer Vortreflichkeit wegen schätzte, so befolgte man die Verordnungen des Arztes mit gewissenhafter Sorgfalt und Treue. Doktor Brehme übernahm es selbst, ihr die Nachrichten beizubringen; denn Förster Heinze hatte ihm Friedrichs Brief mitgetheilt.

Ueberhaupt konnte man sich bei diesen Umständen recht deutlich überzeugen, daß sich wahre Rechtschaffenheit, die man in seinem Thun und Lassen bewiesen hat, immer im Ansehen erhält. Es gab viele, welche die Tugenden Davids verdächtig zu machen suchten, viele, die sogar durch ihre Reden zu verstehen gaben, er hätte vielleicht auch Theil an dem Morde: allein andere nahmen sich dann seiner so kräftig an, daß sich die Verläumbung nicht weiter verbreitete, und er den guten Ruf seines Nahmens behielt. Ach wäre ihm doch auch seine vorige Heiterkeit und Ruhe geblieben!

Einerseits war freilich die allmählige Wiederherstellung seiner geliebten Tochter dem verwundeten väterlichen Herzen eine große Erleichterung; andererseits aber mußte er sich ihr zukünftiges Leben als eine lange Reihe trauriger Tage denken. Sie

Sie stand nun, wenn er mit Tode abging, mit ihren Kindern allein und verlassen da, hatte nicht einmal ein Eigenthum mehr, weil die Mühle verschuldet war. Eben so war es bei Hannchen. Wie hätte sich vorher sein Herz gefreut, wenn er auch von seinem Sohne Nachkommen gesehen hätte, wie er sie von Evchen sah; und gerade jetzt in diesen traurigen Tagen, gerade jetzt zeigte sichs, daß Hannchen schwanger war. Was konnte er wohl von einem Nachkommen erwarten, der unter solchen Schrecknissen zur Welt kam? Und welche traurige Aussichten für die Mutter eines solchen Kindes!

———

Immer näher und näher kam nun der Tag der Hinrichtung Georgens, und mit ihm alle die Schrecken des Todes. Der Gedanke, zu der und der Zeit mußt du sterben, und bist dann nicht mehr unter den Lebendigen, ist gewiß der schrecklichste für jeden Menschen, besonders für den, der so wie George jung und lebensfähig ist. Aber gewiß kommt außer dieser Todesangst kein Schmerz dem Schmerze gleich, der diejenigen trifft, welche durch Blutsverwandschaft mit einem solchen Menschen verbunden waren. O das Band der elterlichen und ehelichen Liebe ist nicht so leicht zerrissen! Und wenn der Missethäter den Schwertstreich kaum gefühlt hat, wenn sein Leichnam schon der

Verwesung übergeben ist; so tobt dann noch der Schmerz in dem Herzen derer fort, die ihn sonst Bruder, oder Gatte oder Sohn nannten, und wird vielleicht lebenslang nicht gestillt. — So wars auch mit Georgen, — so mit seinem unglücklichen Vater und seinem Weibe.

Ohngefähr nach einem halben Jahre seit der geschehenen Mordthat, strömte das Volk aus der umliegenden Gegend in Menge nach Arndstädtel; denn George war für die letzten Tage seines Lebens ins Sterbegewand gekleidet, und wurde dem Volke gezeigt. Doch ehe dies geschah, hatte er Abschied von seinem Vater genommen, um nicht durch den Anblick seines Sterbekleides die schreckliche Stunde ihm noch schrecklicher zu machen. Wer diesen würdigen Mann sahe, wie er von seinem Sohne zurück kam, wer ihn sahe, wie er dahin wankte, und nicht weit vom Hochgericht und bei der Stätte der Mordthat vorübergehen sollte, der empfand auch mit ihm die schrecklichen Quaalen seines Herzens. Da war keiner, der ihn ohne Mitleid betrachtet hätte, keiner, dem nicht die Thränen der innigsten Rührung ins Auge traten. Der Amtmann hatte ihn selbst begleitet, um ihm beizustehen, und ließ ihn auch in seinem Wagen zurück nach Wohlsdorf bringen. Hannchen aber und Evchen waren nicht beim Abschiede, jene war schwanger, und diese kaum vom Tode errettet. Beide wären vielleicht ein Opfer des Todes geworden. So

So wie die Sterbeglocke am Freitage, am Tage der Hinrichtung, anschlug, so schlug auch das Herz in der Brust aller derer, die theils aus Neugierde, das gräßliche Schauspiel zu sehen, gekommen waren, theils aus Beruf dabei gegenwärtig seyn mußten. Das peinliche Halsgericht nahm seinen Anfang, und George erschien. Der Stab wurde gebrochen, und unter Leichengesängen ging mit ihm der Zug nach dem Blutgerüste zu, das auf dem Markte erbaut war.

Jetzt erscheint er auf der Treppe, jetzt steht er da auf dem Gerüste, neben dem Todesschämel. Ein schauerliches Schweigen herrscht über der ganzen Menge. Von dieser Stätte kehrt er nicht wieder lebendig zurück; in wenigen Minuten ist er nicht mehr. Welches Auge unter den Tausenden wäre jetzt nicht auf ihn gerichtet! Welches menschliche Herz fühlte nicht mit ihm die Angst des letzten Augenblicks! Da erhebt er mit einemmal seine Stimme; es sind Worte eines Sterbenden. Die Menge bebt und schweigt, und in ihr Ohr und Herz bringt folgendes:

„Ich stehe vor Euch als ein Mörder auf der Stätte meines Todes. Meine That und die Gesetze des Landes fordern meinen Tod; hört nun, wie ich mich auf diesen Tod vorbereitet habe, und vielleicht sind meine Worte bei vielen nicht vergeblich, die auf dem Wege sind das zu werden, was ich jetzt bin. So fürchterlich ich in Euren Augen

als

als Mörder bin, so schrecklich Euch diese Hände erscheinen, welche einen unschuldigen Mitbruder ermordeten; so fürchterlich und schrecklich bin ich mir selbst in meinen Augen. Aber es ist nicht genug, daß ich so erscheine, sondern es ist nun auch nöthig darüber nachzudenken, wie ich zum Abscheu der Menschen und mir selbst geworden bin, und — das hab' ich gethan.

Als Ihr vor einigen Jahren in dieser Stadt versammelt waret, um den Knopf aufsetzen zu sehen auf den Thurm, von dem jetzt meine Sterbeglocke getönt hat, da stand ich mitten unter Euch, geliebt von allen, die mich kannten, und mit einem reinen Gewissen, das sich keiner Laster bewußt war. Dieser Tag aber war es, an welchem ich den Grund zu meinem Verderben legte, und zugleich mit mir derjenige, der an meinem Morde Theil nahm, und schon in die Ewigkeit mir voran gegangen ist. Oeffentlich könnte ich den jetzt nennen, der uns an dem Tage durch verstellte Freundschaft zum Spiel verleitete, das wir beide noch nicht kannten. Oeffentlich könnte ich sagen, daß er es war, welcher uns dahin brachte, daß wir in die Lotterie und ins Lotto setzten. Gott sey es nun heimgestellt, ob er es wußte, daß wir nicht bei der Kleinigkeit bleiben würden, oder ob wir allein Schuld waren; kurz wir spielten fort auf sein Zureden, weil wir selbst spielsüchtig geworden waren, und geriethen in Jahr und Tag

in

in solche Schulden, die wir mit unserm Vermögen nicht bezahlen konnten. Die Angst meines Herzens ist jetzt bei meinem unvermeidlichen Tode groß, aber die Angst ist eben so wenig zu beschreiben, die wir besonders an dem Tage empfanden, an dem wir die schreckliche That begingen. Meinen rechtschaffenen Vater, unsre Weiber und Kinder hatten wir ja ohne ihr Wissen unglücklich gemacht. Und so wußten wir nicht in dem Augenblicke, in dem unser Mitbruder unter unsern Händen starb, daß wir Menschenblut vergossen, und Scheusale vor den Menschen und vor uns selbst wurden. Nur nach Geld trachteten wir; nur das Geld erweckte unsern Blutdurst, um unsere Spielschulden zu tilgen.

Ich sterbe nun, und übergebe meine Seele der Barmherzigkeit Gottes. Aber Ihr, die Ihr Zeugen meines blutigen Todes seyd, denkt an meinen Tod und an die Ursache, die mich zum Mörder machte. Dann wird mein Blut zum Segen für Euch spritzen, wenn Ihr Euch mein Beispiel zur Warnung seyn laßt. Jetzt hab' ich Euch nichts mehr zu sagen, als die Bitte, daß Ihr meinen rechtschaffenen Vater und die Meinigen überhaupt die Schmach nicht empfinden laßt, die ich trage und ohne sie verschuldet habe. Lebt tugendhaft, so lebt ihr auch wohl!"

Er setzte sich hierauf selbst auf den Todesschä=
mel, und in wenigen Augenblicken spritzte sein
Blut gen Himmel.

Unter dem Volke war eine allgemeine Bewe=
gung. Mitleid strömte aus den Augen von vielen
Tausenden. Aber eben so groß war auch bei ih=
nen die Neugierde zu wissen, wer der sey, der ihn
zum Spiele verleitet hatte. Man fing an, aus=
einander zu treten; aber ein neues Schauspiel
zog jetzt die Menge an einen andern Ort hin zu=
sammen. Was giebt's? fragte man hin und
her; aber es war nicht möglich, die wahre Ur=
sache zu erfahren, bis endlich die Menge sich nach
und nach verlief.

Mitten unter Georgens öffentlicher Anrede
ans Volk sinkt ein Mann plötzlich todt zur Erde
nieder. Die welche um ihn her stehen, halten es
für eine Ohnmacht. Man sucht ihn aufzurichten,
man wendet Mittel an, wie sichs im Gedränge
thun läßt; aber er kommt nicht wieder zu sich,
und fortbringen kann man ihn auch nicht so leicht.
Einige halten es für eine bloße Ohnmacht; andere
aber für einen Schlag; und so bleiben die Mei=
nungen unentschieden, bis man ihn nach Hause
bringen kann. Alles wendet man hier an, um ihn
wieder her zu stellen, aber der Mann bleibt todt,
der Schlag hat ihn gerührt, und am dritten Tage
steht er im Sarge zur Beerdigung bereit. Dieser
Mann

Mann war — Habler, der Wirth in der grünen Tanne.

Schon im letzten Urtheil, welches Georgen das Schwert zuerkannte, war die Beifügung befindlich, daß er aus Schonung gegen seine rechtschaffenen Anverwandten am dritten Tage vom Rade abgenommen und begraben werden sollte. Dies geschahe früh, als bald darauf auch Habler unter christlichen Gebräuchen beerdigt wurde. Die Art seines Todes wurde bald ruchbar, und eben so seine schändliche Gewinnsucht, die er gegen andere, vorzüglich aber gegen Friedrichen und Georgen ausgeübt hatte. Und so deckte sein Grab die nämliche Schande eines Missethäters, mit welcher Georgens Gebeine unterm Rade verscharrt wurden.

Dreizehntes Kapitel.

Wo war aber wohl Heinrich am Tage der Hinrichtung? und wo war David und mit ihm Hannchen und seine geliebte Tochter Evchen? O hätten sie in einer Felsenkluft Ruhe und Trost für ihre Herzen finden können, gewiß sie hätten sie aufgesucht. Um sich einigermaaßen von dem schrecklichen Orte zu entfernen, waren sie zum Förster Heinze gegangen, wo sie die vorüber gehenden Zuschauer weniger bemerkten als in Wohlsdorf. Bei ihnen war auch Heinrich. „Sey Du nun mein Sohn; hatte David mit Thränen zu ihm

ihm gesagt, denn ich habe im Alter keinen Sohn mehr," — und Heinrich hatte gethan, was er nur immer als Sohn hatte thun können, war, so oft sein Herr es ihm erlaubte, zu ihm gegangen, und hatte ihn auf alle nur mögliche Art unterstützt.

Vorzüglich war seine Gegenwart an diesem Tage nothwendig. Evchen war zwar wieder zum Gebrauch ihres Verstandes gelangt und hatte so gut als es in diesen schrecklichen Tagen möglich gewesen war, ihre Kräfte wieder gesammelt: aber desto mehr ging Hannchen mit jeder Stunde einer Gefahr entgegen, die unvermeidlich war. Ihre Schwangerschaft war mit den härtesten Leiden der Seele und des Körpers verbunden, und diese Schmerzen vergrößerten sich an diesem Tage so sehr, daß die schleunigste Hülfe nothwendig war. Durch Heinrichs Eilfertigkeit wurde bald Hülfe herbei geschafft, und Hannchen brachte einen Sohn zur Welt, der zwar noch einiges Leben von sich gab, aber bald nach der Geburt wieder verschied, weil er um einige Monathe zu zeitig auf die Welt kam.

Dies Unglück könnte man Glück nennen, wenn man bedenkt, daß durch die nothwendige Sorgfalt für sie die Herzen der übrigen von den erschütternden Gedanken an Georgens Hinrichtung abgezogen wurden, und daß überdies der Nachkomme von ihm kein glücklicher Mensch hätte werden können.

nen. Allein Hannchen, Hannchen litt zu viel dabei, ihre Schmerzen überstiegen ihre Kräfte, sie kämpfte noch acht und vierzig Stunden nach ihrer Niederkunft, und endigte durch den bittersten Tod ihr kummervolles Leben.

Gott! welch ein Unterschied der Zeit vor fünf Jahren noch, wo Vater David und Anne, wo George und Friedrich mit ihren Weibern, der Förster Heinze und der alte Müller Horn — wo sie alle so oft und so glücklich beisammen waren! Welch ein Unterschied gegen die jetzige Zeit! Niemand war nun von ihnen noch übrig, als David und Evchen und der alte Förster. Ach und was für Zentnerleiden hatten diese guten Menschen zu tragen, welche des besten Lebens würdig waren! Wäre Heinrich nicht der gute und unverdorbene Mensch geblieben, hätte er nicht in ihre Wunden durch seinen Edelmuth Balsam gegossen, sie hätten schwerlich ihre Leiden ertragen. Als Sohn handelte er an Daviden und als Bruder an Evchen. Oft umarmten sie ihn beide, wenn der Schmerz gewaltsam in ihnen tobte, denn er war in der ganzen Welt der einzige, der treu und redlich ihnen beistand, und die Grundsätze, die ihm David in seiner Erziehung beigebracht hatte, mit strenger Gewissenhaftigkeit ausübte.

„Herr Bärmann, sagte Heinrich nach einiger Zeit zu seinem Herrn, ich hab' es lange bei mir behalten, was ich Ihnen immer sagen wollte. Jetzt muß ich, denn es ist zu nothwendig, so schwer mirs auch wird. Nehmen Sie mirs daher nicht übel, daß ichs thue."

Bärmann. Es ist mir lieb, daß Du zu mir kommst; ich habe ohnedem was mit Dir zu reden. Was hast Du denn auf dem Herzen?

Heinrich. Ich darf Ihnen nicht erst aufs neue sagen, was den rechtschaffenen Vater David Krause in Wohlsdorf für schreckliche Unglücksfälle betroffen haben. Sie wissen ja, was vorgefallen ist. Das Herz muß einem brechen, wenn man ihn und seine Tochter mit ihren Kindern so verlassen sieht. Alles ist obendrein verschuldet. Was soll nun der alte Mann jetzt in seinem Alter anfangen, da er selbst Pflege und Wartung nöthig hat? Sehn Sie, das ist mir nun schon lange im Kopfe herumgegangen, und da hab' ich mich entschlossen zu ihm zu gehn, seine Wirthschaft zu führen; für ihn zu arbeiten und einmal, wenn er stirbt, ihm die Augen zuzudrücken. Er hat ja als Pflegevater für mich mehr gethan, als ich ihm vergelten kann.

Bärmann. Und wo bleibt denn mein Dienst, in dem Du jetzt bist?

Heinrich. Ja das wars eben, was mich bisher abgehalten hat, meinen Vorsatz Ihnen mit-
zu-

zuthelfen. Sie sind ein guter Herr, daher thut mirs leid, aus Ihren Diensten zu gehen.

Bärmann. Und Du ein gewissenhafter Diener, den ich nicht gern verliere. Doch das beiseite; es ist jetzt nur die Frage, ob Du Krausen wirklich nützlich werden kannst? Es ist zwar sehr gut von Dir gedacht, daß Du für ihn arbeiten willst; aber der bloße Wille und Deine Arbeit ist da zu wenig, wo alles verschuldet ist.

Heinrich. Das ist freilich wahr. Aber da hab' ich so gedacht. Jetzt trift sichs gerade, daß die sechs Jahre um sind, in denen ich Ihnen das Geld für meine Lotterie gegeben habe, was mir manchmal sehr schwer geworden ist. Wie viel es eigentlich seyn mag, weiß ich nicht so genau; aber ich denke doch, daß sich einige Thaler gesammelt haben. Das Geld wollt' ich nun nehmen, und wollte sehen, daß ich dem armen Krause und seiner Tochter wieder helfen könnte.

Bärmann. (Drückt ihm die Hand.) Nein Heinrich, so viel Edelmuth traut' ich Dir nicht zu. Du sollst Dein Geld haben.

Bärmann ging in eine andere Stube, kam bald mit einigen Geldrollen wieder zurück, und zählte auf. Es war lauter Gold. Heinrich stand da, und glaubte, daß Bärmann eine andere Auszahlung hätte, weil er ihm sein Geld in lauter kleinen Silbermünzen gegeben hatte. Bärmann aber zählte stillschweigend fort, und Heinrich schwieg

schwieg auch, um ihn nicht zu stören. Endlich war Bärmann fertig und sagte zu ihm: „hier hast Du Dein Geld." — Heinrich trat an den Tisch, erblickte nichts als Gold, welches in drei Theilen aufgezählt war, sahe Herrn Bärmann an, und sagte: „ich weiß nicht wie Sie das verstehen."

Bärmann. Das Geld, was gleich vor Dir liegt, ist Dein Geld, was Du in die Lotterie zum Besten Deines Alters gesetzt hast. Es sind tausend Thaler, würde aber nicht so viel seyn, wenn ich als Dein Kollekteur gesehen hätte, daß Du nicht wirthschaftlich und sparsam geblieben wärest. Ich habe daher, sobald eine kleine Summe beisammen war, sie zu Deinem Besten in die Handlung gelegt; das Geld hatte Glück und Segen, und so sind diese tausend Thaler Dein. — Dies hier sind hundert Thaler, welche ich Dir zum Lohn Deiner Treue und Deines Edelmuths gebe; — und was Du dort siehst, sind drei hundert Thaler, welche ich Dir gegen drei Prozent vorschieße, im Fall, daß Du sie brauchst, und Dir damit einen Erwerb für die Zukunft zu verschaffen gedenkst.

(Heinrich wollte ihm danken, aber er konnte nicht; die hellen Thränen stürzten ihm aus den Augen. Er faßte Herrn Bärmanns Hände, drückte sie, versuchte noch einmal zu sprechen, und — weinte.)

Bärmann. Du scheinst in Verlegenheit zu seyn, wie Du mir danken sollst. Das darfst Du
nicht

nicht. Der Grund Deines jetzigen Glücks liegt in Dir selbst. Wärst Du den gewöhnlichen Weg anderer gegangen, so hättest Du Dein mühsam erspartes Geld, in der Hofnung, auf einmal viel Geld zu gewinnen, verlohren. Da Du aber durch Sparsamkeit einige Jahre sammeltest; so war es meine Schuldigkeit Dich zu unterstützen, weil ich Gelegenheit dazu hatte. Daß ich Dir aber hundert Thaler schenke und drei Hundert vorschieße, dazu hat mich Deine Treue veranlaßt. Ich gebe zu, daß dies nicht so häufig bei Herrschaften der Fall ist; aber sey versichert, lieber Heinrich, daß es weit öfterer geschehen würde, wenn die Gewissenlosigkeit unter den Dienstbothen nicht so ausserordentlich zunähme. Nimm also ohne Bedenken das Geld zu Dir, und sey fernerhin wirthschaftlich, klug und vorsichtig, wie Du es bisher gewesen bist.

Man kann denken mit welcher innigen Rührung Heinrich von ihm ging. Sein gutes Herz war so voll so voll von Freude und Dank, so voll von den Vorstellungen, wie er nun mit einemmal Erchen und ihren Vater unterstützen könnte, daß er nicht wußte, was er zuerst thun sollte. Mit dem Gelde in den Taschen eilte er zu den Wohnungen der Unglücklichen. So froh war er vielleicht nie in seinem Leben gewesen, — so froh noch nie nach Wohlsdorf gegangen.

Vater und Tochter, welche jetzt wieder gemein=
schaftlich beisammen lebten, bemerkten ihn in der
Ferne. „Da kommt unser Heinrich wieder; sagte
David zu Evchen. Welch' eine gute und treue
Seele!" — Evchen sah durchs Fenster; aber we=
der sie noch David konnten sich seinen raschen Gang
erklären, und warum er die Gartenthüre nicht hin=
ter sich zugezogen hatte; es war doch sonst seine
Art nicht. Noch standen sie da, als er schon bei
den Fenstern mit so derben Tritten vorbei kam und
ins Haus trat, daß sie jeden Tritt durch die Wel=
lerwand fühlten. Ihre niedergeschlagenen Herzen
richteten sich allemal ein wenig auf, wenn sie ihn
sahen; nur heute mußten sie sich nicht die Art sei=
ner Ankunft zu erklären.

„Vater! Vater! — Liebe Evchen!" Das war
alles, was er sagte, als er die Stubenthüre auf=
riß, und an Davids Hals mit solcher Heftigkeit
flog, daß der gute schwache Alte zurücktaumelte.

David. Du glühst über und über; Du
keuchst; was geht denn vor?

Heinrich. (Nimmt ihn und Evchen bei der Hand.)
Wenn ichs Euch nur schon gesagt hätte. — Kommt
her an den Tisch. (Zieht einen Beutel, und wieder
einen, und den dritten hervor, und zählt die Gold=
stücken auf.)

David. Aber um Gotteswillen, Heinrich,
wo hast Du denn das Geld her?

Heinrich. Es ist unser.

Ev=

Evchen. Unfer? Wie Du da sprichst: o sag's doch dem Vater.

Heinrich. Ich will nur erst zählen.

David. Nein, sag's lieber zuvor.

Heinrich. Nun gut. — In diesem Beutel, mit dem was ich aufgezählt habe, sind tausend Thaler in Golde; die hab' ich mir gesammelt.

Evchen. Du gesammelt? Wie wär denn das möglich; und warum hättest Du uns denn nicht eher was davon gesagt?

Heinrich. Weil ichs selbst nicht wußte. Vor sechs Jahren fiel mirs ein, in die Lotterie zu setzen. Da ich aber sah, daß die, welche verlieren und welche gewinnen, größtentheils beide unglücklich sind; die einen des Elends wegen, in das sie sich stürzen, die andern, weil sie das gewonnene Geld auf einmal ohne Verdienst bekommen und übermüthig werden, so setzte ich zwar auf etliche Nummern, gab aber das Geld meinem Herrn, dem ich trauen konnte. — Aber nein, — das währt zu lange; kurz er hat mein Geld in die Handlung gethan, und da sind tausend Thaler daraus geworden, die zahlt' er mir heute aus.

David. O Gott segne Dir das Geld, mein Sohn, da Du es ehrlicher Weise hast.

Evchen. (weint.)

Heinrich. Die Hundert Thaler hier hat er mir geschenkt, und diese drei Hundert zu drei Prozent vorgeschossen, wenn ich was anfangen wollte. Und nun sey Er so gut, und nehm Er das Geld.

Da=

David. Was soll ich mit Deinem Gelde machen?

Heinrich. Weil Er besser damit umzugehen weiß, darum geb ich's ihm. Ich dächte wir kauften uns ein Haus bei Sondersleben, das ist nicht zu weit von hier, es ist guter Boden da und guter Abgang von grünen Sachen; da könnten wir einen Garten anlegen, und uns ehrlich und redlich nähren.

David. Du sprichst von uns. Willst Du Dir ein Haus mit einem Garten kaufen, so will ich Dir mit Rath und That beistehen; aber wir können das nicht.

Heinrich. Er will also nicht mit mir ziehen und Evchen und ihre Kinder mitnehmen? Darum hab' ich ja meinen Dienst aufgesagt, und darum bin ich ja jetzt hergekommen, um ihm das Geld zu bringen.

Evchen. Du willst unsertwegen aus dem Dienste gehen?

Heinrich. Ja freilich; Ihr habt ja mehr an mir gethan, als ich thun kann.

David. Ach so ist es denn doch möglich, daß ich noch Freudenthränen weinen kann! O Heinrich, mein Sohn, wer kann Dir das vergelten?

Evchen. (Fällt Heinrichen an die Brust.) Und meine Kinder willst Du auch ernähren?

Heinrich. Macht mir nur nicht das Herz so weich. Wenn Ihr zufrieden seyd mit dem was ich thun will, so — —   Da=

David. Aber nein, mein Heinrich, es ist Dein mühsam erspartes Eigenthum, das Gott gesegnet hat. Nein, ich will mein Leben vollends kümmerlich hinbringen.

Der edle Streit unter diesen drei vortreflichen Menschen währte noch eine ziemliche Weile, bis endlich Heinrich siegte, und David und Evchen ihm versprachen, daß sie das Geld zugleich als ihr Eigenthum betrachten wollten.

———

Bald darauf war die Mühle in Wohlsdorf, und Davids Haus verkauft, und mit dem dafür erhaltenen Gelde die Schuld bei Hablers Schwiegervater getilgt. Es blieb wenig davon übrig, womit sie nebst Heinrichs Gelde nicht weit von Sondersleben ein Haus kauften, wozu ein großer Garten und einige Acker Feld gehörten.

David konnte zwar die Heiterkeit nie wieder erlangen, die er in seinen frühern Jahren genossen hatte; doch war Heinrichs Edelmuth und seine kindliche Liebe für ihn zu groß, als daß er nicht zuweilen noch einige frohe Augenblicke genießen, und ruhiger seinem herannahenden Tode hätte entgegen gehen sollen. Der Kummer wegen seiner Tochter und ihrer Kinder war wenigstens ganz gestillt; denn Heinrich wurde ihr Gatte, und oft gestand sie ihrem Vater heimlich; sie hätte nicht geglaubt, daß sie Heinrichen so sehr lieben könnte. Ob dieser durch ihre Liebe glücklich war, und fortfuhr,

durch

durch Fleiß, Genügsamkeit und Edelmuth ihr Leben angenehm zu machen; darf man wohl nicht erst fragen.

Freilich war es unmöglich, daß sie sich nicht bei gewissen Gelegenheiten an die schrecklichen Leiden, die sie gehabt hatte, hätte erinnern sollen. Sie weinte dann im Stillen; bemerkte es aber Heinrich, so strich sie ihm die Wange, und fragte ihn zärtlich: „Du bist doch nicht böse, daß ich bisweilen noch weine?" — Unter andern hatte sie von Wohlsdorf ihre Amsel mitgenommen, und — ob diese gleich ziemlich betagt war, so pfiff sie doch manchmal noch zur Erinnerung an die vergangenen Zeiten, das bekannte Trompeterstückchen.

Nachricht.

Von den sehr vortheilhaft bekannten und äußerst unterhaltenden und nützlichen

Volksblättern

zur

Verdrängung schädlicher und geschmackloser

Volksleserepen

angefangen

von

Johann Ferdinand Schlez

Pfarrer zu Ippesheim

und fortgesetzt

von mehrerern

Volksschriftstellern

Bayreuth

bey Johann Andreas Lübecks Erben

sind bis jetzt 18 Nummern erschienen und enthalten:

1) Kilian Buckel; oder die abgestellten Feyertage zu Dunkelhausen.
2) Die Schatzgräber. Eine getreue Anweisung zur Kunst, Schätze zu heben.
3) Der Spieler. Eine Warnungstafel für alle Seinesgleichen.
4) Sechs weltliche Lieder für lustige Landleute.
5) Das Heckemännchen; oder die Kunst, ohne Zauberey, wohlhabend zu werden.
6) Der ehrliche Fallmeister; oder alle Geschäfte die man ehrlich treibt, sind ehrlich — und Toms und der Fallknecht.
7) Acht Volkslieder.

Von diesen 7 Nummern kostet jedes Stück 6 Pfennig und das Duzend 5 ggr.   8)

8) Bonifazius; oder die Ausbreitung des Christenthums in Deutschland, 9 pf. od. 3 kr. d. Duz. 6 ggr. od. 27 kr.
9) Der Fündling. Eine wahre Geschichte, 6 pf. od. 2 kr. d. D. 5 ggr. od. 20 kr.
10) Geschichte des Dorfes Finsterthal, 2 ggr. od. 8 kr. das Duz. 16 ggr. od. 1 fl. 8 kr.
11) Martens; oder: wie wohl man sich bey der Ehrlichkeit befindet von Schlez.
12) Sechs Volkslieder von Pächter Martin, Pfranger, Jung und Hölty.
13) Der zufriedene Hausirer; oder Recept gegen die Unzufriedenheit von Super. Schmidt in Burgbernheim.
14) Liebe und Eifersucht, eine rührende Mordgeschichte von Hippel.
  Von den Nummern 11. 12. 13. 14 kostet jedes Stück 6 pf. oder 2 kr. d. D. 5 ggr. oder 20 kr.
15) Das Nachtquartier, oder Philipps Leiden und Freuden von Salzmann, 9 pf. od. 3 kr. d. D. 6 ggr. od. 27 kr.
16) Die Spinnen die sichersten und nützlichsten Wetterpropheten von Super. Schmidt, 9 pf. od. 3 kr. d. D. 6 ggr. od. 27 kr.
17 u. 18) Die zwey ungleichen Schumacher oder der Mensch ist seines eigenen Glückes Schmidt, aus dem Engl. in 2 Abtheilungen übersetzt von ebendemselben, 2 ggr. od. 8 kr. d. D. 16 ggr.

Siebente Fortsetzung des Verlags-Catalogus von Johann Andreas Lübeck's Erben in Bayreuth.

Jubilate-Messe 1798 bis 1799.

Baaders, (J.) vollständige Theorie der Saug- und Hebepumpen und Grundsätze zu ihrer vortheilhaftesten Anordnung vorzüglich in Rücksicht auf Bergbau und Salinenwesen, nebst einer Beschreibung der in den englischen Bergwerken gebräuchlichen hohen Kunstsätze und einigen Vorschlägen zur Verbesserung der deutschen Wasserkünste, mit 6 Kupf. gr. 4.   3 rthlr. oder 4 fl. 30 kr.

Bilderbuch (neues) für Kinder in kurzen unterhaltenden Erzählungen von den Sitten, Meinungen und Gebräuchen fremder Völker, auch von den Thieren und andern Merkwürdigkeiten fremder Länder. Ein Buch zur Beförderung der Länder- und Völkerkunde unter der Jugend, 1s. und 2s Bändch. m. Kupf. 4.   2 rthlr. 8. gr. o. 3 fl. 30 kr.

Briefe der französischen Armee in Egypten aufgefangen von den Engländern unter Nelson, a. d. Franz. übers. gr. 8,   20 gl. oder 1 fl. 30 kr.

Ellrodts, (T. C.) Schwamm-Pomona für Aerzte
und Köche, 16 bis 36 Heftlein mit ausgemahlten
Kupf. 12.   1 rthlr 16. gr. oder 3 fl.
Deſſen Schwammtafel, oder kurzer Unterricht über
die bekannten eßbaren und giftigen Schwämme
Deutſchlands, Fol.   1 gl. oder 5 kr.
Erneſti, (J. H. M.) neues Handbuch der Dicht-
und Redekunſt in Beyſpielen, Grundſätzen und
Regeln, nebſt einer Characteriſtick der vorzügl.
Dichter und Proſaiker des Alterthums und der
neuern Zeiten, gr. 8. 2 rthlr. 8 gl. e. 3 fl. 30 kr.
Fichte, etwas von dem Herrn Profeßor und für
Ihn, 8.   20 gl. oder 1 fl. 15 kr.
Geſellſchaftsgeſangbuch (allgemeingültiges) 12.
          12 gl. oder 54 kr.
Gründlers, (C. A.) Syſtem des preuſ. Rechts mit
Hinſicht des in Deutſchland geltenden Rechts,
2r Theil gr. 8. 1 rthlr. 16 gl. oder 2 fl. 30 kr.
Deſſelben 1r Theil 2te verm. und verbeſſerte Aufl.
gr. 8.   16 gl. oder 1 fl.
Heda! oder das neue Lottobüchlein v. J. G.
Schmiedtgen, 8   5 gl. oder 20 kr.
Kölle, I. L. C., Flora des Fürſtenthums Bayreuth;
für Forſtmänner, Oekonomen und Jugendlehrer,
bearb. und herausgeg. v. T C. Ellrodt, 8. 1 rthlr.
          oder 1 fl. 30 kr.
Mutter, die chriſtlich geſinnte würdige und glück-
ſelige, eine Predigt nach dem Bedürfnißen der
Zeit und mit Rückſicht auf den Kindermord, 8.
          3 gl. oder 12 kr.

          Münch,

Münch, (J. G.) werden wir uns wiedersehen nach dem Tode? Ein Hinsicht auf Kants Unsterblichkeitslehre beantwortet. Briefe an Emma, 8.
        12 gl. oder 45 kr.
Novellen von C. A. Seidel, 1s und 2s Bändchen, 2te vermehrte und verbeßerte Aufl. 8. 1 rthlr.
        16 gl. oder 2 fl. 30 kr.
Reiche, (A. L. G. von) Beyträge zur Rechtsgelehrsamkeit und Geschichte, 8. 16 gl. oder 1 fl.
Robinson des Jüngern wunderbare und merkw. Schicksale zu Wasser und zu Land. Für den Bürger und Landmann, m. Bildern 8. 10 gl.
        oder 40 kr.
Seilers, (G. F.) Predigten zur Befestigung im Glauben und heiligen Wandel, 3 Theile 4te Auflage, 8.   1 rthlr. 4 gl. oder 1 fl. 45 kr.
Schallern, (G. von) deutliche Anweisung die Viehpest, Löserdürre zu erkennen, und solche nach einer erprobten Kurart sicher zu heilen, 8. 10 gl.
        oder 40 kr.
Schatz der, in der Waldburg. Eine moralische Novelle für Töchter aus den höhern Ständen, 8.
        8 gl. oder 30 kr.
Schlez, (J. F.) fliegende Volksblätter zur Verdrängung schädlicher, oder doch geschmackloser Volkslesereyen, 1s u 2s Bändchen nebst Anhang m. Holzschnitten, 8.   21 gl. oder 1 fl. 20 kr.
Stickbuch für angehende Stickerinnen, 1s und 2s Heft mit ausgemahlten und schwarzen Kupfern gr. 8.   2 rthlr. 20 gl. oder 4 fl. 15 kr.

Tax!

Tadel des Sendschreibens des Berliners an seinen
 König bey der Thronbesteigung. gr. 8. 4 gl.
  oder 15 kr.
Taschenbuch (tdgl.) für alle Stände in dem Her-
 zogthum Würtemberg und den angrenzenden
 Ländern, 8. 16 gr. oder 1 fl.
Taschenbuch für Rechtsgelehrte in den Preußischen
 Staaten, f. d. J. 1799 16 gl. oder 1 fl. 12 kr.
Taschenkalender zur belehrenden Unterhaltung für
 die Jugend und ihre Freunde f. d. Jahr 1798.
 Taschenformat mit illum. und schwarzen Kupfern,
  1 rthlr. oder 1 fl. 48 kr.
Ueber den Kindermord seine Quellen und seine
 Verhütung, 8. 3 gl. oder 12 kr.
Ueber Religion, 8. 10 gl. oder 36 kr.
Versuch über die zweckmäßigste Einrichtung der
 Pfarramtsregistraturen, 8. 5 gl. oder 20 kr.